立人天地

大师馆

E. E. 卡明斯：

诗人的一生

E. E. CUMMINGS:

A Life

【美】苏珊·奇弗 著
Susan Cheever / 杨 静 译

黑龙江出版集团
黑龙江教育出版社

版权登记号：08-2016-011

图书在版编目（CIP）数据

E. E.卡明斯：诗人的一生 /（美）奇弗（Cheever, S.）著；
杨静译. -- 哈尔滨：黑龙江教育出版社，2016. 3
ISBN 978-7-5316-8673-6

Ⅰ. ①E… Ⅱ. ①奇… ②杨… Ⅲ. ①卡明斯, E. E.（1894～1962）—传记
Ⅳ. ①K837.125.6

中国版本图书馆CIP数据核字(2016)第046140号

E. E.卡明斯：诗人的一生
E. E. KAMINGSI：SHIREN DE YISHENG

丛书策划　宋舒白
作　　者　〔美〕苏珊·奇弗（Susan Cheever）著
译　　者　杨　静　译
责任编辑　宋舒白
装帧设计　冯军辉
责任校对　高秀革

出版发行　黑龙江教育出版社（哈尔滨市南岗区花园街158号）
印　　刷　北京鹏润伟业印刷有限公司
新浪微博　http://weibo.com/longjiaoshe
公众微信　heilongjiangjiaoyu
天 猫 店　https://hljjycbsts.tmall.com
E-mail　heilongjiangjiaoyu@126.com
电　　话　010—64187564

开　　本　700 × 1000　1/16
印　　张　19.5
字　　数　215千
版　　次　2016年4月第1版　2016年4月第1次印刷
书　　号　ISBN 978-7-5316-8673-6
定　　价　52.00元

卡明斯与他自己的绘画作品——彻科鲁瓦山。1950年。

献给我的儿子沃伦和我的朋友利亚姆·雷克托。

我的意见是这样的：如果你给卡明斯先生足够的绳索，他要么会吊死自己；要么，他会套住一只神兽。

——埃德娜·圣·文森特·米莱（Edna St. Vincent Millay）把E.E.卡明斯推荐给古根海姆基金会的推荐语，她是卡明斯在格林威治村的邻居。

目录

Contents

前言 探访马斯特斯学校 / 001

第一章　奥德修斯回到坎布里奇 / 001

第二章　欧文大街104号 / 019

第三章　哈佛 / 044

第四章　西部前线 / 070

第五章　巨大的房间 / 093

第六章　格林威治村：伊莱恩和南希 / 111

第七章　安妮·巴顿和约瑟夫·斯大林 / 131

第八章　《我是》和玛丽安·莫尔豪斯 / 150

第九章　不用谢 / 169

第十章　埃兹拉·庞德和《圣诞老人》 / 192

第十一章　丽贝卡和南希 / 210

第十二章　“我想我爱上了你”／229

第十三章　阅读: 事业新生涯／251

第十四章　胜利和失败／270

尾声 卡明斯在21世纪的声望／279

编后记 帕钦普莱斯／281

鸣谢／283

附录／285

插图注解／285

参考文献／289

前 言

Cummings

探访马斯特斯学校

在E.E.卡明斯（E. E. Cummings）生命的最后那些岁月里，他围绕高校进行了一系列巡回演讲。1960年的冬天，他的行程表将他带至韦斯切斯特一所情绪焦躁的女子学校，他将在那里阅读他“充满危险”的诗歌，而那时，我正是其中一名痛苦的17岁大学三年级差生。

我只知道卡明斯是我父亲的朋友。父亲喜欢讲一些关于卡明斯勇敢行为的故事，卡明斯在几乎身无分文的情况下高雅活着的能力——这种能力正是我父亲努力奋斗以期达到的。当我父亲成为纽约的一名年轻作家，在被婚姻和孩子逼迫移居郊区前的黄金日子里，年长的卡明斯是他的挚友和导师。

在那个寒冷的夜晚，卡明斯作为这个国家唯一真正的现代主义诗人，进入了他40年灿烂而又饱受争议的事业尾声。这些日子首先让人牢记的是那些时髦的标点，卡明斯的作品实际上是一种狂野而雄心勃勃的尝试，旨在创造一种新的方式，通过语言去寻找世界。一部分作家和艺术家构成的强势群体中，很多人是卡明斯的朋友——他们是詹姆斯·乔伊斯（James Joyce）、格特鲁德·斯泰因（Gertrude Stein）、哈特·克莱恩（Hart Crane）、玛丽安娜·莫尔（Marianne Moore）、埃兹拉·庞德（Ezra Pound）、马歇尔·杜尚（Marcel Duchamp）、巴勃罗·毕加索（Pablo Picasso）、亨利·马蒂斯（Henri Matisse）——他努力地把读者、作者和诗歌、小说或者绘画的主题改造成一个三角形。早在1915年，卡明斯在他的哈佛大学毕业告别演讲中就告诉他的听众："新的艺术，尽管它可能会遭到骗子和狂徒的诽谤，但是它将会作为以前从未有过的勇敢和真诚的探索，出现在它的精神实质之中。"

作为卡明斯和他20世纪中叶的同人们，其现代主义的内容共包括三个部分。其一，是用声音代替文字，而试图去连接读者感觉的探索。其二，是除去所有不必要的东西，把注意力投向形式和结构：先前所隐藏的作品的骨架将会生机勃勃地呈现。其三，其现代主义的方面是拥抱不幸。容易理解，在一个诱惑的世界里，现代主义者相信困难能够增强阅读的快感。对于一首卡明斯的诗歌，读者必须经常要选择用他的方式去理解。突然之间的快乐和赞誉来自什么，它什么时候起了作用。如同很多他的现代主义同伴们的遭遇[听众从斯特拉温斯基（Stravinsky）的《春天的典礼》（*Rite of Spring*）上退席，观众对马塞尔·杜尚（Marcel Duchamp）的《裸体下行的楼梯》（*NudeDescending a Staircase*）感到愤慨]，卡明斯有时会被苦行者和批评机构的狂热分子辱骂。普林斯顿诗人里查德·P.巴克默（Richard P.Blackmur）说，卡明斯的诗是"婴儿的语言"，诗歌评论家海伦·文德莱（Helen Vendler）称它们是令人讨厌和愚蠢的，"写这个东西的人出了什么毛病了？"她问到。

卡明斯没有毛病——或者杜尚、斯特拉温斯基（Stravinsky）、乔伊斯，都没有毛病。他们试图让这个看似不可阻挡的向前冲的世界慢下来，想要人们去注意他们自身的生活。在21世纪，那种冲力现在已经达到了五级；我们都被信息淹没，没有时间去想它意味着什么或者它从何而来。没有理解就使用，没有语境就交流，这已经成为我们的家常便饭。

尽管在20世纪五六十年代，卡明斯已是美国最著名的诗人之一，但他有时还挣不到足够的钱去支付在帕钦普莱斯的格林威治村那摇摇欲坠公寓的租金，在那里，他和光彩照人的美丽模特玛丽安·莫尔豪斯（Marion Morehouse）住在一起。但贫穷一点儿也没有困扰卡明斯，生命中的每一样东西都能使他感到快乐，除了那些他认为伤害自身愉悦感觉的体系和规则。“罪行是更多障碍的原因/比起历史的最可憎的乱兵。”卡明斯写到。

卡明斯是拥有哈佛大学双学位的贵族。当我父亲被高中学校开除、前往哈佛大学，他崇拜卡明斯既学业有成又对这成功缺乏敬畏的无忧无虑的心态。尽管有机制的约束，但卡明斯对那机制抱以顽皮的蔑视。

一次，当《纽约客》（*The New Yorker*）杂志删除我父亲文章中关于亲吻的字句时，卡明斯也正从写形象的性爱诗歌中逃避惩罚，他围绕“礼节夫人”的杂志世界，灵巧地兜着圈子。他写道：“他问我能感觉吗／（她说　我将会尖叫／他说　就一次）。”在一首著名的诗里，他不仅没有美梦破灭，而且还有了新的野马脱缰的阵容。他也写一些那个世纪最甜蜜的爱情诗：

我把你的心带在我身边（我带着它，把它放在

我的心里面）我将终生与它为伴（我走到哪里，
你跟到哪里，亲爱的；我做什么，
你也一样会做什么，我的爱人）

那个晚上，父亲开车带我去学校——马斯特斯学校，在杜波斯·佛里，我们住在斯卡伯勒，离那里有30分钟的路程。当我们到达之后，一进入大堂，卡明斯大叫一声“**乔伊**”！——那是我父亲少年时代的小名。两个男人热烈地拥抱在一起。学校创建者和女校长那令人厌恶的带金相框肖像在幕墙上闪闪发光。

卡明斯的个头比我父亲要高，并且比父亲年长18岁，但是他们同样都穿着半旧的哈里斯粗花呢外套。卡明斯已经发展到用一种惊人的特技方式进行其诗歌的朗诵，他坐在一把椅子上，或者是在舞台上走来走去，取代躲在讲台后面的旧习惯，并且定时为他的阅读调整时间。对于听众来说，他太知道跳读那“性爱”的大师部分了。他的高雅和礼貌给他带来满堂的喝彩声，特别是为他强大的、感人至深的父亲：“我的父亲穿过爱的末日/穿过同样的富人的给予/从早晨歌唱到夜晚……”在被要求再来一个之后，他穿上了外套、戴上围巾，示意听众他要回家了。

父亲和我开车把卡明斯送到他帕钦普莱斯的家。“他是我所见过的最杰出的独白者。”马尔科姆·考利（Malcolm Cowley）写到；那个晚上，我从二手道奇车的后座探身过去，得到阿奇博尔德·麦柯勒斯（Archibald MacLeish）口中所称的卡明斯“行家里手的表演”之一的款待。卡明斯是不会害羞且十分有趣的叛逆者；同时，他拥有令人吃惊的多样表情和灵活的舞蹈家身体。他不只是一个有灵感的模仿者；他看似已真正成为他模仿的那个人。直到今天，我

94岁的母亲还记着他的模仿、他的可收缩的大礼帽、他倒立来让大家开心的样子。

当我们离开学校的优雅环境，离开两旁树木林立的车道，顺着斜坡下到第九大道，前往充满活力的城市，卡明斯发出一声深沉而有趣的如释重负的叹息。我父亲开车，卡明斯说话，嘲笑那些正使我的生活变得悲惨的老师们——他说，这地方不像一所学校而更像一个监狱。它是一个孵化所，它的目标就是制造一致。我在那里不快乐吧？难怪！我是一个有生气而聪明的年轻女孩儿。只有一个愚蠢的傻瓜（卡明斯喜欢押韵）才会愿意待在那样的一个地方。在那样的流水线下，活人只能幸存一个星期，对于顺从的女孩们，那样的教育工厂唯一的目的就是创造出堪称受过教育的妻子，给那些脸蛋红扑扑的浮夸银行存款的上层阶级吹牛家们。我已经被告知不要一直这么消极，卡明斯用他的朋友玛丽安·莫尔（Marianne Moore）的话提醒我：如果你再不打开你的思想，你的脑子就要废掉了！

当我们停在布朗克斯的一个白城堡[①]吃汉堡包时，看到卡明斯转头神秘地、令人捧腹地模仿起马斯特斯学校英语部的主任来。在那样的夜晚，我父亲点了一杯醒神的咖啡。我已经沉醉于这个有点不同的观点——权威并不总是对的，而且恰恰相反。我看到，正确只是一个很小的目标——就是以自由为目的。我的总是站在学校一边的父亲，服从了这个见解。一年后，他同意送我去了一所不一样的学校，佛蒙特州伍德斯托克南部的一所非传统学校，在那里，我非常快乐。

历史已经给了我们极少数的异教徒，他们没有在火刑柱上被

---

①美国的快餐连锁店。——译者注

烧死。卡明斯是我们这一代人挚爱的异教徒，20世纪的亨利·大卫·梭罗（Henry David Thoreau）。他生命中的大部分时间住在帕钦普莱斯的格林威治村，在一段时间里，他做了各种各样的实验，开展了社会的、艺术的、文学的实验。他认识这个城市中心的每一个流浪汉，以他无家可归的哈佛校友乔·古尔德（Joe Gould）的形象为代表；对于雕刻家加斯顿·拉雪兹（Gaston Lachaise），他口中的历史比现实更加神秘。在卡明斯将近三千首诗里，他时而狂暴，时而亲切地揭穿任何事，或是当权的任何人——甚至是死亡。在他那首著名的《野牛比尔》的诗中，伴着它灿烂的押韵和亲密的最后几行写道："我想知道的是/你是怎么喜欢上你的宠儿的/死神先生。"

卡明斯无畏恐惧，他生活在对恐惧统治的一切挑战之中。这使得他对政治粗心大意。在受到悲惨的限制后，他尝试写好莱坞剧本，他写了一些反对犹太人的诗歌和句子。他对共产主义的感觉使得他成为约瑟夫·麦卡锡参议员的追随者。另一方面，当写到爱和性，卡明斯为诗歌所做的，正如亨利·米勒（Henry Miller）为散文所做的一样。

尽管让不少人震惊，但他对社会习俗的确没有敬意。"他说 但这是生活/她说 但是你的妻子/他说 现在/ 她说 哦——/（ 真好啊 他说/不要停 她说 /哦 不 他说）慢一点 她说……"。代替今天的小说家们使用方言，他探索了一种新的发音途径，呼吁读者在讨论问题的时候使用方言："oil tel duh woil doi sez, dooyuh unners tanmih"。在某个领域，他和罗伯特·弗罗斯特（Robert Frost）既是对手，也是伙伴。罗伯特·弗罗斯特因把自由诗体视作打网球没有网一样的观点而驰名于世，卡明斯——和弗罗斯特不同，他受过严格的古典教育——表示像传统的十四行诗那样的形式可以重新使用。

卡明斯和我的父亲相识于20世纪30年代的纽约，通过传记作家莫利斯·维尔纳（Morris Werner）、他的妻子海柔尔·霍桑·维尔纳（Hazel HawthorneWerner），还有马尔科姆·考利（Malcolm Cowley）介绍（马尔科姆后来成为我的公公，但那是另外一个故事了）。“他的头发几乎没有了。”我父亲回忆起他和卡明斯的第一次见面，展示了男人们喜爱的各种夸张的黑色幽默，“他的最后一本诗集被所有知名的出版社拒绝了，他妻子怀上了她的牙医的孩子，已经有6个月身孕，他的简姑妈偷去他的所得，又送还给他，并以一盒烤面包片作为补偿。”卡明斯的第二任妻子正在离开他，而他那会儿难以找到一个出版商。但是他却鼓励我的父亲要自豪。“一个作家就是一个国王！”他一口咬定了这么说。他也用更多的成功怂恿我父亲放弃波士顿，“一座城市如果不能给人一块跳板，那他就不能跳水”。

当听到他于1958年的那个晚上来马斯特斯学校朗诵的消息时，我已经在很少有人听到过的卡明斯故事中沉浸很久了。我父亲的信条来自卡明斯写给他、为他加油的信件，那是在1942年，父亲还是菲律宾步兵团的一名军士。“我在角落里微笑着，和某人的靴子同床共枕。”我父亲经常引用这句话，尽管他清理了卡明斯实验性的语言。“听着，自由爵士已经在某人的脚边睡过头，在角落里，带着微笑。”卡明斯实际上是这样写的。这封信还包括一片秋天的树叶和一张10美元的钞票。它现在在我的墙上。

在另外一个我父亲最喜欢的故事中，卡明斯和玛丽安，简直身无分文，用他们最后的两个硬币坐地铁，从帕钦普莱斯的住宅前往新年前夜晚会。他们穿着华丽：她，修长的腿，穿着美丽的晚礼服；他，身着燕尾服，戴着迷人的绅士礼帽。那个晚上非常寒冷，一会儿该怎么回家呢？他们根本没有想过这个问题，他们置身于眼花缭乱的社交聚会当中，尽情享受着那快乐的时光。

凌晨，在他们回家的电梯里，在轻快的气氛中，这对美丽的小夫妻注意到了一位身材笨重的银行家和他庸俗不堪的妻子。他们喝香槟，都有点醉了。银行家羡慕卡明斯漂亮的帽子。“先生，”卡明斯用他受过良好教育的口音问道，“为什么你不抓紧拥有它的特权呢？”帽子在这个时候大跌价，银行家只付了10美元，于是，卡明斯和玛丽安随后打了一辆出租车，回到帕钦普莱斯。

1962年，卡明斯在乔伊农场去世。卡明斯的家安在新布什尔的银湖，这是我父亲经常讲的另外一个故事。一天已经快要过去，玛丽安叫他吃晚饭，在日落中，夕阳下的天空像是燃烧的火一般壮美。“我一会儿就过来，”卡明斯说道，“我要磨一下斧头。”几分钟后，他倒在地上，因为严重的脑出血。他才67岁。我父亲让我们所有的人知道，他以这样的方式去死——依然雄壮有力，依然叫人热爱。“‘你是怎么喜欢上你的宠儿的/死神先生。’”我的父亲咆哮着说，眼里充满了泪水。

幸运的是，几乎是奇迹般地，帕钦普莱斯作为纽约的一个角落，在后来的50年当中可以说没有怎么改变。在西面，仍旧是小马厩改造成的破旧房屋在街道旁边，两旁树木林立，这里是放荡不羁的作家和古怪人的家园，人们在这里已经住了几十年。夏天，透过一扇打开着的窗户，你可以看见一个女人在书籍堆积如山的房间里阅读，一只灰色的斑猫在太阳下的人行道上小睡。

春天，土质的窗台花盆和文学垃圾被大扫除清理出来。冬天，雪花轻柔地飘落到住房和第十街道之间油漆剥落的白色栅栏和下沉的铁艺大门上。两块装饰板拴在4号房屋门前，那里，卡明斯曾在第三层的后面租用了一个工作室，第一层是他和玛丽安的住房。

当你漫步着，从拥挤的街道路过时髦的拿铁咖啡屋和第六大街上昂贵的婴儿服装店，进入这一处地方时，这里，时间是停滞的。我走在这儿，在温暖夜晚的路灯下面，就像是回到了50年前的那个夜晚，我父亲和我一起送卡明斯回家。那晚，当我们回到帕钦普莱斯时，卡明斯热情地邀请我们进去聊天。我们聊了一会儿，喝了一杯咖啡，听了一些他的新诗；但是时间太晚了，我们回去还有很远的路。现在，在这本书里，我愿意再次接受他的邀请。

纽约

2012.6

第一章
奥德修斯回到坎布里奇

没有老朋友们的欢迎，也没有残忍的请愿者让他去欺骗，但是E.E.卡明斯却是个精神过敏者。约翰·H.小芬利（John H. Finley Jr.）教授在纪念堂介绍卡明斯的时候一直在说，卡明斯在30多年之后返回哈佛就像是奥德修斯回到伊萨卡岛。但是，58岁的卡明斯穿着他称之为“铁娘子”的从脖子一直到臀部的紧身衣，带着他美丽的、思乡的平民妻子，一点也没有感觉到凯旋或者是荷马式的味道。

他的听众当中有很多女人，然而，就像是狂喜的佩内洛普（Penelope）最终认识到她长期缺席的丈夫，“当他登上舞台的时候，有一阵肃静。”[①]乔安妮·波特说，她是拉德克利夫（Radcliffe）的学生，跟随芬利教授学习希腊语，她是被母亲拉来听演讲的。“他迷人、有魅力和吸引力。他站在台上的时候，充满了男子汉气概并且非常性感。我想，他会使很多男人感觉不舒服。”

距离卡明斯曾经欢欣地站在这个巨大的舞台，进行的那次初生牛犊不怕虎的和有争议的哈佛班级出色演讲，已经过去几十年了。回到那时，1915年，他已是一名真正的哈佛学子。在欧文街和法勒街的十字路口，远离纪念堂街区的一个大木屋里，他长大成人，毕

① 作者对乔安妮·波特（Joanne Potee）的采访，马萨诸塞州，西哈特菲尔德。2011年12月。

业之后，他又在哈佛多待了一年，取得了古典文学的硕士学位。

在1952年10月下旬的一个晚上，当一弯新月高高地悬在哈佛院子的上空，他再次回到荣誉之中，作为著名的查尔斯·艾略特·诺顿演讲者（the Charles Eliot Norton Lecturer），在哈佛桑德斯剧院华丽的纪念堂里做了享有盛名的六次演讲[①]（演讲费总计15 000美元），这是一座有着华丽装饰的维多利亚时代的哥特式巨大建筑，为了南北战争中联邦政府死者的荣誉而建。

他从坎布里奇开始自我放逐——这是他憎恨的一个城镇，因为它的知性主义、清教徒的神经质、种族歧视、理直气壮的对外面世界的仇视——作为一个男人和一个诗人，对他而言这似乎是必然的。很快，在他1915年的班级演讲和第一次世界大战服役之后，卡明斯永久地逃向了迷人的且打破规则的格林威治村，在那里，他可以和别的现代主义诗人一起出去玩，比如玛丽安·莫尔；和作家们聊天，比如哈特·克莱恩；被狄兰·托马斯（Dylan Thomas）和埃德娜·圣·维森特·米莲（Edna St.Vincent Millay）羡慕；和另外一个男人的妻子谈情说爱；去国家冬季花园欣赏滑稽戏的表演；向威廉·卡洛斯·威廉姆斯（William Carlos Williams）进行医疗咨询。对于离开他的家乡坎布里奇，他没有后悔，那相当于拿它和雅典作比较。他最早的诗歌之一，一首十四行诗，才华横溢地表达了他的需要：

坎布里奇的女人们，住在家具里的灵魂
丑陋，有着一颗舒适的心

① 诺曼（Norman）：《魔法制造者》（*The Magic Maker*），第370页。诺曼记述了哈佛大学恳请卡明斯进行查尔斯·爱略特·诺顿演讲，包括了卡明斯和芬利、布克以及其他哈佛行政人员之间的通信。因为诺曼所写的卡明斯传记是经卡明斯本人同意的，所以即使是勉强的，但我还是接受了“6”这个数字作为准确次数。

（同时，还有教堂新教徒祝福的
女儿们，无形无色生机勃勃）
她们相信基督和朗费罗，都已死去
她们一成不变地对那些事物保持雅兴——
就在我写这首诗的当下还发现
有快乐的手指在编织着，是为波兰人吗？
也许。当永恒的脸害羞地传播
N夫人和D教授的流言蜚语
……坎布里奇的女人们并不在意，坎布里奇
的上方 是否 有时候
在它盒子般的淡紫色没有棱角的天空里，那
月亮发出咯吱咯吱声 就像
一块生气糖果的碎片

尽管如此，他还是回来了，站在一顶精雕细琢桂冠下面的讲台，它被打磨得很亮，闪着淡淡棕色的光。他站在那些重要的灵魂面前，包括他自己年轻时声名狼藉的阴影，甚至是在卡明斯出生之前，他那令人敬畏的父亲——爱德华·卡明斯（Edward Cummings）教士，一位哈佛的教授，哈佛大学83级学生，已经在桑德斯剧院的舞台上表演了他的大学作品，莎士比亚的“尤里乌斯·恺撒”（Julius Caesar）。

在卡明斯第一次的查尔斯·艾略特·诺顿演讲之前，他已经度过了夏天的大部分时光，他试图通过写作、改写和排演全部的演讲来平静他的焦虑——作为一种特有的逆转，他给它们加的标题是“非演讲”——那些他准备朗诵的诗歌。他决定在第一次演讲中论及他杰出的父母：在新罕布什尔出生的父亲和他的母亲丽贝卡，她的家族来自"五月花号"[①]。他的父母是哈佛大学的皇室。夫妇俩经由他们的朋友和来自坎布里奇的邻居——哲学家威廉·詹姆斯（William James）介绍相识。卡明斯如何能够经受得住这个神奇而令人迷惑的地方，使它变成自己的舞台？

"请让许多的手指穿过（我没有价值的完整），从8到9，这个即将到来的星期二。"[②]卡明斯写信给他的好朋友埃兹拉·庞德，他不能到现场，因为他被监禁在华盛顿的圣·伊丽莎白医院。男人们都爱嘲弄他们的同僚T.S.艾略特（T. S. Eliot），他在之前曾作了诺顿演讲，他们称他"老负鼠"。

两个星期前，卡明斯在格林威治村庆祝了他的生日，之后搬到坎布里奇的怀曼路6号租住地，在他进行演讲期间，他和玛丽安·莫尔豪斯住在这里。他裹在紧身衣里，弗兰克·奥伯（Frank Ober）医生已经为他的疼痛开了药方。[格林威治村，他和玛丽安住在一起的时候，有一次酒醉的约会[③]。由于粗心大意，他在本宁顿学院朗诵之后，把"铁娘子"落在了那里。卡明斯实在太尴尬，不好意思给多特·凯斯（Dot Case）打电话，他把它落在了她的卧室里，最后，玛丽安给她打电话并取回了它。]

"他走路的时候，身体挺直，举止高雅。当他站在讲台上演讲的时候，表达得非常好，他的孤僻特别显而易见。"[④]他的朋友希尔德加德·沃森（Hildegarde Watson）写到，她是桑德斯剧院的听众。

---

①英国清教徒首次去北美殖民地所乘之船名。——译者注。

②《庞德/卡明斯》（*Pound/Cummings*），第331页。信件注明日期：1952年10月24日。

③索伊-洛桑（Sawyer-Lauçanno）：《E. E. 卡明斯》（*E. E. Cummings*），第457页。

④沃森（Watson）：《森林的边缘》（*The Edge of the Woods*），第144页。

“他看上去并不紧张，”[1]休·范·都生回忆道，他是一名哈佛大学新生，自从缅因州的邻居夏天推荐给他卡明斯的诗歌，他就成了卡明斯的崇拜者。“他直立、高挑、清瘦，有点秃顶、冷静而镇定，坐在一个小桌子旁边，在灯下阅读。”范·都生对于卡明斯在台上的行为感到十分激动，他执拗的新英格兰礼仪，他高贵的口音带着马萨诸塞州的鼻音，他富有生气的阅读。“他极有个性，”范·都生说，“即使是他的暴躁，也以一种幽默的方式呈现。看到英雄本人，我脑海中留下了深刻的印象”。

10月的一个晚上，桑德斯剧院挤满了人，许多学生被拒绝在门外，另有一些学生爬防火梯或是敲着窗户，希望被允许进入，坐在走廊里。哈佛大学二年级学生本·拉法奇坐在拥挤的观众席上，他显然是被卡明斯弄得很不舒服的人之一。演讲者的水平达不到荷马式的本·拉法奇所想，实际上，他给人以令人失望的虚弱印象。“卡明斯完全不是我所期待的照片中的那个男人，至少从我所拥有的一张他的照片看起来是这样，这张照片在奥斯卡·威廉姆斯（Oscar Williams）的《现代诗歌宝库》（*A Little Treasury of Modern Poetry*）中。”[2]拉法奇属于少数派，但是他的失望持续着。后来，在卡明斯的招待会上，他回忆道：“我发现，从美学观点来说，莫名其妙的是，看起来他妻子的个头要远远高出他不少。我特别失望的是他的头部，在照片里，看起来是那么雄赳赳、气昂昂，可是现在看上去却是在他虚弱的躯体上摇晃。”[3]

事实上，玛丽安的身高——比卡明斯5英尺8英寸的个头要高3到

---

①作者对休·范·都生（Hugh Van Dusen）的采访，纽约，2012年2月。
②作者对本·拉法奇（Ben LaFarge）的采访以及和他的通信，分别于2010年9月和10月。
③同上。

4英寸——这已经占据了他对她第一印象的很大一部分。1932年6月，卡明斯带她和他的朋友们去格林威治区的费利克斯吃晚饭，他们事先在她的一个表演之后去后台接她，她在那剧中扮演一个小角色。这是一次相亲。那时，卡明斯是诗坛奇才，他有两次可怕的婚姻。玛丽安是一名演员，尽管作为一名模特，她已经取得了巨大的成功。她长脖子、长腿、大眼睛，她的美貌得到了诸如塞西尔·比顿（Cecil Beaton）和爱德华·史泰钦这样的大摄影师的称赞。史泰钦说她是他拍过最好的模特[①]，因为她总是能够把自己转换成穿任何衣服中的那个女人。“这个女孩对我来说太高了，”卡明斯首先想到。不过，他的疑虑很快就消失了，因为她入神地听他讲话，后来，她在他的帕钦普莱斯的工作室里度过了夜晚。

在遇见玛丽安之前，卡明斯是一个孤独的人，时而有自杀的倾向，和一个女人结婚几乎能将他毁灭。他的第一任妻子，伊莱恩·泰勒，在他们的情事开始之初，就已经嫁给卡明斯的朋友和赞助人斯科菲尔德·泰勒（Scofield Thayer），她也是卡明斯唯一的孩子南希的母亲，伊莱恩和卡明斯离婚后带走了他们的孩子；卡明斯已经有20多年没有见到过他的女儿了。离婚丑闻的另一个主角，是他的第二任妻子，她试图窃取他在新罕布什尔的房产。最后，玛丽安善良的爱和对卡明斯天才的欣赏，使得他们成为一对甜蜜恩爱的夫妻。

哈佛大学学生是有名的挑剔听众，即使是20世纪50年代，在校长詹姆斯·布莱恩特·科南特（James Bryant Conant）的影响之下，而他将很快离开，加入艾森豪威尔（Eisenhower）的行政机构，来自爱荷华州康瑟尔布拉夫斯的保守派南森·普西（Nathan Pusey）取得

①爱德华·史泰钦（Edward Steichen）：《摄影人生》（*A Life in Photography*），纽约：双日出版社，1968年版，第86页。

了成功。“我们都很彬彬有礼，被压抑，”[①]范·都生回忆道，“这是在哈佛历史上唯一的时候，他们没有抢衬裤，甚至是新生也没有嬉闹。这种管理使得每一件事情都平淡无奇和乏味。正因为如此，我们更加欣赏卡明斯了。”

诗人和编辑哈维·夏皮罗记得听众拥挤在水灵灵的拉德克利夫女孩们中间——例如乔安妮·波特（Joanne Potee），她似乎没有理由地崇拜E.E.卡明斯，或者说没有夏皮罗可以看出的理由。这些女孩们都是一样的，当夏皮罗生活在格林威治村的帕钦普莱斯，从卡明斯的小屋旁经过时，会看到她们任何时候都会在卡明斯的窗下背诵他的诗歌，并留下一束束美丽的野花。夏皮罗相信，严肃的诗歌，在别的地方；卡明斯是为孩子们准备的。“兰德尔·贾雷尔（Randall Jarrell）宣布，20世纪50年代有关他的观点就是，卡明斯是一个永远的少年，你一定不要去打扰他。”[②]夏皮罗谈到卡明斯的时候说。除了唯一的诺顿演讲，夏皮罗没有打扰他。作为卡明斯的邻居，在将近10年的时间里，有许许多多的夜晚，当夏皮罗从他的工作地“乡村之声”（The Village Voice）回到他帕钦普莱斯的家时，碰到卡明斯正在出门，口袋里装着一本随笔集，两位诗人从来没有说过一句话。

自从2月份收到来自哈佛大学教务长保罗·巴克（Paul Buck）的邀请信，关于是否去做演讲，卡明斯感到精神上极度的紧张，他要求哈佛大学尽量减少他在坎布里奇度过的时间，因为在那里，他不得不和那些对他寄予希望的人纠缠不休。查尔斯·艾略特·诺顿教授教学委员会的主席，芬利教授提出要负责保持卡明斯心情愉快。他在信中聪明地、用羡慕和奉承来修饰，尽管讲师的职务是一个长

①作者对休·范·都生的采访。
②作者对哈维·夏皮罗（Harvey Shapiro）的采访，2010年。

期的任命，但是芬利容许卡明斯在10月份到达，第二年5月份离开，然后在圣诞节之后，过了1月份再回家。

芬利写信安慰他，说到以前的一个演讲，是亚伦·柯普兰（Aaron Copland）的一次演讲，当时演讲了半个小时，然后就开始演奏音乐。卡明斯受到启发，想到一个办法，先进行短暂的演讲，然后就进行诵读。在他的第一个演讲当中，会谈到他的父母，然后通读整首威廉·华兹华斯的《永生的提示》（*Intimations of Immortality*），一首他最爱的诗歌之一。

尽管到了20世纪50年代，卡明斯已经开始试验性地在大学进行演讲——对他来说，那将成为一种新的生涯，在他人生最后的岁月里，作为支撑他的力量——他定时、着迷一般地逐字排练，直到他每次演讲开始的那一秒。他被自己回到坎布里奇的期望和恐惧左右着，他仍然经常想改变主意，谢绝演讲，当他夏天在为此忙碌的时候，在回到他挚爱的新罕布什尔的家——乔伊农场之前。玛丽安写信给她的一位朋友[①]，说他从来没有这样努力地对待另一件工作，像对待诺顿演讲一样。

然而，尽管有如此多的困难，卡明斯最终赢得了听众的出色评价。所代表的每样事物——论及“性”的时候，那揭穿的骄傲、开放的冒险和有趣的不受约束的态度，在他开放的措辞中——一种狡猾的幽默感被一种强大的挑战加了燃料。他站在讲台上面，在有50英尺高的精雕细琢的天花板下面，用三言两语便赢得了听众的心。“让我诚恳地警告你，在这些被称作演讲的开始，我没有假装成一

① 肯尼迪（Kennedy），《镜中的梦幻》（*Dreams in the Mirror*），第441页。玛丽安·莫尔豪斯给她的朋友伊芙琳·西格尔（Evelyn Segal）写信，1952年10月1日。肯尼迪所记述的第一次演讲的时间是错误的；正确日期应该是10月28日。

丽贝卡·卡明斯。1892年。作者，查尔斯·悉尼·霍普金森。

个演讲者的意图”。[1]他告诉学生们。

当他站在讲台上，看着听众坐下来，听着衣服和纸张发出的沙沙声，听众调整自己，排着队时；当他闻到熟悉的、淡淡的柠檬味和打过蜡的桑德斯讲堂的木材味道时，他的疑惑似乎不胫而走。作为预演，流畅地进行着，他戏谑地称自己为“一个正宗不学无术的人”。然后，他继续谈论起性。

“一会儿，一个真正的演讲者必须遵从精神礼仪的规则，隐藏起他个人的特质，可接受全体的概论，一个真正不学无术者的余孽能够相当不体面地自由谈论他的感觉。这个预期让我快乐，因为我珍视自由；从来不认为礼仪比自由更重要。”另外，卡明斯向兴奋的听众解释，他是一个热爱裸体女人的男人，沉迷于脱衣舞和滑稽戏表演，在那里，他有“多少次对那神殿的崇拜，进步的肉体的启示”[2]。他得到了听众的关注，在某种程度上控制了这个巨大的房间，那是显而易见的。“这些幸运的学生，被你的思想安慰，弄得晕眩”[3]，他的朋友珍娜·弗兰纳在读过《非演讲》（***nonlectures***）后写信给他，这本书由哈佛大学出版社出版，“我想，那是一个奇迹……你没有被监禁”。因为，当卡明斯向听众解释，他一无所知，他不会进行大家所了解的常规演讲，他不会说起有关自己的情况，他将从不为人知的父母开始：丽贝卡和爱德华·卡明斯。

卡明斯如何能够侥幸逃脱？他学术的真诚——哈佛，又是哈佛——帮助了他，但他也是一个真实的凭借理性做事的人。在揭示他自己的文凭、赞美裸体的女人、宣传自由之后，卡明斯转而攻击

---

①卡明斯：《我的六次非演讲》（*i: six nonlectures*），第3页。下面所有的引用都来自此版本。
②同上。
③霍顿图书馆，哈佛大学图书馆。珍妮特·弗兰纳（Janet Flanner）编码2436。

了文学批评机构，通过阅读赖内·马利亚·里尔克（Rainer Maria Rilke）的革命性的诗句。“艺术作品源自无限的孤独，通过批评考证是不能够接近它们的，哪怕是一点点。唯有爱能够理解、把握和公平地判断它们。”

在一次有着更多讽刺的情绪里，他背诵了一首尖锐的自传体诗歌，这首诗他写于多年以前，但是从未将它收入诗集里——《理智的民谣》（*Ballad of an Intellectuall*）。在此，他对哈佛大学理智主义的厌恶、高尚的对话和语言的回旋十分清晰了：

> 听着，你们这些大大小小的傻瓜
> 一起来听一个聪明的故事
> ……
> 你们认识这些人：著名的批评家，
> 严肃的思想家，抒情诗人，
> 他们从西方到东方的有关艺术的演讲
> ——无礼的见证人上了它的当吗？胸部！
> 如果一位贵妇回避我们英雄的诗篇
> 他将会用来自泽西的一页敲打她的冷淡；
> 为什么，他过去经常对他的朋友们说，他习惯于
> “使得一个初入社交界的少女追随于我”
> 并让许多的女继承人变得兴高采烈 意乱情迷
> 在听完一首埃兹拉·庞德的长诗之后……

到了1952年，卡明斯已经逐步形成了自己的语言风格，或者说他的演讲已经通向某种强大和反常。然而，他的声音仍然轻轻地传

达着他的诗歌，富有磁性且令人愉快。他读诗就像是没有配乐的咏叹调。如果你近身过去听他，经常会得到一个笑话或者灵感的奖赏，就像T.S.艾略特或是某位令人敬畏的英语教授从他那里所得到的顽皮印象一样。

在卡明斯58岁的时候，新添了一些病痛——主要是一系列违抗诊断的疼痛，他的身体还是一样的柔弱，阴柔多于阳刚，灵活多于雄壮。他有一种轻快和敏捷，对表演的场景起到巨大影响，并模仿那些他想嘲笑的人。他是一个对话的天才，创造了令人炫目的独白，在其中，语言如瀑布般地落下，丰富、华丽而闪烁。他的密友，雕塑家加斯顿·拉雪兹（Gaston Lachaise）创造出了一个巨大的、青铜的丰满女人，在纽约现代艺术博物馆花园的上方摆放着。而卡明斯则能够实现物体漂浮的特性并服务于才智。当他还是一个在校学生的时候，他的同班同学开玩笑说，上帝将会原谅他们以及个头矮小的卡明斯。“作为一个孩子，他是弱小的；在谣传面前退避。”[①]他写到，他身体的纤瘦，在成长过程中，和他父亲的高大阳刚形成了鲜明对比。

向桑德斯讲堂的听众形容他的父亲，卡明斯引证了一封他写的关于令人敬畏的爱德华·卡明斯的信。“他是一个新罕布什尔男人，高6英尺2英寸，一个神枪手；一个著名的钓鱼高手；一流的水手（他的单桅帆船名字叫作‘女主角’）；一个樵夫，在没有指南针的情况下，他能够找到走出原始森林的路；一个善于划独木舟的人，能载着你悄悄地接近一只鹿，而丝毫不会打破池塘表面的平静……”

---

①卡明斯的分录，霍顿图书馆，哈佛大学图书馆。保密材料。

他的儿子向他年轻的听众解释，大卡明斯是一位伟大的人道主义者，他鼓励自己的会众在一个阳光充足的星期日，走到外面的美丽世界，以代替听他的说教。他是坎布里奇第一个有电话机的人，是最早拥有汽车的人之一。那是一辆东方四轮马车（Orient Buckboard），靠摩擦驱动，由华生仪表公司制造，汽车由链条驱动，但不像自行车的链条；它有两盏煤油灯，两个座位，每小时可以开15英里——它在路上十分危险，经常被四轮马车所左右。汽车通过牵拉一根点燃在后端的皮带来发动，一种没有规律的工作方法。粗糙的轮胎和泥土路使乘行十分颠簸，汽车经常熄火，使得司机走路回家。爱德华·卡明斯喜欢机器，而且总是拥有最新的技术发明，丽贝卡·卡明斯把她的四轮马车起名为“蓝鸟”，给每一位她所认识的人乘坐。

在全家人去新罕布什尔的路途中，这辆汽车真正地发挥了作用。在购买这辆东方四轮马车之前，旅行是通过同样喜怒无常和行驶缓慢的火车进行的。在20世纪刚开始的时候，客运列车是一系列不舒服的汽车，无用的窗户甚至无法挡住从发动机上面冒出来的油烟，煤块燃烧后会冒出烟灰和煤渣。火车被拉着向前，给人印象深刻的圆形、向前移动的蒸汽火车头，烟从烟囱里冒出来，蒸汽来自于顶部闪闪发光的发动机，它经常不受人控制，有它自己的主意。当火车准备要停下来的时候，司机需要告诉伙夫停止铲煤，明智而审慎地制动，希望它能够靠剩余的发动机向前的功率来继续工作。“当看到某个火车进站的时候，真是既害怕又激动。”[①]卡明斯的妹妹伊丽莎白（Elizabeth）写到。火车司机的身体会探出驾驶室，看

①哥利（Qualey）：《当我还是一个小女孩》（*When I Was a Little Girl*），第105页。

上去十分的自豪，为能控制这样巨大的机车而骄傲。

现在，随着东方四轮马车以及后来的T型发动机小汽车福特汽车的出现，他们以最快的速度购买了新式的汽车。卡明斯的家人能够开车去新罕布什尔，在部分修整过的被国家命名为第三大道的道路上，一路向北，然后往东，穿过风景如画的小镇——沃尔夫伯勒·奥西皮——直到再通过泥土路，抵达他们在乔伊农场的房子。

随着技术的进步，T型发动机小汽车变成了行驶在波士顿的马路上越来越普通的常见物，爱德华·卡明斯开始认为富兰克林小汽车更适合他的身份。富兰克林小汽车由钢模铸造，命名为H.H. 富兰克林,被称为“漂亮汽车”。它是一款奢侈的汽车，是第一款机箱里有坚硬机轴的产品，用硬铝连接棒条，有一个钢质的车身柱子结构。富兰克林自夸说道，它有一个空气制冷发动机，那就意味着，它可以连续跑很长的路。

卡明斯的家人有每年一度的探险旅游，他们从坎布里奇十字路口的家到乔伊农场，还有后来卡明斯的父亲新建好的在新罕布什尔银湖岸边的房子，这些冒险活动，包括某种汽车灾难：它们通宵待在路边，多谋而智慧的爱德华·卡明斯总是想出办法解决。他的主张总是最新的，很多最新式流行的机械是使他心情愉快的一部分，那快乐使他的朋友和家人也感到愉快。

卡明斯告诉桑德斯剧场那些专心于他的听众们，他的母亲“是他所见过的最令人吃惊的人”。到1952年，她已经去世5年了，比她的丈夫多活了20年。“我从来没有碰到过比她更快乐的，比她的身体和精神都更健康的人，她记不住一件坏事，那样澄澈，有人情味，真挚而慷慨。我很荣幸成为这个真实的女主角的儿子。”卡明斯告诉听众，他的声音放慢下来。

在他演讲的最后15分钟里，卡明斯——拒绝再回答问题或是在演讲后签名——他读了华兹华斯完整的《永生的提示》，一首7页纸的诗歌，这首诗提示他也出生在天堂的某处，拥有天使作为他真实的父母。那是在1952年，在战争之后，当时他关于童年的观点还很不成熟，但卡明斯仍向善于接受意见的年轻观众提出建议，那就是：年轻人比老年人更接近天堂——比起那些因为年龄和经历而自认为知道更多、试图告诉年轻人他们该做什么的父母和教授们而言，年轻人其实离天堂更近。卡明斯用华兹华斯的诗告知他们，正确的东西往往就在事物的背面。

我们的出生是一场睡眠和一场遗忘
灵魂伴随我们上升，我们生命的恒星
安置在别处
又从远处走来
不在全部的遗忘
不是那般的耀眼
但是追随着光荣的云彩，我们从
天上而来，那是我们的家：
在我们的幼年，天堂随处可见！
监狱的阴影开始靠近
一个成长中的孩子
但是他注视着光，它从何处流出
他注视着它，充满了欢乐……

在第一次演讲结束的时候，学生们心情激动地涌出，进入坎布里奇的夜晚，卡明斯和玛丽安去了那条街——欧文街，那里有他长大成人的屋子。威廉·詹姆斯和他的妻子爱丽丝为卡明斯举办了一个小型的招待会，为他成功的演讲而高兴，卡明斯可以把对哈佛深深的愤怒和诸如此类的事情暂时抛开。然而玛丽安一点也不喜欢坎布里奇。当卡明斯的传记作者理查德·肯尼迪已经在他的书《镜中的梦幻》中指出，在20世纪50年代自由主义的堡垒里，保守派、反对共产主义的卡明斯也能感觉到政治上的不安，"遇到的任何人都以不同的方式和哈佛有关联，它已经不是原始的粉红色。"[①]他向希尔德加德·沃森抱怨。

卡明斯的第二次演讲，重点是他的童年时代，许多事发生在这百年的院子，从那里，他站上了桑德斯的舞台。"我家的房子面对着坎布里奇市，是一座雅致而坚固的宅邸，在它前面是一座大的椭圆形草坪，被壮丽的白松树篱环绕。房屋的正前方有两棵高大的苹果树；每逢春天，这两个巨人都会忠实地托起它们芬芳的世界朝向我的房间，在那里，我呼吸着，梦幻着。"在一个月之后的第二次非演讲中，卡明斯告诉同样热切的观众。他童年时作为玩伴的树木已经由哈佛大学教授查尔斯·艾略特·诺顿捐献给了镇上，他是它们的所有人；现在，卡明斯同样接受这位诗人教授的赠予，进行演讲。

卡明斯计划着，关于第三次演讲将会第一次涉及自己和他的成长的世界——这也恰巧是他听众的世界。三次演讲中的第二次，将在2月、3月和4月进行，关于诗歌和坎布里奇之外的世界和哈佛的院子。每次演讲都以卡明斯读15分钟至半个小时他喜欢的作品结束——从他自己的诗歌到华兹华斯的诗歌、济慈的诗歌、罗伯

---

①肯尼迪：《镜中的梦幻》，第443页。

特·彭斯的诗歌；从新约全书的约翰福音到莎士比亚的《安东尼与克里奥佩特拉》（*Antony and Cleopatra*）的最后场景，其中，克里奥佩特拉把一条有毒的小蛇放在自己的身上自杀而死。“你没有看见我的宝贝在我的胸前/吮吸着熟睡中的母亲？”卡明斯在桑德斯剧院里向仿佛着了魔的听众们念着。

尽管经过了第一次非演讲，表明卡明斯已经取得巨大成功，但他继续写着，改写着，被演讲折磨着，为它着急，常常熬夜，试图校准，完美地把它们控制在他的大脑中。他后背的毛病正在置他于死地，为了得到睡眠，他每次要吃两到三颗耐波他——但仍很少能得到满意的睡眠。玛丽安在坎布里奇不开心，在那里，她感觉到仿佛被扔在荒野一样孤独，成为一个老年男人的护士，这也使得卡明斯更加焦虑。即使是在他被放逐的那些年之后，坎布里奇仍然是他的地方——他的家乡——玛丽安一直感到被冷落。卡明斯这个“表演者”冷落了她，卡明斯其他的旧友和邻居也没人在意她。

第三次演讲在11月25日进行，它是如此受欢迎，以致变成了一个集会，学生们试图强行进入门内。卡明斯是一个明星。卡明斯和玛丽安只在坎布里奇待了一个多月，他们却几乎是迫不及待地重新回到帕钦普莱斯。第二次系列讲座将在圣诞节后，相对会容易一些，这对夫妇已经在怀曼路的房子里度过了两个月的枯燥生活。最后的演讲，在朗诵他所挑选的济慈感人的《希腊古瓷颂》（*Ode on a Grecian Urn*）和珀西·比希·雪莱的《解放了的普罗米修斯》（*Prometheus Unbound*）作为结束之前，他献上了“一朵细刨花”，令许多听众都难以忘怀。“我是这样一个人，傲慢而又谦逊地确定爱是秘密中的秘密，没有东西可以测量的‘一个非常好的上帝的诅咒’：‘一个艺术家，一个男人，一个失败者’，不仅仅是在积极地成长，而且是一个甘于奉献的、永恒的、复杂的生命……他唯一的快乐就是超越他自己，他的每一次痛苦都是成长。”

如今，你可以在几分钟里从哈佛的院子走到纪念馆的桑德斯剧院。一座新的哈佛建筑将会矗立在柯克兰大街的一角，但是，如果你从欧文街往左走，进入坎布里奇的繁华，除了铺砌的街道和停车的秩序，这里在过去的世纪里并没有多少改变。卡明斯家的房子在十字路口处，被一道墙和街道隔开，一个平坦的木制栅栏上的一块小牌子让人注意到卡明斯出生和成长在那里，他是一位诗人，曾写过“坎布里奇的女人们……住在家具里的灵魂”这样的诗句。比起卡明斯活着的时候，它被维护得更好。不过，当你站在狭窄的街道，在宏伟的房屋中间，你似乎可以听到来自过去的骚动从那面墙后传来。孩子们在闹着玩耍，一个大人的声音在里面喊着他们，一条狗在大门口狂吠。

第二章
欧文大街104号

爱德华·埃斯特林·卡明斯（Edward Estlin Cummings）是以他的父亲爱德华和他教父的名字命名的，他的教父J. 埃斯特林·卡彭特（J. Estlin Carpenter）是爱德华·卡明斯的一位英国朋友。为了和他的父亲区别开来，大家都叫这男孩埃斯特林。他是家里的第一个孩子，也是唯一的儿子。他出生于1894年10月14日的晚上，在有白色墙板的宅邸，经过6个小时的产钳分娩，伴随着3个故事和13个壁炉，在欧文大街的104号，埃斯特林出生了。他近9磅重，天秤座，预测他将来会很迷人、浪漫，还有一点儿轻信。爱德华·卡明斯在他33岁的时候，已经被任命为哈佛大学的助理教授，他后来告诉他的儿子，欧文大街房子的建造“有你在其中”[①]。尽管这座房子建造于对第一个儿子的期盼之中，婴儿埃斯特林是所有居住者、人和动物之中最小的，当他成长的时候，不过是给这座房子里的人物在数量上做了增加而已。

首先，忙乱的房子是婴儿祖母的家——他父亲的母亲，名叫娜娜（Nana），一个新罕布什尔的贵妇人，身着长裙和高扣鞋。娜娜·卡明斯看人时有一双锐利的眼睛，她经常说自己从来不会放

① 肯尼迪：《镜中的梦幻》，第9页。肯尼迪没有归属地引用了这个趣闻。

坎布里奇欧文大街104号，卡明斯的房子。

松，直到全家人都安全地睡到床上——通常是在夜间很晚的时候。埃斯特林父亲的姐姐，未婚的简姑妈住在三楼。他母亲的母亲，娜娜·克拉克（Nana Clarke）和他的阿姨艾玛·克拉克（Emma Clarke）住在大卧室，有她们自己的壁炉，离开门厅在第二层。所有这些女性亲属的职责是：要确保小埃斯特林学习恰当的礼仪。

这是一座大房子，但是它看上去经常还是挤得满满的。三角形的院子里吸引了邻居家的孩子，它大到足够可以让孩子们玩橄榄球。卡明斯和妹妹伊丽莎白总是加入一大群表亲和朋友们之中，他们有大量的自由可以玩游戏，比如弹球和跳房子，他们会着凉，会把身上弄脏，会在街上迷路。但是他们仍然被大人们期待着要有礼节、守时、淋浴，在晚上8点钟准时上床睡觉。围着家里人转的厨子，名叫朱莉娅（Julia），一个干杂务的佣人名叫桑迪（Sandy）。不同于20世纪早期的很多家庭，卡明斯的家里还养了很多宠物[①]——猫和兔子在后院的围栏里，还有心爱的家狗。

住在这座房子里的孩子最喜欢的家庭成员是他们母亲的迷人、不守规矩、心爱的未婚兄弟乔治·莱姆·克拉克（George Lemist Clarke）。“他是一名律师，爱好美食，享受生活，一个天性乐观的男人。”卡明斯在他的第二次非演讲中回忆到。乔治是一个幽默的人，他也写诗。卡明斯的母亲崇拜诗歌，她希望儿子能够成为一位诗人。结果，埃斯特林在上学之前就开始写诗，他也是一位天才的素描大师，他在6岁时所做的绘画是两头活泼强壮的大象——这种动物将是埃斯特林·卡明斯的图腾和他一生之中的最爱。他对这种动物的爱也缘自家人对来到坎布里奇的马戏团

①哥利：《当我还是一个小女孩》，第33页。

的观赏。

说到写作，丽贝卡·卡明斯支持乔治鼓励自己的儿子，因此乔治叔叔是给埃斯特林启萌的第一位诗人和一个喜欢恶作剧的完美典型，有贵族气派的波士顿绅士。他是一个懂规则的男人，但是遵循规则，却是很无聊的事。他的日常生活被书、诗句和阅读填满。就连孩子们的游戏，也时常被家族遗传下来的如何押韵的工作所打断。当孩子们对谁的意见不认可的时候，他就会是游戏的最后一名，或者是区分谁应该转绳、谁应该跳绳；他们听从传统的权威押韵，就像这首听上去似小号声的感觉："Eenie, meemie, moanie, my / Huskaloanie,bonie, stry / Hultie, gultie, boo. / Out goes you."①

乔治舅舅承担了一部分埃斯特林的教育工作，在那些青春期之前易受影响的日子里，送给他一个宝贵的礼物——一本书，书名叫作《写诗的人》（*The Rhymester*）②，副标题是《韵律的规则》（*The Rules of Rhyme*），小标题包括："作诗指南""押韵字典""经典测量考试""滑稽戏评论""喜剧诗""歌唱和写作"。这本精彩的书比一本诗歌写作的初级读本要好得多。引用西塞罗的训令，"诗人生于诗人"，这本书的作者汤姆·霍德关于诗歌做了综合的讨论，从单词的发声到韵律学，从主题到语法。最重要的是，它教会卡明斯关于形式主义基础的第一堂课，使他从以下的看法中转换认识，对于诗歌"是什么"的认识，那些认为诗歌只有拥有政治价值才是好的看法，比如朱莉娅·沃德·豪（Julia Ward Howe）的《共和国战役的赞美诗》（*Battle Hymn of the Republic*）。《写诗的人》专注于"怎样"写诗。因为乔治舅舅和他的礼物，年轻的埃斯特林专注

① 哥利：《当我还是一个小女孩》，第29页。

② 汤姆·霍德（Tom Hood）著，在伦敦首次出版，于1882年再版于波士顿。

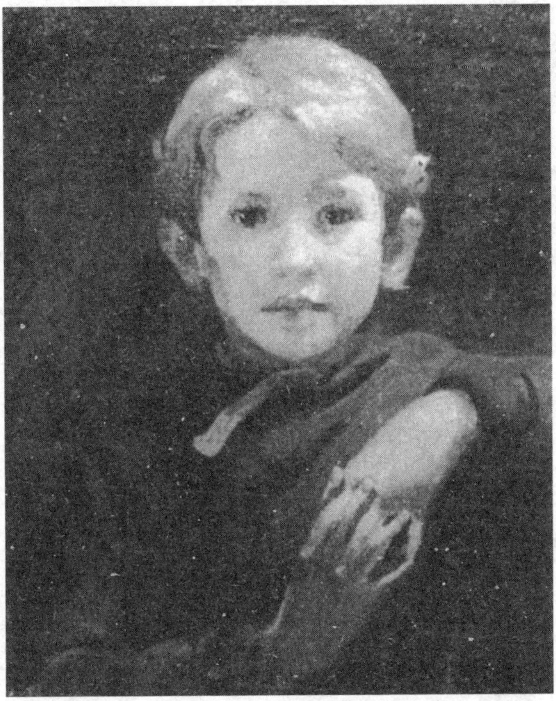

卡明斯8岁时的肖像。1902年。作者，查尔斯·悉尼·霍普金森。

于诗歌，从实质到构成，专注于表现作品全部特性的转化。

卡明斯的第一首作品叫《欢呼》（*hurrah*），取材于大量的日记，他的母亲终其一生保存着它的剪贴本。

如果有任何的天堂，我的母亲将会（独自）拥有
一个。它不会是一个紫罗兰的天堂，也不会是
一个脆弱的百合花山谷，而将
会是一个黑红色玫瑰的天堂

我的父亲将会在那里
站立
（低得像一朵玫瑰
高得也像一朵玫瑰）

靠近我的

是她的
（沉默）
随风轻摆
眼睛是它真正的花瓣
但什么
也看不见

一张诗人的脸 实际上
就是一朵花

而不是一张手中的

脸

它在低语

这是我的挚爱，我的

(忽然 就在阳光下

他躬下身子，

整座花园，躬下了身子)[①]

儿童时期的卡明斯穿的一件白色毛衣，他母亲在上面绣了一个深红色的字母“H”，代表哈佛大学。卡明斯家的院子里，气氛总是很轻松。孩子们荡秋千，在沙盒和树上小屋玩耍，树上小屋的建造是为了让他们感受在空中的快乐，在邻居家的房子里还可以喂马和修剪花木等。他们住在一起，成为神话般街坊生活的一部分。卡明斯家的房子所在的地方，只要有谁叫一声，哈佛的其他教授就能听得见，其中包括威廉·詹姆斯和约西亚·罗伊斯（Josiah Royce）；它矗立在坎布里奇后方的树林中，远离布拉特尔街，在神学院的后面，波士顿马萨诸塞大道旁边，靠近萨默维尔市城镇的一边。

“仅仅是一只蝴蝶从我家飞过，便开辟出了一个神话般的半荒野领地，”[②]卡明斯在第二次非演讲中告诉听众，“由此分成了清醒理

① 卡明斯于1931年在《万岁》（*Viva*）一书中刊出了这首颂词，在他的母亲72岁的时候。他给父亲的悼词，《我的父亲穿过爱的末日》，直到父亲死后15年才写成，收录在他于1940年出版的诗集《五十首诗》（*50 Poems*）当中。

② 卡明斯：《我的六次非演讲》，第32页。

一家人在乔伊农场，从右至左，分别是：女仆牵着狗雷克斯，伊丽莎白骑在驴上，埃斯特林骑在马背上，丽贝卡穿着白色裙装，杂务工桑迪·哈代牵着牛。1904年。

埃斯特林和他心爱的狗雷克斯，还有伊丽莎白，在吊床上。

智的坎布里奇和兰花般的萨默维尔……在这里，作为一个小孩子，我第一次遇到的秘密，叫自然；在这里，我极端的贫乏进入了她的无限……”这种对自然的爱也和激情一样，有高有低，有内敛也有炫目，有清醒也有粗俗，是卡明斯作为一个诗人和一个男人的另类特征之一。欧文大街的邻居越来越多，知识分子比别的人要多，很多婆罗门社区靠近大学。这些邻居都是哈佛大学的教授；他们养的狗，名字就叫哈姆雷特。卡明斯的屋子里堆满了书，流淌着音乐，也包括崇拜。

有一天，约西亚·罗伊斯教授、哈佛大学哲学系的主任在街上跑向年轻的埃斯特林，问他是否知道但丁·加布里尔·罗塞蒂（Dante Gabriel Rossetti）的十四行诗。他邀请卡明斯进入他的房间，引导他学习，念十四行诗给卡明斯听：“无知者倾听，如痴如醉；圣人吟诵他最喜爱的诗歌，亲切美好。”[①]当罗伊斯富有磁性的声音读起罗塞蒂的《十四行诗》（*The sonnet*），卡明斯感到无比欣喜，这是一首十四行诗完美形式的颂歌。

> 一首十四行诗是一座刹那的纪念碑，——
> 来自灵魂不朽的纪念
> 纪念那亡而不死的时刻。看它，
> 不管是为了除邪的仪式还是可怕的前兆，
> 都有它自身的复杂 丰富 和虔诚：
> 雕刻在象牙或乌木之上，
> 如白天或黑夜的盛行；让时间看着

① 卡明斯：《我的六次非演讲》，第30页。

它饰以珍珠的鲜花桂冠和东方诸国。

一首十四行诗是一枚硬币：正面昭示
灵魂——反面，则属于某种力量：——
无论是为了生命庄严诉求的献礼，
还是用来招待爱情高高随从的嫁妆，
或者，是因为幽暗码头中间那空洞的呼吸，
向冥府渡神的掌中交上过路费，走向死亡。

•

十四行诗从此成为埃斯特林·卡明斯最喜爱的形式。

长长的夏季在新罕布什尔银湖旁边的乔伊农场度过，靠近白山，在那里，他的教育仍然由乔治舅舅和他的父母监控。那时，他进入了韦伯斯特小姐（Miss Webster）的学校，他能够流利地读和写，并且认识希腊字母了。

从很多方面来讲，这是美国历史上一个伟大时期的黄金童年，这个国家最有趣和最美丽的地方之一——一个季节喷涌着红色和金黄色的地方，褪色成飘浮在高高屋顶的一层轻雪，然后生成了新英格兰夏季的明亮而热情的绿色。爱着他的父母和仆人，一如既往地密切关注着他的成长。在他宣布想成为一名诗人之后，他的第一首诗被他母亲忠诚地记录下来，对于一个学步时期的儿童而言，被认为是太早熟了："哦，美丽的小鸟，哦/他长着小脚趾，脚趾，脚趾！"很多年之后，在他的第一本诗集《郁金香和烟囱》（*Tulips & Chimneys*）里，有一首他最喜爱的诗，就表现了他永不磨灭的童年情绪，童年的马戏团、游戏和其他的孩子们的故事深深地印在他记忆中。

正是在——
早春时节 当世界充满泥土的
芳香，小小的
跛足气球人

吹起口哨　在远方　回响

埃迪和比尔 来了
从弹子和海盗游戏里
跑来 这是
春天

当大地尽是美妙的小水坑

这奇妙的
年老的气球男人吹起口哨
在远方　回响
贝蒂和伊莎贝尔　跳起舞来

离开她们的跳房子和跳绳游戏

这是
春天
有

一个
    山羊脚的

气球男人　吹起口哨
在
远方
回响

“我是这个地球上的贵族。”卡明斯写到，在他作为哈佛新生的时候，当他仍然住在欧文大街，睡在他男孩时代的房间里。“任何男孩的所有优势应该都在我的手中。我是超越我的机会之上的王。”

当然，在他快乐童年的旋律里也夹杂着哀伤和愤怒的和弦。他也看到了生活中黑暗的一面：邻居的两头奶牛被赶往屠宰场，在坎布里奇的大街上，靠近他家的地方。可爱的生物受到鞭打的景象和即将到来的可怕的死亡，使得年轻的卡明斯停下脚步：“我安静地站着，几乎不能呼吸，感到无能为力，为整个世界感到遗憾。”[①]他写到。

卡明斯的父亲，爱德华，一个比生命还要高贵的男人，超越了他儿子全部的故事，他没有儿子那样轻松的童年。1861年，他出生在新罕布什尔的科尔布鲁克，在他严厉的加尔文教父亲的杂货店里，爱德华经过了一个粗糙的跌打滚爬的乡村童年，其间，他成长为一个具有良好声誉的木匠。爱德华·卡明斯努力学习，顺利从高中毕业，进入哈佛大学。在大学，他计划得到一个法学学位，然后再拿一个神学学位。两年之后，他改变了主意，以一名社会学的研

① 索伊–洛桑（Sawyer–Lauçanno）：《E. E. 卡明斯》（*E. E.Cummings*），第24页。在德克萨斯大学哈里·兰塞姆人文学研究中心查尔斯·诺曼的文件当中。

10岁的卡明斯和他的父亲爱德华及妹妹伊丽莎白。1904年。

究生毕业，并成为哈佛大学的第一位社会学教员[①]。“这个世界上没有哪一位父亲曾经那样或是将来会那样深刻地爱他的儿子”[②]。卡明斯在他的第一次非演讲中告诉哈佛的听众。

然而大卡明斯，一个男权社会里的旧式家长，可能有时候看上去更多的是让人害怕，特别是当他的孩子在成长过程中对运动的兴趣少于书本时，对成为一个樵夫和射手的兴趣少于写诗和阅读时。后来，大卡明斯被指定成为坎布里奇公理会教堂的牧师，这时候，他出现在家里的样子，就像是修行人的信使，直接从天堂而来——一个庄严的信使。他是一个在道德上和生理上都很坚强的人。他的儿子埃斯特林，小巧、敏捷、顽皮——在20世纪早期，所有阴柔的特征都受到性别的挑战。埃斯特林，身体灵活而修长，喜欢笑和模仿，善于取笑一切好玩的事物，且智慧出众。他还喜欢倒立，体验头顶地的乐趣。他喜欢人们为他的滑稽动作而欢呼的样子。当邻居们都爱上了他的表演，孩子们为之着迷的时候，埃斯特林建立了“狂欢者俱乐部”，创造了一种游戏。而他的父亲一直是个严厉的人，一个穿着黑色袖子牧师袍，有着清教徒一样美德的人。

坎布里奇和乔伊农场[③]是卡明斯少年生活的两个极端。一个，他最终蔑视；另一个，他一生热爱和崇拜。乔伊农场，用它的所有者以法莲·乔伊（Ephraim Joy）命名，在20世纪之初，它被卖给了爱德华·卡明斯，也是因为卡明斯的孩子们在农场所得到的欢乐，使它真正印证了“乔伊（快乐）”这个名字。埃斯特林的妹妹伊丽莎白·哥利这样告诉查尔斯·诺曼。

---

①肯尼迪：《镜中的梦幻》，第493页，注解2，第15页。
②卡明斯：《我的六次非演讲》，第9页。
③诺曼：《魔法制造者》，第29页。

卡明斯一家于1899年买下了乔伊农场，在海滨经历了夏天之后，爱德华喜欢乘他的独桅船“女主角”扬帆远航。但是他的妻子丽贝卡·卡明斯不喜欢海滩，因此，家里人准备去山里。卡明斯的母亲是这个家里的贵族，她的祖先是著名的作家、法官和冒险家。因为家里出了丑闻——她的父亲因为伪造支票而入狱，她的母亲于是废除了和他的婚姻，带着三个孩子回到娘家，和她的父母一起生活——这使得她种族的美德更加迷人。当威廉·詹姆斯在1888年把她介绍给爱德华·卡明斯的时候，丽贝卡·克拉克还是一个29岁的处女。作为一名妻子和母亲，她得到了快乐，她充分地感激和爱着这一切。

农场有银湖的美丽，还有彻科鲁瓦山如画般的独特远景——引人注目的山峰在奥西皮山脉，有一条墨绿色的森林线和崎岖的顶峰——卡明斯的孩子们可以在那里自由地跳进干草里，在森林里进行长久的探险。卡明斯家庭全部的成员，姑婶、叔叔和堂兄妹，都在春天离开坎布里奇前往东部。

新罕布什尔是一幅湖泊和岩石的风景画，被古老的冰川刮干净的土地从东到西伸展着，佛蒙特州肥沃的土壤在康涅狄格河的另一侧， 19世纪早期，这里定居的坚强的拓荒者们，拼命地在这片荒凉的土地上种植植物，在植物的生长季节，这里成为羊和奶牛的牧场。内战以后，很多新罕布什尔的城镇和农场被遗弃，实际上是被一些这样的家庭抛弃：他们或是送他们的儿子去了战场，或是去波士顿，到有发展的工厂里去干活，就渐渐放弃了这个地方。

新罕布什尔的独特风景，令第一批有雄心移居到这里的人着迷。在森林里步行，像卡明斯一家人这样的徒步旅行者，会偶然遇到长长的石墙，不用砂浆却完美地堆砌着，那是很久以前有人为牧场上的动物修建的，里面已经长出了橡树和苹果树；在房子地基的遗址上，有花岗岩的壁炉地面，那是很久之前，农夫用驮马把它们运到这里的，农夫怀着美好的希望，把这里建成他永远的家。这看久了有些单调的景色和乍看时耀眼的美丽——永恒蓝色的湖、绿色的树、群星闪耀的天空，在天鹅绒般柔软的夜晚——都很适合老年的卡明斯家人。在那里，这个令人钦佩的父亲放松了，变得更像是一个木匠而不是一个牧师，重建经典的乔伊农场的房子，延展出另一个故事。从窗口望出去，可以看到银湖和彻科鲁瓦山的风景；在平的屋顶上，可以观看星星和日落。

房子对这一家人而言，既保暖又足够大了，爱德华·卡明斯又在森林的边缘为自己建了一个书房，一个多边形结构的房子，在它的周围可以尽情地散步。然后，他为小卡明斯在附近的树下建了一个露台。当孩子们长大、渴望在水边玩的时候，他装入了一个淡水池，以供他们在那里学游泳。整个夏季，家人被吸引到湖边。爱德华又决定在湖边建另一座房子，这是个船屋，或者说凉亭，由他亲手修建，同样有一个露台，可以仰望星空。

卡明斯是丽贝卡的第一个孩子，她每天小心仔细地看护着他，因此，这心爱宝宝的每一个微笑和动作都被记录了下来。当卡明斯长大，成为一个年轻人时，他搬出欧文大街104号的房子，搬进哈佛大学的宿舍，然后又搬进纽约市的一所公寓。在他和父亲之间，有一些痛苦的摩擦，但是他和母亲之间的联系，从来没有间断过，她总是给予他情感和物质上的支持。她终其一生，每个月都寄给他支票，并且满足他的任何要求。即便是她不喜欢的行为，她也仍然支持他。

查尔斯·诺曼在卡明斯的授权传记里写到，卡明斯的妹妹伊丽莎白在她的回忆录《当我还是一个小女孩》中讲述了这样一个故事，20世纪伊始，新英格兰的男孩们都被家长期盼着成为一名有力量和自信

爱德华和丽贝卡·卡明斯在20世纪20年代中叶。爱德华死于1926年。

的人，卡明斯却是瘦弱的——他在哈佛不参加体育运动，在以前的三所学校也不参加，但他的精神却和任何人一样，强硬而坚决。

爱德华·卡明斯在新罕布什尔把很多的宠物养大，各种心爱的狗狗，伴随着孩子们的成长并成为他们心中永恒的故事。老杰克，一只纽芬兰犬，它和他们的简姑妈去学校，一直把她的外套咬在嘴里，以使她始终注意着它；还有一只好玩的小狗詹姆斯·布莱恩，它喜欢筑巢，喜欢睡在另一只狗的尾巴丝一般的毛发里，它还在另一只名叫医生的纽芬兰犬旁边做了一张床。爱德华·卡明斯喜欢动物的表达，他的孩子也崇拜和关心着各种动物：包括一种特别顽皮、有着一副下垂的大耳朵的兔子，名字叫作香港；伊丽莎白的毛茸茸的猫；狗狗——当，被他们捡来的一只迷路小猎犬；还有马克，家里的牧羊犬。在埃斯特林大概14岁的时候，他的父亲认为他应该有一只自己的狗，那是一只在银湖的村庄里出生的狗，白色斑纹夹杂的牛头犬，有着长长的、丝一般柔滑的耳朵，性情温和。

“雷克斯是一只非常可爱的狗，他总是很快乐，时刻准备着玩耍，”伊丽莎白回忆道，“他愿意让我和弟弟做任何事情，甚至是在吊床上摇摆他，让他倒挂。”[①]

雷克斯会发出一种低沉、权威的叫声；但是当埃斯特林走进坎布里奇和银湖的房子时，他会发出快乐的吼叫，一种约德尔调，使得家里人都称他为“啊呓嚯”王子。男孩和狗形影不离。雷克斯晚上睡在埃斯特林的床上，如果有人接近他的房间，他会轻声地咆哮，他平静地等待着埃斯特林下午从坎布里奇的拉丁学校回家。一次犬瘟热发作之后，使得埃斯特林对他的感觉愈加强烈，雷克斯成

①哥利：《当我还是一个小女孩》，第75页。

了这个家里的英雄。

当邻居的狗攻击毛茸茸的猫时，雷克斯——发现自己寡不敌众，它叼起猫的脖子后部，把它放到屋子角落里的安全地方。当“香港”从它的围栏里逃出来，好像是永远地迷失了，雷克斯便把家里人领到一个栅栏旁边的一堆树叶旁边，这只坏兔子躲藏在那里。雷克斯还是一只机灵的看门狗，它能够区分出威胁的声音和老房子发出的咯吱声，风中槭树果的叹息声。别的狗都有他们的小缺点——当喜欢追捕猫，马丁会在某个时候消失很多天——但是雷克斯是完美的伙伴和守家的狗狗，它和埃斯特林的组合是年轻男孩们所了解最强有力的组合。

在乔伊农场的乡村，雷克斯真正地兴奋起来。当孩子们出去野营，睡在旅游帐篷或是埃斯特林修建的圆锥形帐篷里的时候，它守护着他们；当孩子们乘坐装有干草的大车出游或是乘坐履带车进行探险，它跟随着他们；在孩子们散步的时候，它会跑在前面或后面，检查乡间的气味、夜晚动物经过的痕迹。在家里人的一次攀登彻科鲁瓦山峰的途中，雷克斯和一只豪猪发生了战争，弄得满脸豪猪刺。当爱德华·卡明斯把那些刺从它脸上一根一根地拔出来的时候，埃斯特林及时地安抚他的狗，让它平静下来。

一个夏天的傍晚，晚饭后，当家里人刚刚来到银湖旁边的新避暑屋时，埃斯特林和伊丽莎白带着忠诚的雷克斯，决定去尝试一下他们的父亲最新所获——一个可能不会下沉的能折叠的独木舟，上面有两个木质的座位。当16岁的男孩和他的妹妹在下午的阳光中穿过湖面，太阳光开始变成一束在水面上闪耀的明亮的道路，雷克斯抓咬着飞在孩子们头顶的一只大黄蜂，它的跳跃弄翻了独木船，两个孩子落入水中，他们紧抓着那两个小小的先前坐的木箱子。埃斯特林告诉伊丽莎白抓住已经倾覆的独木船，但是当她抓住船的一边时，听到有漏气的过水声，船沉到了湖底。据伊丽莎白回忆，他弟弟的自信和幽默使她远离了恐惧。

起初雷克斯从孩子们身边游开，勇猛地向岸边游去；忽然，它意识到把孩子们扔在了身后，就又返回来游向他们。“它一定是已经感觉到自己筋疲力尽了，在听到我们的声音时，又返回来提供帮助”[①]。伊丽莎白写到。埃斯特林在水面上尽量提起身子，大声呼喊着叫雷克斯往岸边去，但是那只狗像是不明白似的。当它抵达他们身边时，已经游不动了。在惊恐和飞溅的水中，它的眼睛几乎已经看不清了，雷克斯试图爬到伊丽莎白身上，以拯救自己。

“我感到它的重量在我肩上；然后我松开了我手抓的盒子，沉到水下；我又上来，打着水，抓住了盒子。”[②]伊丽莎白回忆，“雷克斯再次试图爬上来，再一次，我丢了盒子，掉到水底。”埃斯特林对雷克斯吼叫着，呼唤它，但是正如他所看到的，他的姐姐即将第三次沉入水中，他抓住了受惊的、恐慌的狗，在水下握住它，直到它停止挣扎。伊丽莎白暂时免于被推到水下，但是孩子们绝对没有脱离危险。在爱德华·卡明斯驾着汽艇到来之前，他们在水里筋疲力尽地耗了一个小时。爱德华远远看到有两个小脑袋在湖的中央，他迅速开汽艇过来，救起了孩子们。埃斯特林要他的父亲和从城市露营地附近来的别的救援者去搜寻雷克斯的下落，希望它也能被救出，但是那天晚上，一无所获。

第二天，埃斯特林一直沿着湖边寻找，找到了雷克斯浮肿的尸体，把它带回家埋葬了。家里人为他建了一块墓碑，当埃斯特林感

①哥利：《当我还是一个小女孩》，第91页。
②同上，第92页。

觉自己快要被压垮的时候，他写了一首诗。

雷克斯，你和我彼此爱着
　　作为狗和人
　　只能这样，
你已经给了你最大的沉默，
和宁静的快乐给我，
现在，我们伟大的母亲
把你可怜的身体拥在了她怀里
我也将给你我最好的，你看，
亲爱的狗狗，对于纯洁的雷克斯，我们，
我们两个，知道
躺在这里不是安眠。[①]

卡明斯从此再也没有养过狗。

这是他田园诗般童年时代的终结。爱德华·卡明斯保留了那两个使他的孩子免于溺水的木盒子，终生在他的湖畔小屋中。“我保留它们，是为了提醒我自己，对我而言可能随时会有糟糕的事发生。”[②]他说。

实际上，在儿子接近青春期的时候，父亲和儿子之间的感情是增强的。第二年3月份，他们一起乘火车去乔伊农场，在农舍上建了一个新房子。1911年的6月14日，在他的坎布里奇拉丁课程毕业典礼上，埃斯特林·卡明斯在纪念堂的桑德斯剧院里，参加了他人生中

---

①这首诗引自索伊–洛桑所著《E. E. 卡明斯》，第41页。
②肯尼迪：《镜中的梦幻》，第49页。

许多重要场合的第一场。

年轻的卡明斯的故事，存有一个中心的秘密。这个年轻人在1911年的9月，穿过几条街区去上他的第一堂哈佛课，最重要的是，他是一个忠诚的和恭敬有礼的儿子，这归功于他可敬的父母和其他的教授及哲学家朋友们——坎布里奇有影响力的人和那无与伦比的大学，在这样的人文环境里，卡明斯逐渐长大成人。他的父母痛恨饮酒和各种各样的不节制，他们唯一的儿子衷心地赞成这一点。他们是传统的新英格兰人，对有关性别的事物——他们用厚的棉布窗帘进行遮蔽。他们来自那个年代，钢琴的腿覆盖着织物，女人的衣服要在特别的时间和地点晒干，以免让人联想到任何的身体部位，给灵魂造成太大的诱惑。直到去了哈佛，卡明斯的成长没有让他的父母感到疑惑。

他在哈佛的那些年里，有些事情发生了惊人的变化。E.E.卡明斯从104号欧文大街的好男孩变成了哈佛课堂的坏男生，后来变成了国家意识中的坏男孩。他爱上了喝酒，他发现了老霍华德和肯莫尔广场有趣的滑稽戏，有一个出了名的晚上，他竟然把他父亲的汽车忘了——著名牧师的福特汽车——停在了一个妓院前面，波士顿警察在那里发现它的时候十分惊讶，把它拖走了。卡明斯喜欢和朋友们一起出去，带上女孩儿，喝威士忌和杜松子酒，喝到滥醉，第二天早晨醒来后，懒散不堪。

他甚至陷入了恋爱——和艾米·德·冈萨蒂（Amy de Gozzaldi），一个他在台上吻过的女孩，当他们一起加入坎布里奇联谊会戏剧俱乐部[①]时，同时在《新班托克夫人》（*The New Lady Bantock*）里扮演角

①肯尼迪：《镜中的梦幻》，第86页。

色。卡明斯扮演了第二仆从的角色，但是诗人T.S.爱略特，另一个哈佛大学学生——扮演洛德·班托克（Lord Bantock）——也同样觊觎着艾米。但这些文艺青年的追求者没有一个能赢得她的芳心。

很快，卡明斯完全地违背了他父亲的愿望。他痛恨坎布里奇，嘲笑盛行的美国态度和品味，他结交如理查德·肯尼迪这样的人，理查德·肯尼迪声称他们是“一群充满活力、过度饮酒、追求女孩的年轻人，20世纪新艺术运动的学徒。”[①]

卡明斯开始叛逆他的父母和他们的文明，他开始用语言进行攻击实验，这是一种不同形式的反抗——一种将会成为他个人标志的反抗。他在哈佛大学的朋友S.福斯特·达蒙（S. Foster Damon）推荐给他埃兹拉·庞德的诗歌，特别是他强有力的感叹《返回》（*The Return*），在其中，大写字母用来在句子中作为强调，诗在用词上的形式，结结巴巴，它的主题就像是挨打的男人和狗。在他的第一本书，由劳伦斯·戈姆出版社出版的《哈佛八诗人》（*Eight Harvard Poets*）里，卡明斯在空白页上玩耍标点、大写和诗的形式。他一路向前，渴望着尝试任何新东西，十分快乐地去追求别人没有注意到的东西。庞德的影响已经渗透到他心爱的希腊诗歌，他只对一首诗的第一个字母进行大写，在他最喜欢的连环画《疯狂猫》（*Krazy Kat*）里面，仍然是用大写字母加以强调，而不是依据它的形式指南。

一旦开始尝试，卡明斯就停不下来了。在一首诗里，他尝试反过来书写字母：“我将会跋涉/直到我的大腿没入燃烧的鲜花[srewolf gninrub ni depeets era shgiht ym llit（Till my thighs are steeped in burning flowers）]。”[②]那开始于庞德的感觉在加深和加剧。同时，

---

①肯尼迪：《镜中的梦幻》，第74页。

②同上，第108—110页。

卡明斯爱上了理念，那将成为他的标志——小写字母“i”，他第一次看到它，大概是在山姆·沃尔德（Sam Ward），这个乔伊农场的美国守护人所写的笔记当中。无论如何，这是一个谦逊的主意，但是非常特别的小写字母“i”却有很多的理由吸引着他。当肯尼迪表示，卡明斯比他的父亲要小，他的父亲肯定是一个重要的、壮观的大写字母。通过运用小写字母，卡明斯能够反抗、打破规则，如他的家庭所一贯遵循的，采取一个美国人的谦逊，轻松幽默地呈现他自己而不是华而不实。在他事业的最初十年间，卡明斯尝试在他的名字里大小写字母同时运用，有各种各样的形式和标点。直到他的戏剧作品《他》（*Him*）在普罗温斯敦剧场上演，使用他名字的形式已经成为代表他全部的特征——e.e.卡明斯。

同时，虽然他开所有的玩笑和打破规则，但卡明斯希望他的字母被认真对待。在给诗人和文学评论家约翰·马尔科姆·布朗宁（John Malcolm Brinnin）的信中，他解释说，他名字里的小写字母是他作品的一部分，他的名字不是每一次都需要使用。他同布朗宁解释说，他无论如何没有想成为“恶作剧”。当他小写字母名字的问题出现以后，卡明斯总是回答说那是诗的设计，而不包含任何的花招。1950年，当休·范·都生写信给他，问到关于他名字大写字母和小写字母的问题时，卡明斯在一封信中形象地作了回答：

（谁知道呢？）大概是新闻工作者的“想象”
小写字母署名神话的背后
是一些自作聪明的疯狂宣传者，运用
“一个小写的‘I’”去唤起人们对他的注意
然后再用大写字母签上自己的名字

在他更多有形的反抗中最具戏剧性的爆发——他和父亲之间的斗争——发生在爱德华·卡明斯的汽车被发现之后。当他最终回到坎布里奇的家，埃斯特林发现他的父亲穿着牧师服，站在门口向身着睡衣的他训诫。埃斯特林奚落了他的父亲，提议他可以把他唯一的儿子踢出去。爱德华突然哭了起来。

卡明斯，这个行为规矩、羞怯、有些许恋母情结的男孩，受人尊敬的、成绩优异的学生，成了一个愤怒的年轻人。这种愤怒，这种闪亮的愤怒精神，具有很多的特征，在他过了青年的黄金时期之后，他想到一个少些规则、多些反抗的地方去。卡明斯的讽刺性诗歌，很多都是他最好的诗歌，看上去都通过火一般的狂怒摆脱了所有权威和全部的陈规陋习。是的，那个晚上发生在他和父亲之间的是他青春期叛逆的一部分，推开他卓越的父母，卡明斯找到了自己的身份。他还是一个愤怒的男人和一个生气的诗人；这所有的愤怒都来自哪里？也许有一些来自他有一个脆弱的、阴柔的身体，对很多粗壮和傲慢的男人率直的接纳性格；或许有一些浮起于银湖的深处，在那里，一个年轻人和他心爱的狗在水下搏斗，在一个遥远的夏日下午。

第三章
哈佛

1911年9月，埃斯特林·卡明斯所进入的哈佛大学，是被庞大的保守和退化控制的地方。哈佛是美国最古老和最负盛名的大学，学生从全国各地和全世界各地而来，用这里的天文台、科学实验室，上著名教授的课程，比如，听乔治·基特里奇（George Kittredge）讲莎士比亚、列拜伦·布里格斯（LeBaron Briggs）讲诗词。卡明斯不像他大部分的同班同学，乘火车或是乘新式的汽车过来。

卡明斯去大学上学的第一天，是散步穿过一些街区，沿着欧文大街，路过纪念堂，去往哈佛大学的院子。课后，他会回到在欧文大街的他童年时代的家，和他的父亲一起共进正式的家庭晚餐。令人尊敬的爱德华·卡明斯会坐在桌子的最前端。他在家人的眼皮底下睡觉，在餐厅吃早饭，然后离开家去学校。即使他坐在新生的班级里，他母亲围裙上的带子仿佛仍然紧紧地拴着他。

到了1909年，旧的哈佛大学运行着查尔斯·威廉姆斯·爱略特贵族自由的严厉，他已作为哈佛大学校长40年。爱略特早年是一个平民主义的民主党人，他相信通过阅读5英尺架子高的经典，任何人便都能够被教育——书已经成为哈佛的经典。爱略特是那样的宽厚，从拉德克利夫学院最早成为妇女的哈佛附属物，他就视察了它的创造。当然，拉德克利夫学院的女人们有着自己的教室；直到1943年，女人还不被允许进入哈佛的课堂。爱略特把哈佛大学从一个偏狭的学校变成了整个国家优秀教育的灯塔。

卡明斯进入哈佛大学，是在爱略特任期结束两年之后。那时的哈佛在保守派、反犹太的、种族主义者A.劳伦斯·洛厄尔（A.Lawrence Lowell）的领导下，哈佛大学过去的教育体制正缓慢而艰难地给新体制让路，他是一个婆罗门教徒，经营哈佛大学24年。洛厄尔“所代表的保守派及新教徒上流社会的排他派和爱略特所代表的自由民主派一样坚定。”[①]杰罗姆·卡拉贝尔写到。他也是一位为哈佛筹集资金的杰出人士。

在洛厄尔校长的领导下，学校曾经繁荣昌盛，有钱、有人、有建筑。捐款从230万美元增至1 230万美元，学校学生数量成倍增加，从4 000人增加到8 000人，有很多的建筑确定了今天哈佛大学校园的样子——怀德纳图书馆、纪念馆小礼拜堂——都建起来了。正如在洛厄尔任期之始，是物质基础使哈佛成为哈佛，那些年也使E.E.卡明斯成为一名哈佛本科生、研究生，继而造就了成为现代主义诗人的e.e.卡明斯。

在洛厄尔领导之下的哈佛大学[②]弥漫着国民偏狭的情绪：对犹太人的、对同性恋者的、对女人的。1922年，犹太人毕业班的百分比从1907年上流社会的7%上升到22%，这让洛厄尔校长感到痛苦。洛厄尔相信民主和大学应该是一致的——“一致”意味着他们需要白人新教徒的居住。洛厄尔知道他老式的信念不足以改变大学

①杰罗姆·卡拉贝尔（Jerome Karabel）：《选择：哈佛、耶鲁和普林斯顿大学入场和退席的秘密历史》（*The Chosen: The Hidden History of Admission and Exclusion at Harvard, Yale and Princeton*），纽约：霍顿·米夫林出版公司，2005年，第459页。

②贝瑟尔（Bethell）：《哈佛观察》（*Harvard Observed*），第43—54页，是关于洛厄尔校长观点讨论的原始资料。

的政策或者是影响那些令人不安的自由主义董事会的监督者。他换了一个办法来解决犹太人在哈佛比例的问题。他首先辩称，一个班级拥有22%的犹太人伤害了哈佛大学合伙申请人的感情，因为右翼的父母们不想送他们的孩子到这样的一所学校来，和那么多的犹太人在一起。

洛厄尔校长同样辩称，准许那么多的犹太学生入学，可能会增加反犹太主义者的数量；他所阐明的理论是，哈佛拥有越多的犹太学生，其他学生对他们产生的偏见可能就会越大。没有犹太人，就没有反犹太主义者。“反犹太主义的感觉在学生们当中越来越强烈，它与犹太人在学校的数量同比例增加。如果他们的数量占到学生中的40%，种族的情绪就会愈加强烈。”[①]他写到。洛厄尔校长决定，对犹太学生的接收，哈佛大学将创立15%的配额制度。他也反对让非洲的美国学生住在大一的新生宿舍里，哈佛的宿舍制度开始于1915年，所有的新生都被要求住在那里。因此，洛厄尔校长的这项令人困惑地对非洲学生的政策很快就被废除了；但是他对犹太学生的政策，却不是那么容易改变。

洛厄尔收到关于他配额建议的大量来自公众的批评，特别是波士顿的新闻机构。后来，他的公正受到了考验，马萨诸塞州州长阿尔曼·富勒（Alvan Fuller）任命，由他担任三人成员委员会中的一员，去重新核查尼古拉·萨科（Nicola Sacco）和巴尔托洛梅奥·范塞蒂（Bartolomeo Vanzetti）的定罪，他们是两名意大利无政府主义者，也是鞋匠，犯有试图谋杀罪，因为一系列法律的不公正而被判处死刑。洛厄尔的委员会发现萨科和范塞蒂已经得到近于公正的判

---

①杰罗姆·卡拉贝尔：《选择：哈佛、耶鲁和普林斯顿大学入场和退席的秘密历史》，纽约：霍顿·米夫林出版公司，2005年，第28页。

决，他在1927年8月23日对萨科和范塞蒂执行死刑，使得他在青史上留名。

为了响应洛厄尔配额的建议，哈佛的监督人指定了一个由13人组成的委员会，其中包括3名犹太人，专门研究大学的“犹太问题”。委员会拒绝了犹太配额，但是同意“地理的多样性”在学生们中间是需要的。同时，理论上被击败的洛厄尔校长改变了对学生的申请程序要求，他原来要求申请的学生需要提供一张个人照片或者是学校要对学生进行面试。当学生们被允许从西部和中西部而来，学生整体开始再一次地由盎格鲁·撒克逊人占主导地位。等到洛厄尔在1933年退休的时候，犹太学生的构成已经不到哈佛大学总体学生数量的10%。

当然，关于犹太学生和非洲美国学生的申请政策数十年来的讨论，却不及一个小组讨论挑战禁止国家最好的名牌大学在这方面的限制——女人。卡明斯在哈佛大学的那些年，实际上，女人甚至是没有选举权的。从那时候起，伊丽莎白·卡迪·史坦东（Elizabeth Cady Stanton）和卢克丽霞·莫特（Lucretia Mott）在1848年召集了塞内卡·福尔斯会议，她们参加了竞选。1914年，妇女已经占据美国劳动力的1/5，一个名叫爱丽丝·保罗（Alice Paul）的妇女参政论者把运动推向高潮，运动在伍德罗·威尔逊总统的授意之下，被残忍地击退了。女人们被剥去衣服监禁，被锁起来并挨着饿——这一切是因为她们犯了争取拥有选举权的示威的罪。

在洛厄尔一贯的偏狭，特别是在反犹太主义方面，他不是孤单的。新生E.E.卡明斯最喜欢的教授，希欧多尔·米勒（Theodore Miller）——他的第一位希腊语教师，也是他后来最亲密的朋友，在卡明斯上哈佛大学的第三个年头离开，去普林斯顿大学接受了职位。米勒在夏天访问了乔伊农场，并且介绍给卡明斯一个诗歌的世界——雪莱、济慈、萨福（Sappho）——这个年轻的新英格兰人还没有阅读过他们的作品。通过米勒，卡明斯找到了希腊文学，而不仅仅是波士顿的希腊餐厅；也是在米勒的指导下，他第一次开始动手翻译，人们从而发现萨福的作品片断被模仿出现在不同的书中。米勒在给卡明斯的信中，引用了济慈的一段话来指引他，它后来成为年轻诗人的信条："我不确信任何事情，除了情感的神圣和想象力的真实。"①

然而，即使是希欧多尔·米勒，也仍然陷入这个国家令人厌恶的反犹太环境之中。当米勒前往南部去普林斯顿大学任教，他写信给卡明斯，说他很高兴搬到这里，因为在哈佛大学，他必须去教诗歌，而卡明斯这样的学生却不得不"靠近一个个头矮小、长着粗脖子的爱尔兰天主教徒或是波兰的犹太人"。②米勒，在卡明斯早期的哈佛大学时光中曾是他的良师益友，代表了卡明斯所鄙视的部分大学的东西。反犹太主义在教育中被接受，在文学中也被接受，《欢乐之家》（*The House of Mirth*）是伊迪丝·华顿（Edith Wharton）在1905年最畅销的小说，它描写了一个名叫西蒙·珀利（Simon Rosedale）的犹太人狡猾的性格特点，所有的犹太种族性格上的缺点都被集中到此人物身上。在1921年赢得了普利策奖的《纯真年代》（*The Age of Innocence*），华顿（Wharton）以某种形式赋予了朱丽叶斯·蒲福（Julius Beaufort）同样的性格特点。卡明

①诺曼：《魔法制造者》，第44页。

②这令人反感的来自希欧多尔·（多里）·米勒的声明引证于肯尼迪《镜中的梦幻》，第53页，但是米勒的身份是隐藏的。他仅仅作为"卡明斯的第一个希腊语教员"被提及。他的名字出现在肯尼迪的注解里。

斯因为哈佛和坎布里奇的反犹太主义而感到不安，这也是他离开的原因之一，但是后来，在他自己的事业上，反犹太主义将会盯上他和他的作品。

另外，让洛厄尔愤怒的是同性恋者的群体性。清除同性恋者的行动一直在哈佛大学的校园里开展着，当时，洛厄尔成立了一个秘密法庭，召见了30名学生，开除了遭到控告的人。那时，同性恋在很多国家是违法的，可被判处死刑，因此很少有同性恋者有勇气承认自己是同性恋。在那些日子里，像卡明斯的乔治舅舅这样的人，比如“单身的”或是“长年单身的”，甚至是貌似同性恋者，也涉及违抗异性恋婚姻。

卡明斯自己当然有着双性的渴望——渴望是那样的不可想象，以至于完全被镇压。尽管他忠实地写诗给女人，但他早年生活的虔敬却是献给男人的——给他哈佛的朋友们，S.福斯特·达蒙和斯科菲尔德·泰勒，特别是高大英俊的詹姆斯·西布利·小沃森，一个来自纽约的、富裕的罗彻斯特家族的四年级学生，他和他的妻子希尔德加德，将会成为卡明斯终身的赞助人和朋友。沃森不是诗人，但他有时候会让卡明斯想起爱德华·卡明斯。正如希尔德加德在她的回忆录《森林的边缘》中所记述的，当她碰到沃森时，他已经在他的家乡受到令人毛骨悚然的诽谤：“他宁愿感兴趣于堕落的，甚至是后退的文学——阅读波德莱尔，你知道的，那样的东西。”在他们相遇之前，她被这样告知。他的未婚妻注意到，他的小胡子和黑眼睛，使他看上去就像是来自另外一个年代的人[①]。在许多个疯狂酒醉的夜晚，这些男人似乎在身体和感情上都更加的靠近。“对沃森产生同性

①沃森（Watson）：《森林的边缘》（*The Edge of the Woods*），第81页。

恋的感觉，”[①]卡明斯在日记中写到，“我们驾着车从波士顿到纽约，通宵……”

卡明斯在哈佛大学的那5年，哈佛正处在一个十字路口，对于卡明斯本人来说也是这样。他进入大学的时候比大部分新生年龄都要小——16岁——身高5英尺8英寸，站在他高大健壮的父亲旁边，看上去更加的弱小，他父亲有6英尺多高。而他则是皮肤白皙、金发碧眼、个头瘦小的容貌特征，看上去很是文雅。他对于自己的身体和顽固的粉刺有着痛苦的认识。在公众场合，他经常用一张报纸遮住自己的脸。因为每天要回家，所以他没有参加任何俱乐部或是兄弟会，那是多数哈佛学生在校期间都会有的习惯。

同时，他的作品失去了小心谨慎和传统的快乐情绪，开始变得蹒跚和跳跃，带着一种狂躁和气愤的能量。在他作为新生结束的最后一年，他已经找到了理智的灵魂伴侣，他在《哈佛大学月刊》（*The Harvard Monthly*）和《哈佛提倡者》（*The Harvard Advocate*）这两本刊物上发表诗歌。作为诗人，《哈佛大学月刊》日后将会成为他的精神家园。

在《哈佛大学月刊》期间，卡明斯遇到了S.福斯特·达蒙，来自马萨诸塞州的牛顿，他是这本杂志的编辑。达蒙承担起向封闭的卡明斯介绍艺术新世界的责任，带着他去看现代艺术的国际展览，这个展览是于1913年在波士顿举行的，以军械库艺术博览会而著称。打开纽约第69军团军械库，使艺术爱好者们感到震惊。其中包括1 250件作品，由很多强调抽象的画家创作完成，例如保罗·高更和亨利·马蒂斯。艺术家们所呈现的各种不同观点，是展览的中

① 索伊-洛桑：《E. E. 卡明斯》，第82页。关于这个主题，当索伊-洛桑问及诗人约翰·阿什伯里（John Ashbery）是否他将谈论卡明斯，阿什伯里问道：“你要把他排除在外吗？”

心。卡明斯非常激动，自身由此改变了许多。争论的中心是马塞尔·杜尚的《裸体的下行楼梯2》(*Nude Descending a Staircase No. 2*)。杜尚的画试图表现一种真实的运动：代替在生活中花时间，使之在击倒中静止，杜尚——和他的许多目标，在卡明斯年轻的想象力中萌芽——决定在一系列现代化的形式中呈现一个完整的、系列的运动，从左上方下降到画布的右下角。诗也可以做同样的事情。“事实上我所知道的诗词和绘画的每一件事情都来自达蒙。”[①]卡明斯后来说到。

卡明斯在1914年秋天成为一名高年级学生。在第一次出席了哈佛大学班级会议后的两年，家里允许他从出生的房子里搬出来，进入哈佛大学宿舍，和他的《哈佛大学月刊》成员朋友们在一起。他被《哈佛大学月刊》接受的信件出自斯科菲尔德·泰勒之手，一个哈佛校园里的衣冠楚楚、光彩耀目的形象，他将成为卡明斯最亲密的朋友，在卡明斯的私人生活和职业生涯中产生不可估量的影响。泰勒是英俊、光耀的子孙——来自富有的、著名的马萨诸塞州伍斯特家族，这个家族在羊毛生意中积累了大量财富。他的叔叔欧内斯特（Ernest）写下了著名的诗歌《凯西在击球》(*Casey at the Bat*)。

卡明斯的另外一位朋友约翰·多斯·帕索斯（John Dos Passos），是一名社交激进分子，有着特别的背景——他是一位芝加哥律师和他情妇的私生子，他后来和她结了婚——约翰凭借他的《美国三部曲》(*U.S.A. trilogy*)成为19世纪20年代最著名的小说家之一。在他厚厚的眼镜后面，是一双黑色、凸起的眼睛，一篇题为“多斯”的作品也在《月刊》刊登出来。他俩在课堂上的座位在一起。还有斯图尔

①诺曼：《魔法制造者》，第43页。

特·米切尔（Stewart Mitchell），他的绰号是“大海雀”，因为他有一张特别瘦削的脸。

在大学四年级，终于拥有了自己的独立性，卡明斯非常高兴，他特意用中国的大象和《疯狂猫》的连环画来装饰房间。他可以自由支配自己的时间了，特别是天黑以后的时间。和他的朋友们在一起[①]，他度过了波士顿很多享受的夜晚。他们饮酒、和另类女人依偎、听爵士乐和拉格泰姆乐、跳舞，蹩脚的舞步就像是火鸡的步子，用脚趾支撑着，根据音乐的节奏拍打着手臂，正如任何人可以想象到的，那节奏和欧文街104号客厅里的节拍完全不同。

现在，卡明斯第一次从他的生活中解放出来，从他的日程表中、他晚餐桌旁的独裁者、他的母亲、家里一切的生活方式中解放出来，埃斯特林·卡明斯开始变得愤怒、桀骜不驯、破坏规则、经常挑衅。以前着装整洁讲究的他，现在变得不修边幅，总是忘记刮胡子。他的行为从一个制度的追随者、神论者教堂的信徒和所有清教徒的戒律（这体现在他强有力的、高大的父亲身上），变成了一个说谎者、一个洛基[②]、一个诗歌的小狼一样的品质，这品质总是体现在向权威挑战的表达中，给这个舒适世界打上不同的烙印。雷克斯死后，他作为一个男孩的成长经历，加之他杰出的父亲，已经为他的愤怒奠定了基础。在哈佛，他发展了这愤怒，并且确信了这愤怒。在哈佛，他有了自己的主见，变得桀骜不驯。他不仅仅是另一个年轻人，想打击、违抗他强有力的父亲；他还是一个新的人，一个发问者，带着某种新奇来到一种不同的诗词艺术中。他热爱任何新事物，那是诗歌最需要的真实，是真正的独创性。

---

①里夫（Reef）：《E. E. 卡明斯》（*E.E. Cummings*），第20页。

②北欧神话里的火神。——译者注。

哈佛大学教授迪安·勒巴伦·布里格斯，他教授卡明斯诗歌的形式。

詹姆斯·西布利·沃森，卡明斯最亲密的朋友和赞助人。

他在去往波士顿的旅行之中，使自己因为女人而陷入困境。他找到了老霍华德，一个滑稽剧电影院和脱衣舞俱乐部，在欧文大街104号，它的名字从来没有被提及过，他现在彻底爱上了那里的年轻女孩，她们穿过戏台跳舞，大胆地裸体。霍华德·雅典娜神庙，原来是教堂，在19世纪被改造成严肃的剧院，旧的霍华德在波士顿的斯科利广场已经因为最近的风格转换而大名远扬，这转换是因为经常出入这里的喧闹的哈佛本科生们。卡明斯崇拜歌舞杂耍演员的烦恼和舞蹈、音乐、喜剧、羽毛扇及女性的裸体。旧的霍华德是为那些大师们——范妮·布赖斯（Fanny Brice）、盖普西·罗斯·李（Gypsy Rose Lee）、索菲·图克（Sophie Tucker）——另外还有一些喜剧演员和举止行为像小呗-小呗（Kouta-Kouta）那样的舞者而存在的。那里有太多的笑话，太多太多，成为霍华德突出的印迹。“你能用小孩来打击一个女人吗？”一个老的霍华德流浪者问另外一个上台的人。“不，我会用一块砖头来打击她！”第二个流浪者回答。这个笑话是利用语法的变化来创作的，它激发了卡明斯的灵感，他开始尝试断开词性，有目的地在他的诗里把词放错地方。后来他说，这个笑话是他的诗歌形式成熟的基础。

他喜爱去的另一个地方是希利宫殿，卡明斯在他的一首诗中写到它，作为纪念。这首诗写于勒巴伦·布里格斯（LeBaron Briggs）的课堂上，混乱的四音步韵律，用传统的标点符号。这是一首不为人知的诗歌，但却是在那段时间里他人生一幅多彩的图画，这首诗恰当完美的内容形成，在某种程度上成为卡明斯的标志。

我坐在希利的宫殿——
乔是象牙色，和平女神吐着唾沫

1916年，滑稽戏剧院的年轻女子。

破布发出的恶臭使人晕眩
可鄙的过道，一会儿，莉齐，
她像是一个邪灵，在时空的裂缝里
来自地狱的烟，在展台巡游，瞬间飘过。

我看见两个朝气蓬勃的人——戴着帽子，穿着柔软的衬衫，
长着与他们的模样相称的腿，有点儿悲伤的脸，
他们的步子能让死神流汗——泰德·戈雷
和亚历克·罗斯；他们拥着那个妓女
玛丽，在他们中间。不知道是哪一个人，
看着：梅说："那个老娼妇
露露，因为我是一个处女，小伙子们！"
我穿过噪音大喊：
"那三条腿的宝贝呱呱叫
是你脱下了推销员小子的衣服？"

啤酒杯砸偏了。它打破了，不是我的
是一个老男人达文波特的秃头。
我挑中了一个大盘子，一只手扔出去。
它刚刚好跌落在她的新衣服上。
砸中胸部！那是怎样的坠裂！
　　　　　　　　　　　　在你知道之前，
泰德滑倒了管理者一个新的
克里斯普五，每一个人都坐了下来
但是梅，说我毁坏了她的礼服，

而我，则在她的肩头又哭又闹，
亲吻她亮晶晶的鼻子，告诉她
我并不是有意打击她……乌鸦，
但我是一个漂亮的醉者！
我想阿尔称我为“好老伙计”，
三个吸烟的人用力把达文波特拖了出去。

他的叛逆也是他青春期的表现。每件事情，他的父母都不赞成；每件事情，坎布里奇的社会都不喜欢。从喝酒到性，到犹太人，到外国人，那是年轻的卡明斯试图喜欢的。“我过着双重人格的生活。”①关于在哈佛的最后一年，他写道，“醉酒，和女人一起，但是关于这些，都得对我父亲说谎，因为总得从他那儿拿钱。”

世界正在改变，几乎改变得像他一样快。在他大学三年级后的夏天，那时他仍然住在欧文大街的家里。1914年6月28日，奥地利公爵弗朗兹·费迪兰和他的妻子在萨拉热窝被刺杀，导致德国在8月1日向俄罗斯宣战，8月3日，向法国宣战，最后，英国在8月4日向德国宣战。文学中有旧的世界——诗人乔伊斯·基尔默（Joyce Kilmer）伤感的诗词《树》——新的世界：詹姆斯·乔伊斯的《一个青年艺术家的画像》（*Portrait of the Artist as a Young Man*）（1916）有着对不公正的权威严厉的控诉。

权威在每个地方都会遭到正义的人批判，但是没有一个地方比欧文大街104号严重。当卡明斯的世界开始在1915年打开，他结交了新的朋友，欣赏了新的画作，阅读了新的作品，必将推进自己的

①索伊-洛桑：《E. E. 卡明斯》，第56页。

作品上个新台阶。在那些自由的日子里，卡明斯、泰勒、多斯，还有一些别的朋友建成了哈佛的诗歌社会；他们每隔几周就要开会，大声地朗诵彼此的诗歌，并邀请一些临时的演讲者来到哈佛，谈论诗歌。甚至是被洛厄尔校长所背弃的姐妹艾米·洛厄尔（Amy Lowell），也会过来。当她被问及做了什么，当她没有什么东西可以写的时候，她抽着雪茄，在台上暴跳如雷。

卡明斯在大学四年级的6月份，在学期论文中为他新的、实验性的世界发表声明，给他的作文教授勒巴伦·布里格斯，标题是《新艺术》（*The New Art*）。这是世界将会永远改变的一个春天，卡明斯感到非常兴奋。伍德罗·威尔逊总统试图躲避卷入德国、英国和法国之间的战争，写了一系列声明，为手无寸铁的客船卢西塔尼亚号的沉没要求道歉，卡明斯递交了他的文章，一次口头的描述，在6月份桑德斯剧院的毕业典礼训练上。1915年6月24日，他递交了它，还有传统的毕业典礼演说致辞，给那些有几分茫然的毕业生、父母和听众。

卡明斯向8月的听众们解释，新艺术就发生在绘画中（他用塞尚和凡·高作为例子）、音乐中（他拿德彪西和萨蒂举例），当然也一定会存在于诗歌中。作为新艺术在诗歌中的例子，他说了艾米·洛厄尔和她的一首情色蓬勃的诗歌，接着，他念出了洛厄尔那首充满肉欲的诗歌：

为什么百合花要冲着我卷起舌头
在我用力拔它们的时候；
扭动着，弯曲着，
它们对抗着我的手指

斯科菲尔德·泰勒，卡明斯的朋友和赞助人，伊莱恩的第一任丈夫。

哈佛大学的纪念堂和桑德斯剧院。

快要使自己窒息而死，
因此我几乎不能编织成这花环
为你的发？

“他引用的是我们校长妹妹的诗吗？”[①]观众席里的一位坎布里奇女士发出嘘声，“哇，我想这对我们的校长是一种侮辱”。根据班级记录，洛厄尔校长的脸上没有表情[②]，但是呈现深深的砖红色。观众席里渐渐产生抗议之声，第二天，波士顿的一家报纸刊登了吸引人眼球的头条新闻《哈佛演说者称校长的妹妹变态》（*harvard orator calls president's sister abnormal*）。新艺术另外的例子是来自洛厄尔的第二首诗、唐纳德·埃文斯的十四行诗、格特鲁德·斯泰因的《温柔的纽扣》（*Tender Buttons*），开始于迷幻的《声音》（*A Sound*）：“大象被糖果和小汽水打败，咀嚼着所有的螺钉，鲁莽的、鲁莽的小耗子，就是它。”

关于新艺术，卡明斯的态度是严肃的，但是他的听众们却要么非常愤怒，要么就是充满嘲笑。他们通常看的画只是物体的简单呈现，听的音乐都是高端的旋律，了解的诗歌符合正式的排列和顺序，一如他们心爱的朗费罗或者爱默生的古老语言。卡明斯已经深深地受到一个男人的影响，对于实验性的卡明斯来说，他的朋友和良师汤姆·爱略特使他开了窍，爱略特是卡明斯并不十分挚爱的同僚和同学，他同样也是实验性的。埃兹拉·庞德鼓励詹姆斯·乔伊斯和罗伯特·弗罗斯特，他为他们作品的出版提供了很多的帮助。根据马修·J.布考利（Matthew J. Bruccoli）的《海明威的成名之路》

---

①关于艾米·洛威尔，福斯特·达蒙引证于里夫的《E. E. 卡明斯》，第22页。
②肯尼迪：《镜中的梦幻》，第84页。

（*Hemingway and the Mechanism of Fame*），后来的受益人，欧内斯特·海明威（Ernest Hemingway）写到了庞德的叙事诗对于其他作者声名狼藉的宽宏大量。“他保护着（他的朋友们），当他们受到攻击的时候，他把他们带入杂志，带出监狱。他借给他们钱……他写关于他们的文章，把他们介绍给富有的女人。他让出版商接受他们的书。他陪他们整夜坐着，当他们声称自己正在死去……他帮他们预付医药费，劝阻他们不要自杀。”[①]庞德，他自己后来需要很多这样的服务，来自那些住在欧洲的他慷慨的朋友们；但是福斯特·达蒙已经给卡明斯看了庞德专横、开创性的诗歌《返回》，这首诗写于1913年，它不但在语言上做了实验，而且用了打猎和猎人的暗喻，很快，卡明斯将会使用这一方式。使用声音表达意图，在纸上形成一种情感，大写字母强调重要性——这是卡明斯以某种方式一直在找寻的。“返回，”他写道，“给了我写作技巧的‘入门知识’”。[②]

看，他们回来了；啊，看那试探性的
运动，和那缓慢的步伐，
烦恼踱着步子，飘忽地
摇摆！
看，他们回来了，一个，接着一个，
带着恐惧，和一半的觉醒；
仿佛雪会犹豫
在风中低语，
　　半回着头；

①埃兹拉·庞德：见维基百科。
②索伊–洛桑：《E. E. 卡明斯》，第72页。

伊丽莎白·卡明斯，埃斯特林的妹妹在青少年时期。1917年。

这些是“飞翔和敬畏”，
　　不可侵犯。

诸神飞行的鞋子！
还有他们银色的猎犬，
　　　　嗅着空气的行迹！

美孩儿！美孩儿！
　这些是受折磨的雨燕；
这些是能察觉的痛哭；
这些是血的灵魂。

慢慢地在束缚中，
　　苍白的被皮带绑住的男人！

在卡明斯被庞德吸引之前，受莎士比亚和华兹华斯的影响，他写了很多规规矩矩的自然诗歌。下面是一首典型的十四行诗，是一首传统的诗歌之一，发表在《哈佛八诗人》上。

这里是花园：色彩来了又去，
脆弱的蔚蓝从夜晚的外翼发出颤响，
强烈而宁静的绿色安详地缓慢消失，
绝美的灯光像金色雪的沐浴。

罗伯特·弗罗斯特后来在《一首诗的形迹》（*The Figure a Poem*

Makes）中写道："像一块冰在热的火炉上，一首诗必须自己融化。"在遇到庞德之前，卡明斯似乎不能让奇迹发生，在了解庞德之后，特别是阅读和重读《返回》之后，卡明斯的诗歌向前跨越了一大步，也成为他的标签。这是一首早期的杰作，有十四节，不同于两或三行抑扬格的四音步句：

我的爱骑行在全部的绿色中
在一匹金色的马背上
进入银色的黎明。

四只猎犬在低处蜷伏着，欢快着
嬉戏中的小鹿奔跑在前方。

比起斑驳的梦想，他们更加敏捷
轻快甜美的小鹿
稀有红色的小鹿。

四只红色的雄獐在白浪边上
残酷的号角声在他们前面歌唱。

号角在臀部，我的爱骑行
骑着向下的回音
进入银色的黎明。

四只瘦猎犬在低处蜷伏着，欢快着

草地的地平线奔跑在前方。

比起穿着拖鞋的睡眠，他们更加温柔
精瘦轻盈的小鹿
列队飞奔的小鹿。

四条小河在一个金色的山谷中
呼啸的飞箭在前面唱着歌。

我的爱躬身骑行
沿着山脉往下
进入银色的黎明。

四只瘦猎犬在低处蜷伏着，欢快着
峻峭的山峰奔跑在前方。

比起令人生畏的死亡，他们更加苍白
光滑苗条的小鹿
高挑紧张的小鹿。

四只高大的牡鹿在一座绿色的山上
幸运的猎人在他们前方歌唱。

我的爱骑行在全部的绿色中
在一匹金色的马背上

进入银色的黎明。

四只瘦猎犬在低处蜷伏着，欢快着
我的心在前方倒下，死去。

庞德和他的诗人朋友H.D.[希尔达·杜利特尔（Hilda Doolittle）]以及她的丈夫——诗人理查德·奥尔丁顿（Richard Aldington）都住在伦敦，当卡明斯还在哈佛上学的时候。他们有三条规则，后来成为诗学的基础，他们称其为意象派。(之后，当艾米·洛厄尔对于意象派的态度也非常明确，开始被称作"艾米主义"，后来更名为"旋涡主义"。)规则非常简单：1.事物必须被直接地对待；2.单词需要被有贡献的使用；3.韵律需要是悦耳的而不是有节奏的。庞德著名的俳句诗，就显示了这些规则，"这些脸的幻影在人群中/花瓣在湿的、黑的树枝里。"

庞德成为卡明斯最亲密的朋友和导师，年轻的诗人卡明斯是没有把他遗弃的朋友之一，即使是在他排斥法西斯主义的赞助期间，或者是第二次世界大战后在华盛顿的圣·伊丽莎白医院被监禁时期。庞德，来自爱达荷州，在充满生气的文化中心改变了20世纪诗歌的世界。他和威廉·巴特勒·叶芝是朋友，两人一起度过夏天，谈论一种新的诗歌。他和叶芝恋人的女儿莎士比亚·桃乐茜（Dorothy Shakespear）结了婚，他还是威廉·卡洛斯·威廉姆斯的朋友及福特·马多克斯·福特（Ford Madox Ford）的朋友。他有着火焰般的性格，有时戴一顶巨大的帽子和华美的耳环，庞德受第一次世界大战后在英国的经历的影响，于1921年搬到巴黎。

卡明斯和庞德的最后相遇是在战后巴黎的街道上，介绍他们认

卡明斯的哈佛毕业照。1915年。

卡明斯的自画像，绘于20世纪20年代。

识的不是别人，正是卡明斯的朋友、《哈佛大学月刊》的同人斯科菲尔德·泰勒。当泰勒和卡明斯在7月的一个夜晚沿着圣·热尔曼的林荫大道散步的时候，庞德弓着身子出现在他们前面。“埃兹拉·庞德先生是和我的身高一样的男人，”卡明斯在给他父母的信中写道，“有着微红的山羊胡子和络腮胡须，身体壮实，举止优雅，气质非常像J.西布利·沃森（泰勒的话）——一样的羞怯和敏锐，远不是那么拘谨。总之，对于我来说，这是一个体操者的身材和体格。”[①]庞德和卡明斯一起度过了那个晚上，两人在关于写诗的新形式上展开争论。

从某种程度上讲，庞德是他那一代人中最闪亮的明星，他是最有才华和最慷慨大方的诗人。庞德的自大开始于狂怒的写信批判纽约公共图书馆的设计，结束于他作为国家的叛徒被投入监狱。历史已经把这个男人推到了边界，不能宽恕他的背叛。或许他对自己国家的攻击已经被原谅。这些攻击的形式——谴责犹太人的自发的广播演讲，作为墨索里尼的代表——是不可原谅的。

在艺术和文学史的研究中，最大的问题之一是如何将艺术和艺术家区别开来，如何将瓦格纳和理查德·施特劳斯区别开来，从他们所说的和所写的那些弱小的、被欺骗的人类角色的可怕事情当中；或者，是将庞德和卡明斯区别开来。在界线的一边，可能的情况是，因为政治上识时务的愚蠢——学生们拒绝狄更斯，或是塞林格（Salinger）的快乐，因为他们作为人的作家行为和作为人的身份。当文学在政治的基础上，甚至是在作家世俗的身份上被分成类别，每一个人都迷失了。在界线的另一边，我们拥有庞德。

某种程度上，卡明斯在哈佛的经历是他作为一个年轻人首次离

① 《庞德/卡明斯》（*Pound/Cummings*），第1页。

家所表现出来的特点。当然，对于卡明斯来说，哈佛并不是远离家园，大概正是因为如此，使得他的经历更加生动。在一首早期的关于大学生活的诗中，卡明斯想象眼睛穿过有阴影的墙壁和有幽灵声音回响的高塔，“古老铸造”的院子，去往一个火的心脏，在那里，出汗的男人们在铁匠铺工作，打造厚重的扁节链，“为了捆绑上帝伸向世界的右手”。另一方面，他年轻的朋友们都非凡无比。《哈佛大学月刊》的作者队伍相聚在三楼的哈佛工会，他们中的一个，斯图尔特·米切尔——大海雀——决定编一本书，名字叫作《哈佛八诗人》。写作者是米切尔本人，其中包括卡明斯、多斯·帕索斯、S.福斯特·达蒙、罗伯特·希利尔、威廉·A.诺里斯、达德利·普尔、卡斯伯特·莱特。由于多种原因，使得这本书完成得十分艰难，制作了很久，于1917年7月最终出版，是因为得到了多斯父亲大量资金上的帮助，他是芝加哥的一名律师。出版商是劳伦斯·戈姆（Laurence Gomme），他不止一次地耗尽钱财，关闭了出版社，为了出版这本书，他又重开了一个新的出版社。戈姆总共印了两千册书，送了一百册给每一位参与者。这本书确立了卡明斯一个诗人的地位。

从1914年到1917年，卡明斯和他的朋友住在一个天堂福地里面。这个世界适应卡明斯的哪怕是最傻的反抗，呼应着他的爱和赞同的声音。第一次世界大战，死亡和恐怖的影响，将会改变整个世界。也将会改变一代作家，特别是将用最可怕的身体上的痛苦，改变一个眼界宽阔的志愿者——E.E.卡明斯。

第四章
西部前线

卡明斯进入大学的时候是一个瘦弱、胆怯、举止老实的男孩；他离开的时候，是一个瘦削、愤怒、桀骜不驯的年轻人。他清楚地知道规则，并用新鲜的、富有想象力的方式来打破陈规陋习。他在那里的第五个年头，在他颇有争议的“新艺术”毕业纪念日演讲之后，他回到家里，离开童年时代的卧室，躲在阁楼上画画和写诗。

哈佛大学培养了卡明斯自我的感知能力。勒巴伦·布里格斯的英文诗律课，可能是使他成为一名真正伟大诗人的课程。布里格斯，人文学院和科学院的院长，是老哈佛大学一位非常特别的老师。尽管他在学生们面前是一个慈父的形象，但是当涉及原则问题的时候，他是严厉的。和卡明斯一样，他来自特权和服务的传统。一个来自他的引证，被他的学生乔治·圣约翰（George St. John）传诵，当约翰·F.肯尼迪在还是一名学生的时候，他是乔特学校的校长，有记录表明，约翰·菲茨杰拉德·肯尼迪那句名言就是以布里格斯的话为基础的，那句话就是：“不要问你的祖国能为你做什么，而是要问一问你能为你的祖国做些什么！”根据克里斯·马修斯（Chris Matthews）的传记《杰克·肯尼迪：神秘的英雄》（*Jack Kennedy: Elusive Hero*），这著名的反诘句首次是被哈佛大学的院长使用的，他的原句是：“不要问你的母校能为你做点什么，而是要问问你能为你的母校做点什么！”

当涉及诗歌和教育基础的时候，布里格斯是传统的。他需要大量的作品，来自他课外的大师学生们——展开课堂里激昂的讨论。他引导学生们品读每一首诗歌，每一种被发明的诗歌形式：三行俳句诗、四行诗节、各式各样的韵律方案、六节诗、意大利和英国的十四行诗。他们用抑扬格、强弱弱格、长短格、四音步、三音步、五音步来写。他们用头韵和谐音，用“不用”来写。他们用明喻和隐喻，直到他们幻想的明喻和隐喻。

这种严格的形式上的教育，恰好让卡明斯自由地去发明一种新形式。他关于语言的实验变得更加极端。几乎所有的诗歌都依赖于美丽的自然：落日，鲜花，月亮。现在他把词句放在纸上，通过诗歌的文学形式流露出含义，就像庞德所做的那样。他尝试像人们说话那样去写，用非正式的语言和最直接的表达。他开始转换词性。在哈佛的最后一年，或是在其后的一至两年里，卡明斯找到了一种诗歌的最有效点——他能够用一种惊人的、彻底原始的方式，把语言和形式串在一起。

“有些事情，在它出现的时候完全是新的。”①马尔科姆·考利后来给卡明斯写信说，“当你的诗歌第一次在《日晷》(*The Dial*)刊出，它绝对是新的。从1915开始，有了大的改变……你找到了某些新鲜东西和你自己——真正的问题，是什么让你开始了寻找？”当然，卡明斯和迪恩·布里格斯在一起的时光，是一种新确定的学者和诗人英语诗学的训练、再训练，他在古老的形式之中找到了一些与自由相关的东西。

同许多诗人一样，当卡明斯还是一个二十几岁的年轻人时，

① 霍顿图书馆、哈佛大学图书馆馆藏，引用自马尔科姆·考利来自约翰·于尔利希（John Urlich）的研究调查。

就写出了令人吃惊和最著名的作品,《全部绿色中》(*All in green*)、《野牛比尔》(*Buffalo Bill*)、《正是在春天》(*In Just-spring*)、《坎布里奇的女人们》(*the Cambridge ladies*)——所有这些诗歌创作在1915年他于桑德斯剧院所进行的班级演讲之后，1917年应征入伍参加第一次世界大战之前。卡明斯诗歌的活力来自严格的形式，那看似勉强包容他热情的主题和想象。或许存在于形式与非形式之间的张力，存在于诗情与内容之间的张力，在这些诗当中不过是一个模具，因为他进入的形式更加的崭新。大量卡明斯的诗歌玩弄形式的方式只是一种形式主义——在他接受形式时候，这是现代主义之后的整体概念。在早期的诗歌里，革命性的反转——这种形式创造了自由——看似更加充满活力，比起他某些后期作品而言。

斯科菲尔德·泰勒于1916年6月21日和19岁的美丽女继承人伊莱恩·奥尔（Elaine Orr.）结婚，他请卡明斯写一首有关婚礼的诗歌。在一次会面之后，卡明斯半是对奥尔神魂颠倒，写成了没有止境的、冗长的、押韵的模糊“颂歌”，蕴含着多愁善感的堕落：

你成熟的 甘心情愿的土地
频繁颤抖的大腿 邀请
惊心动魄的雨水……

这首诗，泰勒付给卡明斯1 200美元，卡明斯用这些钱搬到了纽约，从坎布里奇解放出来。

卡明斯感觉到自己注定会生活在格林威治村，那里有火热的诗人、作家和打破常规的团体。他租了人生中的第一个公寓，东十五街二十一号，靠近第五大道，和一位朋友，另一个作家，亚瑟·“特克斯”·威尔逊（Arthur “Tex” Wilson）在一起。“在纽约，我也活着：而且好像是第一次活着。”[①]在这个公寓里，卡明斯穿上了西装，去做他的第一份工作，那是由哈佛的一位教授，威廉·艾伦·尼尔森（William Allan Neilson）为他引见的。卡明斯以为这个工作是为一个周刊《高力》（*Colliers*）写文章或是做编辑，但是取而代之的是他发现自己为高力出版公司工作，在那里，他为了一周可观的50美元，负责答复信件和打包书让轮船运走。卡明斯很厌烦这种机械的工作，他读《埃达》（*Eddas*）中的诗歌和散文——密集冰岛的萨迦[②]——当他在那里工作的时候。

尽管工作是沉闷的，但是格林威治村的每一件事情却都如他料想的一样。卡明斯很快找到了新朋友，比如雕刻家加斯顿·拉雪兹（Gaston Lachaise）；他花数小时在“库利的店”那样的地方吃便宜食物，他吃的茄子面名字叫作“巴巴加诺什”，这食物是他和多里·米勒在波士顿发现的，还有别的店，如“吉普赛人玛丽店”，那里的每一个人，不管是尤金·O.内伊（Eugene O’Neill），还是巴克明斯特·富勒（Buckminster Fuller），都会为了便宜的炖牛肉而聚集在一起。他还发现了国家冬季花园，老霍华德和希利宫殿的纽约版本。很快，他感受到了格林威治村家中的完美——超过他在过去的家庭中的舒适。

年轻、贫穷、野心勃勃，卡明斯感到创意在他的脑子里像火一样燃烧起来，像鞭炮一样炸响。1917年1月10日，在高力的那些无聊日子里，一天，卡明斯在读《纽约太阳报》（*the New York Sun*）的时候，突然看到一则头版头条新闻，是布法罗·比尔·科迪的死

①卡明斯：《我的六次非演讲》，第52页。
②指古代挪威或冰岛讲述冒险经历和英雄业绩的长篇故事。——译者注

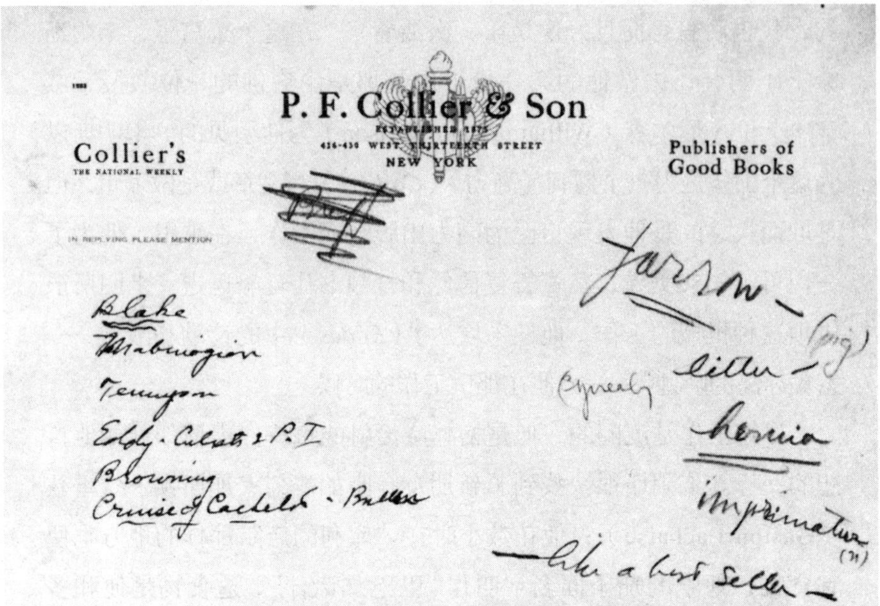

P. F. Collier & Son

ESTABLISHED 1875

416-430 WEST THIRTEENTH STREET

NEW YORK

Collier's

THE NATIONAL WEEKLY

Publishers of Good Books

IN REPLYING PLEASE MENTION

Blake

Mabinogion

Tennyson

Browning

Buffalo Bill's Defunct

like a best seller

Tasmania

卡明斯在高力&索恩公司信纸上所做的笔记，他在那上面创作了《野牛比尔》。

亡消息，“野牛比尔死了！”卡明斯在一张P.F.高力&索恩公司的信纸上用潦草的铅笔写到，这对任何人来说都是不可思议的，除了他自己——他继续在信纸上写着：“塔斯马尼亚岛”“日本的坠子”“出版许可”“疝气”“像一个好的销售员”。布法罗·比尔·科迪对于卡明斯来说，已经成为魅力与悲哀的象征，这将伴随他的一生；他一度曾是这个世界上最著名的人物之一，飘逸的白发，银色的马，成千上万人的追捧，科迪破产了，他把最后的那些年花在试图复苏他著名的表演上。尔后，卡明斯在东十五街的家里，开始玩味一个想法，写一首关于布法罗·比尔的诗，效仿口语——如庞德在《返回》里所展现的——用他在布里格斯课堂上学到的所有对押韵的掌握，来表现他的愤怒和悲伤。

卡明斯是那一代愤怒的年轻人当中的一个—— 他们中的很多人将会被战争毁掉。“我们年轻，我们贫穷，我们充满野心。”[①]艾伦·泰勒，卡明斯的另一位朋友写到。“我们认为老的一代非常坏，我们以后将会取代他们。”大概是因为他所受的教育、他的坚强，或者是因为交了好运，卡明斯是少数能够用他的智慧去创造崇高和辉煌艺术的天才之一。写于1月份的短诗将会成为他最著名的短诗之一，其中的少数短句则是他曾经用英语所写的最有力度的诗篇。他用词语“死者”在第二行里创造了一个音节的韵律——迪恩·布里格斯的影子——用词语制造速度和视觉意向，然后他用字句和语言形式创造了演讲的感觉。作品有着愤怒的微光：在于失败，在于美丽的结束，当然首先在于死亡。

①里夫：《E. E. 卡明斯》，第26页。

野牛比尔

死了

他过去曾经

骑着一匹水一样光滑的——银色

千里马

弄伤了 一二三四五只 鸽子就像

耶稣

他是一个美男子

而我想知道的是

你是怎么喜欢上你的宠儿的

死神先生

在高力这样的规律工作是卡明斯人生的第一次也是最后一次；三个月后，他辞职了。有了来自艾米·洛厄尔的推荐信，他接受了在杂志社的工作机会。在22岁这样的年纪，卡明斯对于钱的态度总是勇敢和无忧无虑的。他归还了父亲寄给两个年轻人用于家庭开支的支票，他因为一件父母寄给姐姐的大衣而责备她。“我们非常好，什么都不需要（实际上我们需要一个声誉良好的窃贼，去拿走我们多余的东西）。”[①]他在家信中写到。

尽管1916年到1917年的冬天特别寒冷，但纽约的人行道、地面电车却充满了叫喊声，不像平静的坎布里奇。卡明斯爱上了格林威治村，他会重返那里，在那里度过余生。这是他第一眼看到，便成为他珍爱的地方之一——一个这样的地方，住在楼上的摄影师，邀

① 卡明斯：《书信选集》（*Selected Letters*），第14页。书信注明日期：1917年4月17日。

请年轻女子裸体在他的摄像机前摆姿势，但他实际上并没有给她们拍照，他只是全心崇拜和欣赏着她们的美丽，同时暗自希望她们不会发现这个秘密；一个这样的地方，种族与宗教混合成“巨大无比的漂浮交通蛛网；一种完全无法抵抗的惊人新奇，仁慈隐匿在冷酷地预谋自然发生的种族与国家里。”[①]在非演讲中，卡明斯告诉听众，他由一个“现象和一个奇迹”被引导向自我的认知，奇迹就是巴黎，现象就是纽约。

卡明斯和威尔逊纵情于城市。认为坎布里奇的每样东西都很古老和庸俗，纽约的每样东西都很新鲜和有冒险性。纽约没有定额分配制，没有关于性的清教徒观念，在饮酒和聚会上没有紧张的限制。这里没有恃强凌弱的种族主义的洛厄尔校长，没有窒息，没有敬爱的母亲和简姑妈告诉他要去做什么，没有感到自责于自己想做的事。当他从夜晚的聚会和一次畅饮中醉酒回到家里的时候，晚上可以继续和他的新朋友争论世界的状态或是韵律学的伦理，没有可怕的牧师在他前面等着他。

在他享受自己的时光期间，作为诗人，他是耀眼的纽约社团诗人的一部分；作为年轻人，他始终意识到战争的阴影。当德国公开宣称将利用一切有效的武器阻止船只向英国开进和往返的时候，卡明斯整个晚上都在国家冬天花园看女孩们跳舞。在1917年的前几个月里，德国潜水艇击沉了成千上万的船只；仅4月份一个月，在对德国的海上攻击中，同盟国和中立国就失去了122条船只。卡明斯和他的朋友在格林威治村没有关注这些。这场战争看上去离他们很遥远。“我不知道为什么我会谈到这个‘虚假’的战争，在我对它毫无

① 卡明斯：《我的六次非演讲》，第53页。

兴趣的时候——在我正绘画和涂鸦的时候……我仅仅阅读了威尔逊演讲的一个段落，便被一阵危险的笑声迷住了。”[①]他在4月1日写信给他的母亲，那时伍德罗·威尔逊总统在一次演讲中刚刚宣布美国参战。威尔逊激动人心的宣战，指控德国力图通过各种方法征服世界。“挑战是对全人类的，”总统说道，“每一个国家必须自己决定如何去面对它。我们自己作的决定，必须来自适度的讨论和节制的判断，适合我们自己的特点和我们作为一个国家的动机。”

对于哈佛的男生而言，一直以来有着特别的协议。为了躲避强制的征募，卡明斯去拜访了艾略特·诺顿，一位已故哈佛教授富有的儿子，在他纽约的第二雷克托大街的办公室里，他和一群哈佛朋友们一起签了名，其中包括多斯·帕索斯和罗伯特·希利尔。诺顿的兄弟理查德已经组织起私人的救护队去帮助法国。年轻人将驾驶着老福特、帕卡德、雷诺和菲亚特汽车，去支持在西线靠近努瓦永的法国和美国军队，那里一直在进行着激烈的战争。

当哈佛的男孩们心烦意乱的时候，法国和德国的军队在西线的战事中，已经有上百万人伤亡，包括1916年夏天索姆战役中堑壕战的恐惧。卡明斯在西线的三位诗人朋友，威尔弗雷德·欧文、齐格菲·莎逊和罗伯特·格雷夫斯——情绪已经被发生在战壕里的一切给毁了，他们被送往商学院的战争医院，以期从炮弹休克中恢复过来。欧文将重返战场，并在第二年被杀害。

不只是因为战争很遥远，还因为哈佛的卡明斯是一个不彻底的和平主义者。尽管如此，他在征兵制度的威胁下还是进入了步兵团，加入一个救护队，这看上去是明智的。总的来说，这是谨慎的

---

①卡明斯：《书信选集》，第14页。书信注明日期：1917年4月7日。

选择。

他在4月18日写给父母的信中谈到将航行去法国的计划，十天后乘上都兰的船。卡明斯写道，“希望战争不会结束，在我到达那里之前”。[①]在对于战争的态度方面的不严肃，不只是他一人。正如马尔科姆·考利在《流放归来》（*Exile' s Return*）中写道：“我们都渴望开始行动，就像多斯·帕索斯在他的小说里所表现的角色那样，‘在整件事情破产之前。’”[②]诺顿-哈叶斯（Norton-Harjes）的美国志愿者马达救护队轻松地和美国战地服务队（在那里，马尔科姆·考利开着一辆救护车）及红十字会建立了联系，那是给哈佛学生们应征入伍的选择。《哈佛大学报》消息称，已经有20名大学生被签约雇佣，并解释说，“对于那些希望知道详情的人……待遇暂时是这样的：将给应征者支付来往路费和至少150美元的零用钱。在巴黎将有制服提供给他们。要具备相当的驾驶经验，但不一定是机械的经验。身体和精神状态必须是好的。还将给他们提供交通工具，但是他们必须有相当的经验驾驶大型汽车。”[③]

卡明斯在都兰的船上晕船了，他把战争想象成是对他巨大的愚弄，他写信给父母说，坐法国船的不舒服，使得他快要赞同德国了。他写到，他的痛苦是那样巨大，以致如果一只德国的U形潜水艇在都兰“浪费了一颗鱼雷”[④]，他将会十分高兴。在经过了最初的日子之后，航行的状况有所改进。有人把他介绍给了另一位年轻人，诺顿·哈叶斯救护队的首领，威廉·斯莱特·布朗（William Slater Brown），一个马萨诸塞州的贵族（是他的家人发现了韦伯斯特

①卡明斯：《书信选集》，第16页。书信注明日期：1917年4月18日。
②诺曼：《魔法制造者》，第29页。
③《哈佛大学报》（*Harvard Crimson*），1917年3月。
④卡明斯：《书信选集》，第18页。书信注明日期：1917年5月4日。

镇），他一直在哥伦比亚学习新闻。布朗比卡明斯小两岁，但是这两人几乎立刻就成了好朋友。卡明斯对权威天生的怀疑，被大量酒精中的自由主义催高，大概是受布朗那相似的不在乎的态度刺激。后来这使得两人同时陷入了他们不曾料到的麻烦之中。战争之火已经在欧洲燃烧了3年；但是横穿大西洋，在他们去战地的路上，布朗和卡明斯，这两个任性的年轻人，看似下了决心的行为，就好像他们回到了常春藤联盟学校的校园。“总的来说是令人惊讶的粗俗——我指红十字志愿者卡明斯——保持一个人从被征中成功逃离的欢庆。”[①]卡明斯从都兰写到。很快，他口中的“粗俗”成为他后来在战地生活中最主要的麻烦。

即使他难以严肃地接受这场战争，但他的麻烦还是从同布朗在都兰登陆去巴黎而开始。大概是因为他们深深地陷入一场私人的对话里，或者是因为他们醉了，抑或是对与他们自身毫不相干之事的误解，莫名其妙的，两人在一个不同的站点，从他们拿着武器的未来同人手中——或者至少是在他们的同伴操纵方向盘的时候，从波尔多的火车上跳下。说句良心话，他们是去往朗索瓦首相的第七大道诺顿・哈叶间斯（Norton-Harjes）办公室，到了后却发现他们陷入了一个可爱的官僚“兔子洞”。办公室的门关着，他们直接去了王府饭店，一个在塞纳河右岸的怡人地方。尽管他们第二天在办公室做了汇报，但是加在他们身上的任务莫名其妙地变得模糊了或是显得不那么重要。当他们的同学和同事蹲坐在战壕里或是在英国皇家空军的飞机里冒着生命危险时，卡明斯和布朗却因为官僚政治的问题，被耽搁在巴黎整整五个星期，在春天被扣留在巴黎！反过来

① 卡明斯：《书信选集》，第19页。书信注明日期：1917年5月4日。

讲，这对于卡明斯，足可以用一些感激之情接受战争了。

4月份待在巴黎：如果坎布里奇是问题，那么巴黎看上去就是答案。布朗和卡明斯到处走，可以做任何事情。巴黎，飘着栗色马花盛开的香味，战争似乎依然很遥远，只是街上年轻人很少，更鲜有男人，飞机在头顶上飞着。“昨天晚上我坐在香榭丽舍（我的脚在流动的排水沟里）有半个小时，看到一架被照亮的飞机来自大概50英里之外，穿过夜晚在星辰中爆炸。”[①]他在家信中写到。两个年轻人在圣日耳曼德佩区的双偶咖啡馆喝咖啡，被右岸的卢浮宫迷住。他们在靠近香榭丽舍大街的地方吃早餐，阅读《晨报》（*Le Matin*）和《费加罗报》（*Le Figaro*）。他们迷恋蓬·亚历山大三世（Pont Alexandre III）的杜伊勒里宫宫殿非正式的美丽。他们发现一个可爱的餐馆，在沙尔捷，找到了蒸粗麦粉。卡明斯，这个语言的天才，不费力地很快学会了足够多的法语，能够完好地理解别人，顺畅地与人沟通。他们阅读法语诗歌。卡明斯买了塞尚和马蒂斯绘画的复制品和塞纳河周边的许多小摊的书籍。

他们在有限的时间里把热情和精力全部投入了巴黎的文化。他们去俄罗斯芭蕾舞剧团看《彼得鲁什卡》（*Petruska*），因为十分喜欢，又去了第二次。他们被埃里克·萨蒂（Erik Satie）初次公演的《游行》（*Parade*）所感动，把毕加索搁在一旁，被观众的消极反应震惊。卡明斯给每一样东西都画了素描：士兵、孩子、拿着长棍面包的女人，还有马匹。他长出了胡子，戴着贝雷帽。

巴黎最大的自由是性。卡明斯仍然是一个害怕而困惑的22岁处男，卡明斯所成长的家庭，性是不能被讨论的，而婚姻之外的性是一

① 卡明斯：《书信选集》，第26页。书信注明日期：1917年5月。

威廉·斯莱特·布朗。1917年。

种罪恶。在坎布里奇，男人动物的欲望被冷水澡般的理性给浇灭，一个人的生殖器是不能触碰的，道德警戒线不断地警告人们破坏它们将会付出的可怕代价。尽管他的恶作剧和希望都在破坏规则，但这条规则是卡明斯没有打破的。他奚落父母，让他们知道他喜欢滑稽戏表演；他把汽车停在妓院外面，但他还没有实际上拥有性的体验。

坎布里奇施加在他身上的道德苛评是可怕的病。哈佛生理课强调梅毒可怕的症状和怎样防治。而灌输的中心则是：性是错的，是危险的，哈佛男人们可以看，但不要去碰。在巴黎，性交易是合法的，尽管卡明斯和布朗被疯狂的恋人和这座城市弄得非常兴奋，尽管他们找了两个年轻的妓女一起出去玩——米米（Mimi）和玛丽·路易斯（Marie Louise）——卡明斯这个内心恐惧的清教徒还是非常警惕着。根据里查德·肯尼迪（记录最完整的卡明斯在巴黎时期经历的传记作家，他在卡明斯死后约见了布朗）的记录，玛丽·路易斯十分喜欢卡明斯，他给她写了诗，极其珍视她。她叫他“爱德华”，两个女孩儿甚至邀请两位年轻人去她们的公寓一起吃晚餐。

对于卡明斯来说，玛丽·路易斯是对他的一次唤醒——真正享受她身体的女人和性别。他们两人一起在床上度过了夜晚，一个心甘情愿的交际花和一个始终心存畏惧的美国男孩，尽管没有做爱，但是有些特别的东西，对卡明斯来说，那是一个令他发狂的、热情的夜晚，真正是他第一次的性经验。“最美好的女子膜拜，允许在这块新鲜的土地上放牧。”[①]卡明斯在给他母亲的信中说。这次经历，在卡明斯的余生里，注定要尽可能多地在巴黎度过时光。这座城市，他称之为“奇迹”。对于坎布里奇布满灰尘的客厅、坎布里奇

① 卡明斯：《书信选集》，第17页。这是来自皇宫酒店的最后一封信，书信注明日期：1917年6月4日。

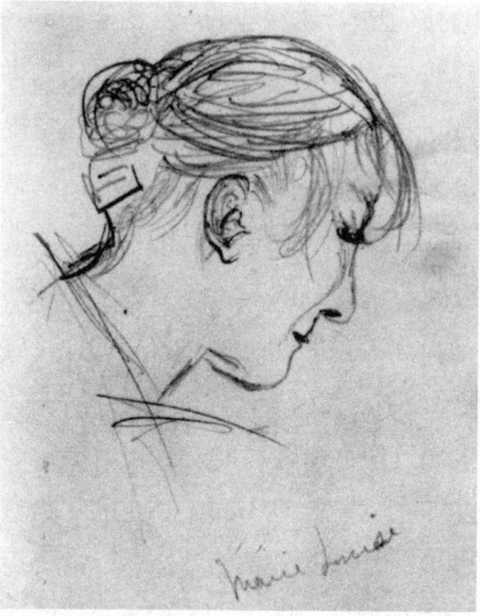

卡明斯所绘玛丽·路易丝·拉曼的素描，她是他巴黎的朋友。1917年。

20世纪20年代巴黎的艺术家们。埃兹拉·庞德站在中间一排的最右边。

的女人们住在家具里的灵魂、满是岩石和冰水的新罕布什尔严峻的风景而言，它是自由的象征。巴黎是美丽的；巴黎是自由的。

他在艺术的狂欢、建筑设计的古韵、性的快乐的陶醉，结束于恼怒的哈叶斯先生在诺顿·哈叶斯办公室的一次传唤，他责骂他们玩忽职守。但他俩却感到无辜。这为随之而来的灾难打下了基础。在6月13日，布朗和卡明斯被送到了哈姆的山寨，要求在西部的前线完成任务。

当卡明斯和布朗到达哈姆（在努瓦永，靠近圣·昆廷，离索姆有几英里的路程），西线已经是恐怖和死亡的代名词。努瓦永那时已被德国占领，但又暂时被他们抛弃。莫名其妙的，卡明斯和布朗并未从心里认真地接受这个地方。他们是两个美国王子，在这里，官方的名字是卫生救护21号，他们确信现在是最坏的时候，但是他们在巴黎狂欢，快乐了五个星期。像很多年轻人一样，他们爱上了巴黎，他们崇拜法国所有的事物，厌恶美国所有的东西。他们的法语都说得比同辈其他人要好，他们发现自己逃脱了被抛弃的感觉，走出了疲惫的身心。他们轻视美国指挥官，很快和法国士兵成了朋友，他们取笑美国军官是部门大厨。他们最初在哈姆的那几周，指挥官是约翰·T.菲利普斯（John T. Phillips），一个从纽约来的哈佛大学学生。当菲利普斯被哈利·安德森所取代，事情开始向坏的方向发展。安德森是来自布朗克斯的一个汽车修理厂机修工，很明显，贵族的诙谐对他完全不起作用[1]。他告诉士兵，他们的工作是“展现美国人就像是肮脏的青蛙。”[2]这当然不适合来自马萨诸塞州的戴贝雷帽的“法国人”。

①肯尼迪:《镜中的梦幻》，第90页。

②同上，第146页。

卡明斯的素描，所绘是他在巴黎住所窗外风景。20世纪20年代。

卡明斯和布朗，有着贵族的姿态和对法国的同情，这实际上属于另一种传统，那是被安德森所轻视的东西，却在西线成长着。第一次世界大战，现在看起来已经在一种文明的、无畏的精神里接近尾声。勇敢和无知有时候拥有同样的表现形式。卡明斯和布朗就像是两名在足球队里控球的球员，“过分”地越出了战壕；如同是给英国的年轻人上的英雄课一般，他们给人们带来了更多的勇气，比起堑壕战交易的丑陋。罗伯特·格雷夫斯（Robert Graves）已经对努瓦永以西发起战斗。齐格菲·沙逊（Siegfried Sassoon）被称作“疯狂的杰克”，那是因为他在战火下的冷静。

有些情况在人类的历史上没有先例，当一个人知道屠杀即将来到的时候，很难知道是否正确：允许一个人被屠杀或者是拒绝执行命令。“他们都是那样的勇敢，去忍受痛苦。”D.H.劳伦斯写了成千上万在索姆被杀害的人，“但是他们没有一个足够的勇敢，去拒绝受苦。”杰夫·代尔在他的书《失落的索姆河》中指出：“或许1914年至1918年的真正英雄，是那些拒绝服从去战斗、积极拒绝接受战争强加于他们身上的人，他们主张他们的权利，不去受难，不接受对他们无理的所作所为。”①

卡明斯来自的传统要求他勇敢。他自己已经成了一个小人物，而他也总是站在小人物一边。在哈姆的营地，法国人是小人物，被迫对美国人的帮助心存感激。即使是在战争年代，卡明斯也很难对胜利者有支持之心。在后方是对生命的厌倦，那里的食物也是可怕的，而他主要的工作就是清洗老福特公司提供的救护车，等待着有什么事情发生，这对于卡明斯而言，是时间白白地流逝。他和布朗

①戴尔（Dyer）：《错失的索姆河》（*The Missing of the Somme*），第53页。

卡明斯从法国回来之后，在马萨诸塞州的帝文斯堡。1918年。

都给家人写了信，内容是对他们所面临的情况进行激烈的批判。

有一天，努瓦永有了毒气攻击的传闻。战争后期，当德国军队撤退到兴登堡防线的时候，他们开始使用芥子气作为武器。关于毒气袭击，维尔浮莱德·欧文在第一次世界大战期间写的著名诗歌之一，以痛苦的声明作为结尾：

我的朋友，你不可以用那样崇高的热情告诉
孩子们，渴望一些不顾一切地殊死荣耀
为国家牺牲是甜蜜而正确的
不过是古老的谎言。

欧文被迫回到西线，在1918年最后几周的战争中被杀害。在格雷夫斯关于一战的回忆录《和那一切告别》（*Good-Bye to All That*）中，他记述了几英里外毒气对生活所造成的灾难，那时候，布朗和卡明斯正在给艾德森救护车的挡泥板抛光。“从1916年开始，对毒气的恐惧就困扰着我：任何异常的味道，甚至是花园里强烈的花香，都足以让我战栗，我现在不能面对任何沉重炮击的声音；汽车回火的声音也会使我的脸勃然变色，我会飞奔着找一个地方躲藏起来。”[①]

卡明斯和布朗，在面对死亡的时候却有着强烈的文学气质、无忧无虑的绅士派头，仅仅几英里以外，在遥远的南方作战——正在面对死亡男人们，应该会理解他们。

美国的士兵和指挥官与他们截然不同；他们没有为国家而死是

①罗伯特·格雷夫斯（Robert Graves），见维基百科。

甜蜜而高尚的使命感。他们是美国人，他们要获得胜利。为了改变两个来自哈佛的新兵的叛逆行为，法国监察官对布朗和卡明斯的信给予特别关注。叛逆的精神也使卡明斯穿上了制服，并且尽可能地洗澡。他很不聪明，总是在家信里用法语透露出自己的行踪和怎样躲避监察官，他不知道他们其中有一些是法国人。“我希望信件检查员M先生不会注意我说的话，我所在的地方什么令人兴奋的事也没发生。”[①]他在7月份给母亲的信中写道，“每天，法国的飞机被德国的机枪击落，一点儿效果也没有”。卡明斯和布朗越来越难以控制他们的无聊、极其厌倦与焦躁不安的情绪。他们写信给拉斐特飞行小队，申请成为飞行员。有一次，警报响起，德国的炮弹落在附近，那场在历史上著名的战争就在他们旁边发生。

尽管在1917年的7月，西线仍然是这个地球上最令人心碎和最危险的地方之一，但在努瓦永这个小地方，却很少有事情发生。偶尔，在行车的时候，似乎能感觉到没有目标的空袭，布朗和卡明斯在炮火之下，但是他们很快就疲倦地发现，对方从来没有迎击的行动。有一天下午，布朗和卡明斯散步的时候，在杨柳丛中发现一个小礼拜堂；他们注意到战火留下的痕迹不断出现在起伏的田园和岛屿以及大街小巷的杨树林中。但是眼下，仍然什么都没有发生。

他们在露营地和法国士兵对话，得知了军队里深深的士气低落。卡明斯和布朗听到关于法国军队的兵变，发生在罗伯特·尼韦勒（Robert Nivelle）将军早在春天的战役失败之后。两万法国士兵被遗弃了。布朗关于法国军队士气低下的信和德国胜利的可能性的表达，进一步让监察官感到惊恐。安德森，这个布朗和卡明斯同时

---

①卡明斯：《书信选集》，第29页。书信注明日期：1917年7月7日。

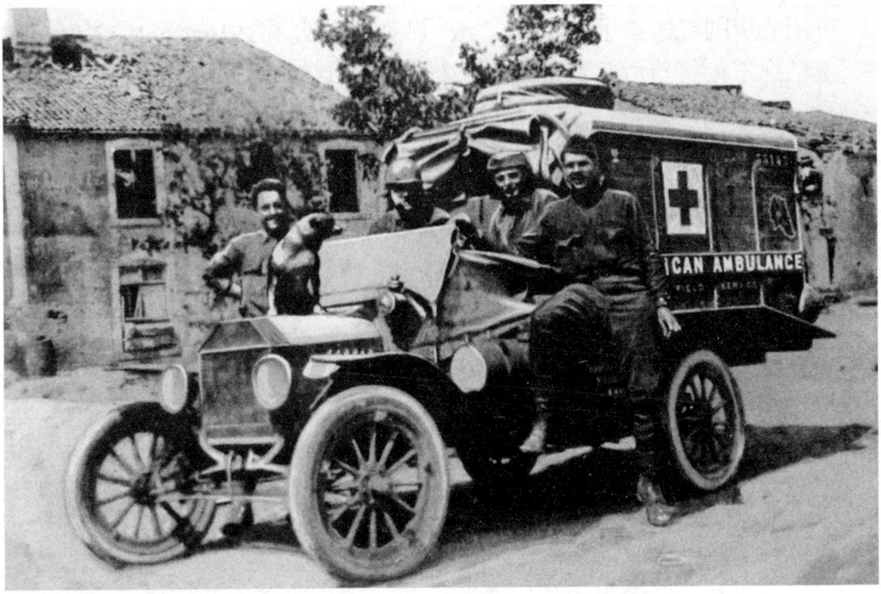

在法国靠近西线的美国救护车司机。1927年。

鄙视的人，为士兵们组织了一次去巴黎的抽奖活动。卡明斯和布朗当然为这个主意感到兴高采烈，但结果是安德森甚至没有登记他们的名字。“这使我非常生气。”卡明斯写信给他的母亲，“我吸了一大口烟，喷到他的脸上”。①

到了8月，卡明斯和布朗已经让很多人生气了。安德森的愤怒和法国军队的警告组合在一起，最终引爆了导火索。他们的名字作为可能的叛国者送给了某个人。“叛国”，特别是在1916年至1917年的可怕战争中，足以被判处死刑。第一个10月，在前线的其他地方，当美国人加入他们新的法国同志的战场，卡明斯和布朗被拘留了。他们被两名警察拘捕，投入了努瓦永的牢房。

① 卡明斯：《书信选集》，第30页。书信注明日期：1917年7月7日。

第五章
巨大的房间

在过了一个世纪之后，直到现在，法国西北部的小麦地依然扭曲着，满是凹痕，那是来自第一次世界大战的创伤。成百上千的战壕隆起，带刺的铁丝网、炸弹、爆炸、地上烧焦的植物，始终是这里美丽风景上的古怪标志。在努瓦永，四处是多节的树木和他们发育不良的形状。一些罂粟花点缀着农夫排列整齐的干草捆，成千上万惨死的生命的魂魄仿佛还在这片肥沃的土壤上空飘浮着，到处是一排排的白石公墓，纪念碑矗立在农田中。那是对死者永恒的纪念。

然而，最伟大和最不朽的纪念物不是大理石的纪念而是留下的许多书和诗歌——一代文学天才在那里战斗，通常又死在那里：叶芝、欧文、布鲁克、萨松、格拉夫、海明威、卡明斯，还有许许多多的人。超出任何之前或之后的战役，第一次世界大战是我们的文学战争。

"我知道我将会遭遇我的命运/在白云之上的某个地方/那些我与之战斗的，我并不恨/那些我竭力守卫的，我也不爱。" 威廉·巴特勒·叶芝这样写到，在他的朋友罗伯特·格雷戈里于1918年在他的飞机里死去之后。这种接受和对职责的肩负并不真正具有意义——虽然是神圣的职责——它是西线士兵角色的一部分，渴望一个更好世界的一部分，创造了伟大的文学作品。"对于那些和它面对面的人，死亡不是一种冒险。”[①]关于法国北部战壕另一边的德国士兵，埃里希·玛利亚·雷马克在他的小说《西线无战事》中写道，“它将简单告诉你一代男人的故事，尽管他们已经逃离了炮弹，但却已经被战争摧毁。”

命运对于E.E.卡明斯和威廉·斯莱特·布朗有着不同的安排。很快，他们的状态和令人吃惊的行为使他们离开了眼前的危险，尽管这是他们期待的事情。在9月23日的一个平静日子，救护部门21号露营在靠近索姆的一个曾经风景如画的名叫奥勒济的小镇，那里有一座被炸弹炸过外墙的教堂，指挥官安德森命令他们两人给他的私人小轿车抛光和上润滑油。当他们完成这个不讨人喜欢的工作后，一群官员——士兵和警察，包括当地的卫生部长到达了露营地。他们命令卡明斯和布朗收拾起他们的东西，然后开车把他们带到努瓦永，到那儿以后，由一个小规模的官僚小组把两人分开询问。卡明斯被那三个分给他的官员弄得兴高采烈，他给他们起绰号：“小胡子”“玫瑰花结”“努瓦永”。最后，与他们发生了冲突。法国官僚却没有为他们的囚犯感到高兴。他们警告卡明斯，布朗的家信已经表明他不是法国人的朋友。

卡明斯后来回忆，在很多琐碎的问题之后，谈话小组问了他最后一个重要的问题。“‘你恨德国佬吗？’他们问，我赢了我的官司，问题完全是马马虎虎的，作为走出房间的一个自由人，我仅仅说了一个‘是’，我的审查官相信我的回答。”他写道，“‘玫瑰花结’探身向前，对我鼓励地笑着；‘小胡子’正用他的钢笔在空中画出一个‘是’字；而‘努瓦永’则放弃了所有把我打造成一个罪犯的希望。”小镇

① 雷马克（Remarque）：《西线无战事》（*All Quiet on the Western Front*），第54页。

的所有官员没有办法处理他——一个不合常理的美国人，被看作是最重要的安全隐患，一个已经被告知‘勇敢即是全部’的哈佛男孩，一个诗人，他的违抗给他带来快乐，直到死亡的边缘。“不!”卡明斯回答，他不恨德国人。“我喜欢很多法国人。”[①]他用法语说。

卡明斯发现他和布朗被分开，关在一个简陋的牢房里过夜。说到卡明斯坎布里奇的家，他的家人收到一份来自救护队的理查德·诺顿首长发来的电报，内容是：爱德华·E.卡明斯已经被投入集中营，因此他所写的信件将停止寄出，有事可通过大使馆获得帮助。在努瓦永的第二天，两名警察把卡明斯押至一个铁路交叉点，他在那里的牢房度过了另一个夜晚。下一个旅行之后，他在诺曼底南部的布里乌兹下了火车，此地位置是在进行着最糟糕战役的西南面。对于卡明斯来说，回顾往事，至少要好于在努瓦永那交替的厌倦和愚蠢的服从。他第一天在牢房里写道：“一种无法控制的快乐情绪冲击着我，在3个月的被指挥、被驱使、被威胁、被侮辱的羞耻之后。我是我自己，我自己的主人。”[②]那天晚上，他被带入另一个建筑——位于马塞堡的一个分流仓库，一所关押所有不良分子的营地。

卡明斯在黑暗之中穿过一扇巨大的门，躺倒在稻草垫上。他不知道自己在哪里，在暗夜中几乎什么都看不见。“我倒在稻草垫上，感到前所未有的疲倦。”[③]他写道。“但是我没有闭上眼睛：四处升腾起许多特别的声音……到目前为止，空的和微小的房间突然变得巨大了：怪异的哭声、宣誓声、笑声，从后面和侧面传来，延伸至不可思议的深广，缩短成可怕的近。来自各个方向，但至少有11种

---

①卡明斯：《巨大的房间》(*The Enormous Room*)，第19页。

②同上，第23页。

③同上，第60页。

语言和30种声音……从70英尺到几英寸，从远处传来……我被残忍地轰炸着。”这个房间在未来的3个月内将会是卡明斯的家。

卡明斯以积极和快乐的态度来对待他的牢狱生活，他说，这要远远好于做那个弱智——哈里·哈德森的奴才。“我可能想不出更好的办法来保持这种状态，尽管你不得不习惯于鼾声，他们不允许你拥有一把刀，因此你不能在夜晚割开空气，它实在是太浓厚了，所有的窗户都被关着。”他从马塞堡的关押营地写信说，“我的母亲，您不能想象，我拥有多么有趣的一段时间。不是为了我将要去改变的这世界上的任何事。它就像工作——你必须经历它、认识它——但是比在高力工作的时候要好得多！ 如果我认为这将会激起您的兴奋，我就不会从这个地方写信，但是我知道您会相信我，当我重申我正拥有生命中的美好时光之时！”①

卡明斯陷入牢狱之中的那个月，美国军队正川流不息地进入法国，开始加入堑壕战，充电的有刺电线栅栏已经被德国的狙击手拔去，卡明斯仍然在监狱里，推测战场比起在高力的工作要逊色很多。实际上，待在监狱里挽救了卡明斯的生命。他被监禁的遭遇，看起来就像是一次特赦行动。他和布朗在安德森手下受苦的努瓦永部队，后来进入了战争的最可怕状态，美国军队在“黑杰克”约翰·珀欣将军的带领下扭转了战争的局面，成功地击退德国军队在马恩最后的攻势。伊普尔、帕斯尚尔战役、贝洛森林：安奈特最后攻势的屠杀场所，将全部在坦克横行的努瓦永范围内。11月底，著名的美国彩虹部队，来自美利坚各个州的男人在陆军上校道格拉斯·麦克阿瑟的指挥下，将会跻身于两百万名美国人当中，和他们

①卡明斯：《书信选集》，第38页。书信注明日期：1917年10月1日。

马塞堡的分流仓库，卡明斯和布朗曾被监禁在这里。

一起登陆法国、横穿东部、走过被战争损害的小麦地，去参加战斗。当卡明斯在为跳蚤和稀薄的汤忧虑、做笔记、给和他一起共享巨大房间的有趣人物画素描的时候，就在马塞堡，正有49 000名美国士兵战死，有23万人受伤。另有57 000人死于疾病。

尽管卡明斯的父母对于他的冒险是愤怒的，但是伴随他们的还有无尽的担忧。对于他们而言，来自诺顿的官方电报给他们定了一个悲伤的基调，让他们深信儿子所遭遇的不幸。爱德华·卡明斯利用他哈佛的关系，以牧师的身份开始写信，他首先联系了美国驻巴黎的大使馆和政府部门，结果只是被戏弄。那些拒绝给他提供帮助的人，使他对儿子的担心开始转变成一种对他们的愤怒。当日子一天一天、一星期一星期地过去，卡明斯的家人没有收到官员的关于他儿子下落的信，它似乎在某个战区被弄丢了，爱德华·卡明斯的狂怒和害怕与日俱增。这是一个在过去没有被官僚政治打击过的男人。如果他的儿子遭到可怕的对待——当然监禁是一个比较高的代价，为一些相当无知的胡闹付出的代价——大卡明斯将会找到一个办法去救他，然后把这件事告诉全世界。卡明斯一家人发现，他们现在正在自己的“巨大房间”里。

美国政府部门看上去无意提供帮助——他们还做了一些使现状变糟的事情。10月26日，爱德华·卡明斯收到一封来信，信里说他的儿子，一个叫H.H.卡明斯的人已经去往S.S.安得列斯群岛，途中被一艘德国潜艇的鱼雷击中。爱德华感到恐惧、痛苦，也因为忧伤而患病，但他没有把这个消息告诉妻子。在经过了爱德华·卡明斯教士一生中最糟糕的两天之后，政府部门告诉他，这个信息是错误的，H.H.卡明斯不是E.E.卡明斯，E.E.卡明斯仍然被监禁在马塞堡。

最后，到了12月初，发狂的爱德华·卡明斯写信给了美国总统伍德罗·威尔逊本人——一封长长的、恳求的、热情激昂的信。“请原谅，总统先生！但是如果我是总统，而您的儿子在法国人手里受着那样旷日持久的不公正的苦难，”他于12月8日在给白宫的信中写到，“令郎的母亲已经无奈地在地狱中关了数个星期，正如我儿子的母亲现在的情形，——我将会做些什么，来使美国公民在法国人的眼中看起来是神圣的，就像罗马公民在古代世界中是神圣的一样。”[①]

一部分缘于卡明斯的父亲努力地坚持，一部分缘于法国人的安排——马塞堡的那个仓库仅仅保留了3个月时间——卡明斯最终在12月19日被释放，没有经过任何的宣布。布朗已经于早些日子从马塞堡被转移，随后也在一个月后获释。卡明斯在他回家的路上乘火车去了巴黎，在冬季战时的城市里徘徊，发现它比起他先前一次的到访要少了许多可爱之处。他找不到玛丽·路易丝了；尽管他留了一封信在她的公寓，但后来却再也没有得到她任何的回音。他疲惫不堪，病倒了。他下了决心要放弃他的童贞；在一个饭馆吃过晚饭之后，他和一个名叫贝尔特的女侍者回了家，似乎没有感到多少快乐，他就到达了渴望的顶点。

1918年1月1日，在横渡埃斯帕涅之后，他最终到达了纽约港，他的朋友希尔德加德和西布利·沃森举办了豪华的午宴欢迎他回家。卡明斯在这高雅的庆祝午宴中没有任何兴致，他看上去沉默而沮丧，比起那个在春天里前往法国的、精力充沛、爱嬉戏的卡明斯，有着天壤之别。希尔德加德悲伤地注意到卡明斯已经失去了他的笑容。[②]

那还不是他全部失去的。“因为监禁，他的身体状况非常糟糕。”

---

①卡明斯：《巨大的房间》，第11—16页。
②肯尼迪：《镜中的梦幻》，第159页。

爱德华·卡明斯写信给在巴黎的军事审判员办公室，带着似乎活在他家族基因里的讽刺和抑制的愤怒，他“非常瘦，遭受着在集中营里患上的皮肤病的痛苦。然而，考虑到扣押在集中营感染危险疾病的特别环境，他从最低的伤害中能逃离出来，当然是值得庆贺的。”

卡明斯将首次承认入狱可能挽救了他的生命，他当然也知道几乎是立刻，他的素描和信件很大一部分将会成为年轻作家的资本。他在狱中的时候，《哈佛八诗人》已经出版。一旦从兵役中解脱出来，卡明斯马上就集中恢复他的力量。他从营养不良和褥疮中恢复相当容易；而他的父亲却经历更艰难的历程得以从他儿子的折磨中恢复过来。他陷入了一种激烈的、牧师的、哈佛式的狂怒。他对红十字会和在法国的美国大使馆以及他们所提供的那一点点帮助怒不可遏。他对于法国政府的暴行十分恼火，计划给他们一场国际诉讼，让全世界看到他们对于一个美国公民的不公正行为。

这一次，年轻的卡明斯做了使他的父亲平静下来的工作。他已经改变了。他建议写一本书，那将会成为更严厉的、更有力量的起诉书。他的父亲同意一本书将会好于一次诉讼的意见，他甚至愿意为他的儿子写这本书提供稿费。这将会成为最好的复仇。但是卡明斯除了与父亲达成写一本在马塞堡的书的协议，并从他那里获得了定金，却没有任何的行动。

他第一次回到了格林威治村，这次是和布朗在那里租了一个地方。比起在西线，他在这里甚至陷入了更大的麻烦。他们首先是被一段禁酒令的文章弄得义愤填膺，制订了一个计划，准备搭乘一艘商人的轮船去一个适合他们习惯的国家——可能是在南美东部的某个地方。同时，卡明斯爱上了伊莱恩·泰勒，她现在独居在华盛顿广场。

当大卡明斯在等他儿子安定下来写书的时候，写一本表达他儿子的狂怒和使他免罪的书，卡明斯却在写诗、在库利闲逛、在伊莱恩的公寓里度过太多时间。当他1918年的7月正式被挑选，要求去马萨诸塞州的德文斯营报到，这种田园生活结束了。他写给为他担忧的父母的信中说，自己能参加选派是可以做的正确的事情，他很乐于去做。他再一次地不想让自己的举止像一个哈佛大学的精英学生；他的心是一颗普通人的心，没有从被挑选中去寻求帮助。此外，作为一名艺术家，他的工作就是四处走，四处看。“艺术家要令其眼睛、耳朵、所有鼻子之上的器官全面打开，他要观察，当所有别的人仅仅是在执行命令的时候。我并不是指穿金戴银、幕后操纵，或者是一般意义上的忍受腐败和特别荒谬的事情，我是指他无形的关于生活认识的持续，来自他的眼睛，他要居住在自己的脑子里。”[①]他给母亲的信中写到。

他拒绝了军官训练；他只想当一名士兵。他被分配在站务旅，第一营，第三连队。卡明斯作为一名步兵被训练。他想成为一个普通的小人物，逃离社会，想成为普通人的想法越来越明显。一部分原因是作为一个杰出人才，地位高则责任重；一部分原因是他想避开成功的真实愿望，而位高权重之人也在回避着他，这成为他工作和生活的特征。他开始在他的诗里使用小写字母“i”。

卡明斯在德文斯营步兵连第七十三大队度过的这6个月，远没有他在马塞堡的日子难忘。大概是因为完全没有危险和缺乏逆境，那里的经验并不生动或特别有趣。有一件事引起卡明斯的注意：一个金发的、基于道德或宗教信仰原因不肯服兵役的、正在阅读托马

① 卡明斯：《书信选集》，第54页。书信注明日期：1918年9月11日。

斯·布朗先生作品的人，遭受残酷的审问并被转移到一个军队监狱。当这个男人拒绝说他想杀德国人，他的审问者还是不依不饶狂暴地问他：如果那个人强暴了他的姐姐，是否会杀这个德国人。这个男人回答说，他没有姐姐。卡明斯在外面听着、想象着他的命运。尽管他几乎没有机会和这男人说话，更别说了解他的名字，但这个人，却很快在卡明斯重要的、愤怒的反战诗歌中出现了：

我歌唱快乐和伟大的奥拉夫
他火热的心在战争面前退回：
他的良心拒绝服从兵役

他亲爱的陆军上校（最简单潇洒的
那种西点军校毕业生）
把犯错误的奥拉夫快速控制在手中；
但是——尽管有一大群极度兴奋的
军士（首先把他打昏）
然后再从头到脚给他浇上冰水
拿他无可奈何之下，一些人用刷子
击打，他们最近用它来
刷那个污秽的马桶，
其间，他同类的智力唤起
每一把钝器的效忠——
（所有的意图是
一具尸体，不停地责骂
直到把他交给上帝）

奥拉夫回应着，但他没有因此而生气
“我将不会亲吻你们他妈的旗子”

银鸟立马看上去黯淡了
（匆忙地逃开）

但是——尽管有许多的官员
（他们是一个国家渴望的心爱的自豪）
他们消极地折磨
踢打和咒骂
直到磨损了他们响亮的
声音，靴子则变得更烂，
他们煽动刚来的新兵
熟练地用一把
高温烤过的刺刀——
恶劣地玩弄他的臀部
（有一次 烫在他的膝盖上）奥拉夫
几乎是在不停地重复
“有一些狗屎，我是不会吃的”

这其中，有我们的总统
充分肯定地宣布
把这个黄色的狗娘养的
扔进地牢，在那里，他死了

我祈祷能够看见
上帝（他无限的仁慈）
奥拉夫也一样

他胜过我们是因为
除非统计说谎，他是
比我要勇敢得多：也比你更加的金发碧眼。

卡明斯在美国德文斯营观察到的战争千篇一律，心情也被他残忍好战的指挥官们所破坏，他们说勇气应该在刺刀的两头。他宁愿选择在马塞堡的房间，被迫听着操练教官说起给敌人开膛剖肚的可怕事件。尽管战争在1918年11月11日结束了，卡明斯仍然设法在德文斯营多待了几个星期，他大部分时间都是在剥土豆皮。但是在1919年1月，他回到了纽约。

和布朗住在第四大道上没有电梯和自来水的公寓，他见到了伊莱恩，并由她的丈夫委任，开始给她画肖像。他在华道夫·阿斯多里亚酒店的屋顶画廊办展览。他也继续写诗，但是对于他承诺给父亲的书，仍然没有写一个字。

到了1920年夏天，卡明斯在银湖和他的父母安居在一起的时候，他开始写书，书名叫作《从无名之地的窗口看第一次世界大战》（*The Great War Seen from the Windows of Nowhere*），但是它后来变成了《巨大的房间》。为了写这本书，他坐立不安。他迫不及待地要回到纽约，回到他真正美好的生活中去。每一个清晨，他从海滨划着独木舟，在透明的水上去往一个偏僻的营地，那里有一个帐篷，叫作“暴风点”。一天的工作之后，他再划着独木舟回来吃晚饭，这样可以经常避开他父亲的询问；然后，晚上再回到他的帐篷。

他所保留的在马塞堡监狱里的笔记本能给他提供一些帮助——比起写作，他画了更多的素描——因此，卡明斯根据记忆重建了一个又一个场面。布朗过来和他住在一起，两个男人一起回忆每一个细节。卡明斯因写作使记忆和渴望得以激烈的宣泄，给混乱以结构。他决定模仿约翰·班扬（John Bunyan）经典的16世纪宗教作品——《天路历程》（*The Pilgrim' sProgress*）。如同班扬是基督教的凡夫俗子，卡明斯在《巨大的房间》里的角色也历经坎坷，他勇敢地穿越各种障碍和恶魔，甚至进入死亡的山谷，最后他被拯救，到达美丽的山峰。

最精彩的描写混合了他对法国审问者的记忆、他在农场每天看到的和每天书写的。其中一个询问者让他想起了博德·克兰恩（Ichabod Crane）。

> 他的脖子像极了一只母鸡的脖子：我确信当他喝酒的时候，一定会向后仰起，就像母鸡那样，为了液体能够进入他的喉咙。但是他保持自己直立的方法，加之他某些手指的痉挛收缩和神经质的“啊—哈，啊—哈”，就像是无常的逗号不时地打断他不稳定的语句，综合起来就像是一只公鸡的表现；一只吃蛾子的公鸡。他让自己表现出非常严肃的样子，在他潜意识的某个地方，表演给一群想象中赞赏它的母鸡们观看。[1]

①卡明斯：《巨大的房间》，第56页。

时间到了9月份，当湖水变冷到不能游泳，当夜晚来得更早，当大卡明斯回到坎布里奇的时候，他已经写得足够多，可以交给他的父亲了。父亲的反应完全是积极的——他称这本书是壮举，因为他感到自己的名誉似乎在他儿子的手中。“我现在确信你是一个伟大的作家。”父亲写到。10月，当银湖岸边的树叶开始变成金黄色，卡明斯完成了他第一本，也是最著名的一本书的手稿。他写了一本生动的战争回忆录，但是并没有描述战争。出版这本书是另外一回事。哈珀斯、大西洋月刊和斯基伯纳出版社都拒绝了出版这本书。爱德华·卡明斯给贺拉斯·利沃莱特（Horace Liveright）施加了一些压力；最后，经过一番商讨，博尼利沃莱特出版社决定接手这本书。当贺拉斯·利沃莱特后来遇到卡明斯，他惊呼道：“你父亲把我的头发都快整白了！”①

《巨大的房间》是一本常常被忽略的令人惊讶的文学作品，他描写了在英国和美国的西线幸存者。罗伯特·格雷夫斯为它在英国的出版写了序，赞美卡明斯的语言。“他用了一些新的混合语言，其中有一些罕见的篇幅就像腐烂的肉在闪光……对我而言，它是一本最好的表现美国在战争期间的书。”②他写到。

尽管这本书一直到1922年才得以出版，此时距离卡明斯在西线的真实体验已经过去5年了。《巨大的房间》是他那段日子最好的解释，也是对成千上万偶然或是堂·吉诃德式的被监禁的公民最好的解释。每一场战争都有一些小人物和他们的家庭，因为偶然上战场，被人们忽视。在西线，卡明斯是他们的代言人。他没有写战壕，或是在索姆的无价值的极度沮丧，因为他不在那里。对于他的

①诺曼：《魔法制造者》，第111页。
②同上，第122页。

描写，我们现在称作附带损害，是历来书写中最生动的。

他在“巨大的房间”的第一个早晨，五点半钟被叫醒，喝着马口铁杯里冰冷、污浊的咖啡，卡明斯能够在黎明冷酷的微光中看到周围的事物。房间模糊得像是基督教会，“我的床垫类似一个小岛：所有的东西都包围着它……静止于令人吃惊的身份。”[①]他向朋友布朗指出，对他来讲最大的安慰和快乐——那本书的字母B——包裹得像一个在毯子里的木乃伊。“我是在做梦吗？”卡明斯问他的朋友，“或者这是一个臭虫的屋子？”布朗笑着，很快说服他的朋友，他是被监禁在一个巨大的房间，目前的情况远远好过在救护队里服务时的局限和烦恼，那里有令人扫兴的领导、总是不断地纠缠着他们的卫生状况和他们脸色苍白的士兵同伴。而在监狱里，所有的人彼此拥抱，似乎在感谢这是一种救赎。

《巨大的房间》的大部分故事发生在关押他的马塞堡分流仓库，卡明斯巧妙地把它转变成自己意识和记忆里的巨大房间。他和布朗好像是有了一段精彩时光，尽管有恼人的臭马桶、一天两顿稀汤寡水的饭菜、各种昆虫的侵扰，但还能瞥见女囚，这也许是一种快乐。其他的囚犯——一些有教养的，没有教养的；有一个男人，他认识，塞尚——是的，他写信给他的母亲，“杰出的同志们……你不得不开始想象我们不可思议的快乐，在我们前主人能抵达的唠叨之外，安然无恙。”[②]《巨大的房间》里的居民大部分是被无辜地关押在这里。他们或是海员，丢失了他们的船只；或是商人，商店已经被破坏。是一些在错误时间和错误地点走到一起的人——那是1911年的法国，德国军队正川流不息地进入它的城市和乡村。

①诺曼：《魔法制造者》，第62页。
②卡明斯：《书信选集》，第40页。书信注明日期：1917年11月。

这当中包括一个侏儒，一个挪威的海员和一个被剥夺了公民权的贵族，他穿着无可挑剔的燕尾服外套，温文儒雅的举止，他的名字叫康特·布拉加尔（Count Bragard），以前是一位成功的画马的英格兰画家。“实际上自从我到达马塞堡，第一次碰上了一个完美的类型：一个受伤的贵族典犯，一个十分不幸的屈辱的受害人，一个已经领略过好日子的绝对值得尊敬的先生。”[1]卡明斯写到。“你大概知道康内留斯·范德比尔特（Cornelius Vanderbilt）？”[2]康特·布拉加尔问卡明斯，当别的囚犯在桶里撒尿或是从他们的草垫上向外挑臭虫的时候。“我画过一些他的马。我们是最好的朋友，范德比尔特和我。”布拉加尔给范德比尔特写了明信片，他用充满深情的语调读给卡明斯听。

另一个囚犯，雷-沙儿（里查德）[Ree-shar (Richard)]先生，是一位被任命的为流动人口服务的医生，卡明斯指出，尽管“他对医学的了解大概比任何一个活着的人都要浅陋。”[3]

因为对于这个社区而言，会员唯一需要的是对政府的憎恨和对荒谬现状的一个偶尔诙谐的认识，作为特许的成员，卡明斯和布朗受到了欢迎。他们用从家里拿的钱，从杂货店买巧克力，这也使得他们很得大家喜欢。

卡明斯，沉浸于文学，记住他的经历，无关乎写一个简单的回忆录。尽管他的语言相当的传统，但他还是毫不犹豫地扭曲了标点符号或者是改变演讲的部分，这样使得描述更生动。《巨大的房间》里写了很多东西。里查德·肯尼迪向它致敬，把它视为一种独

①卡明斯：《巨大的房间》，第71页。
②同上，第73页。
③同上，第84页。

特的成就。查尔斯·诺曼致力于混合整个章节，并深刻回顾这本书，在它出版之后——这个回忆录是珍贵的，词语和语法的实验甚至更加珍稀。

现在，几十年过去了，在卡明斯所描写的经历和他的散文中，他的能量和勇气更加凸显。这本书有两大优势：一是卡明斯精神和态度。在他的文章里，勇敢遇上了赞同。没有事情发生——没有：没有贫困，没有被一把枪威胁，没有在重负之下跋涉几英里，或是对食物的缺乏——将会改变他的热情和对于权威及一切与权威相关事物的蔑视。如同约翰·班扬的朝圣，他接受“世界即是如此”，藐视受害者的角色。甚至是他自己的悲剧也让他快乐。无论是对坏咖啡的抗议，或者悲哀地看到一个狱友要去更远的南方真正的监狱，不管它是否让别人反对和厌恶，对于后来称作“i”的卡明斯的特征，所有的生活都是经验——作为一段快乐文章的经验，其中经常仅仅是他幽默的发酵。

卡明斯的另一个伟大成就是他在创设情境上的天才和运用感觉的细节。他每一寸皮肤，他所有的感觉都被经验照亮。“他让我们看到和闻到，有时听到、尝到、碰触到。”肯尼迪写道，“我们生动地经历着在马塞堡监狱——的日常生活——它渗漏的墙壁，粪桶里溢出的尿，形成硬壳的污垢，油腻的汤，刺骨的寒冷，噪音和混乱”。[①]

书一旦写完，卡明斯马上就回到了格林威治村，像一个在橡皮筋尽头的男人。这里现在是他的家了。他努力地绘画，在一个本子上写诗，他给那个本子加了标题：《郁金香和烟囱》（*Tulips & Chimneys*）。他突然就26岁了，感到了压力，要把他早年的誓言

①肯尼迪：《镜中的梦幻》，第223页。

转化成有意义的人生。还有伊莱恩——哦，伊莱恩！她属于另外一个人了——一个朋友，一个赞助人，一个同事——但是他无法抵抗她的力量。他最终失去的童贞，但这次是不一样的：羞怯的、可爱的、令人兴奋的、战栗的。伊莱恩是一个美丽的公主，尽管他害怕她的婚姻，窘迫于她的富有和她放荡的生活方式，他滑进了一种美丽的神游状态，这将给他的生活带来创伤——那创伤，使得他在马塞堡的日子感觉就像是一个无忧无虑的暑假。

第六章
格林威治村：伊莱恩和南希

1917年1月，冬天的一个夜晚，一群底层社会的革命分子——包括艺术家马歇儿·杜尚，约翰·斯隆和来自附近的、试验性的剧场普罗温斯敦的演员们——对华盛顿广场的拱门进行验收，仿佛上演了一出喜剧，斯坦福·怀特（Stanford White）设计的大理石结婚蛋糕在1892年已被建在第五大道的底端。在攀登110级铁楼梯到达顶端之后，建了乔治·华盛顿的雕像，赋予了拱门名字，命名为“自由和独立的格林威治村。”[①]杜尚在下雪的天空中放了很多红色的气球。这些坚强、充满灵感、歪歪倒倒的灵魂是波希米亚自由主义俱乐部的成员，预示着他们在这个国家的艺术史和理念上将会令人耳目一新，给世界带来强烈的冲击！

比起其他相邻的城市，格林威治村一直更像是一个独立的王国。它的黄金时代开始于第一次世界大战结束，当艺术家、作家、演员和富有创造力的流动的平民淹没在这拥挤的、扭曲的、陈旧的第五大道那两旁长满树的街区和哈得孙河下面的第十四大街，支付廉价的租金，过着一种贫民窟的生活（包括大量的饮酒和性），令人兴奋地以一种全新的生活方式来勘察这个世界，用一种新的方式

① 韦兹斯顿（Wetzsteon）：《共和国的梦想》（*Republic of Dreams*），第1页。

绘画，特别是用一种新的方式写作的时候。他们有的来自哈佛（卡明斯、多斯·帕索斯、约翰·里德、马尔科姆·考利）；有的来自普林斯顿（艾德蒙·威尔逊、约翰·皮尔·毕夏普、尤金·奥内伊）。威廉·卡洛斯·威廉姆斯驾着他的福特小汽车从新泽西州来到这里，在经过一天长长的医生工作之后。他们来到这里，成为其中一员，勤奋地写作，燃烧着自己的激情，也许是为了日后的声名卓著。

她生下来时就已经是一位名誉村民——她出生在当地的格林威治村圣•文森特医院，她的父母在那里满怀感激之情地给她起了名字。也是在那个医院里，她的叔叔在一次事故之后得到治疗并恢复了健康①。他们写了这个故事②。奥内伊（O’ Neill）的《送冰的人来了》（*The Iceman Cometh*）就是以这个年代的格林威治村的富豪为背景，“金色的天鹅”和“吉普赛人玛丽的店”，在那里，饥饿的年轻人巴克敏斯特·福乐（Buckminster Fuller）是“住民中的健谈者”，用以交换玛丽香气浓烈的炖牛肉。奥内伊，米莱和小说家西奥多·德莱塞都是格林威治村的退伍军人，他们随叫随到，帮助血统优良的来自哈佛的年轻贵族艺术家们。

奥内伊，这个在马克道格大街的普罗温斯敦剧场居住的剧作家，为了创作《超越地平线》（*Beyond the Horizon*），于1920年从北部迁移到百老汇。这部作品赢得了普利策奖，后来他被29岁的E.E.卡明斯所取代，凭借他的第一个剧作品《他》（*Him*）。《他》是实验性的、革命性的和活泼的，包含了对奥内伊的讽刺。那些日子的初期，在马尔科姆·考利帮助编辑的报刊《新共和国周刊》（*The New*

①米尔福德（Milford）：《野性之美》（*Savage Beauty*），第18页。
②舒尔曼（Schulman）：《吉普赛人玛丽》（*Romany Marie*），第 11页。

Republic）上刊登了卡明斯和几乎其他所有人的作品；他的妻子佩吉（Peggy）后来和哈特·克兰私奔去了墨西哥。爱德蒙·威尔逊和约翰·皮尔·毕夏普同时爱上了埃德娜·圣·文森特·米莱。当她决定同时和他们两个人睡觉以后[①]，他们两个都记得彼此激烈地讨论过她会爱谁多一点。

约翰·里德回到了俄国，成为唯一埋葬在克里姆林宫的美国人。米莱在哈德逊·克罗顿的一个家庭派对上遇到荷兰商人尤金·布瓦塞万（Eugen Boissevain），她嫁给了他，跟着他移居到乡下，她后来也赢得了普利策奖。哈特·克兰在从墨西哥奥里萨巴回家的轮船上，跳海自尽了。考利搬到了康乃迪克州。卡明斯仍然留在格林威治村。

当卡明斯到达那里的时候，村子已经是一个充满故事的地方，它曾经是下面这些人物的家：埃德加·爱伦·坡、沃尔特·惠特曼、马克·吐温、亨利·詹姆斯。作为村子里典型性的故事，里德是梅布尔·道奇的情人，当梅布尔跑进一个沙龙的时候，西格蒙德·弗洛伊德和玛格丽特·桑格作为访问者正在高谈阔论。另外典型的事情是里德的妻子路易丝也和尤金·奥内伊之间有着风流韵事[②]。

卡明斯住在格林威治村的44年间，他的邻居和朋友，包括一大群有影响力的诗人、作家和摄影师，他们是：克兰、考利、著名的流浪汉乔·古尔德、威尔逊、玛丽安·莫尔、托马斯·沃尔夫、沃克·埃文斯、詹姆斯·艾吉。当他们步行走在格林威治大街上的时候，开始合作完成《让我们现在赞美著名的男人》（*Let Us Now*

①米尔福德：《野性之美》，第198页。

② 韦兹斯顿（Wetzsteon）：《共和国的梦想》（*Republic of Dreams*），第124—125页。里德、奥·内尔和路易丝·布莱恩特之间的三角关系是1981年沃伦·比蒂的电影《烽火赤焰万里情》（*Reds*）的主题。

Praise Famous Men）。

然而，当卡明斯于1919年第一次从德文斯营回到格林威治村的时候，却正被复杂而热烈的感情笼罩着，那就是他对赞助人斯科菲尔德·泰勒美丽而不快乐的妻子伊莱恩的感情，他们相识于1916年的春天，那时卡明斯已是一位年轻的成功者，他的作品很快会出现在《哈佛八诗人》当中。

当他第一次遇见伊莱恩——泰勒19岁的未婚妻，卡明斯立即被她的羞怯、温柔的语言、苗条身材的美丽所倾倒。卡明斯注意到，她优雅美丽另一面，正是他母亲的矮胖、温柔的好脾气。伊莱恩，在卡明斯的心里就像是一位公主，实际上，她就是亨利·詹姆斯作品里的美国人的公主，她在最好的学校里受过完整的教育，但是她的快乐被她极其富有的父亲早死的悲剧蒙上了阴影。

正如卡明斯在日记中写到的，他的生活在斯科菲尔德·泰勒的影响下已经颠倒了——整洁、精致、非常富有，在他去维也纳的路上，帮他用精神分析疗法治疗分析的不是别人，正是西格蒙德·弗洛伊德。泰勒是抚养卡明斯长大的爱德华·卡明斯男性阳刚典型的一个极好对照。“斯科菲尔德·泰勒——世界、金钱，弗洛伊德——把我（代替坎布里奇的纽约）带向他的愤怒。”[①]如果是斯科菲尔德·泰勒在一定程度上通过他付的1 000美金使得卡明斯和他的父母得以分开，然后便是脆弱的伊莱恩使卡明斯从她的丈夫那里断奶。卡明斯写到，弗洛伊德本人已经怂恿泰勒退让，支持卡明斯和伊莱恩结婚。

卡明斯沉迷于性，但他又是一个彻头彻尾的清教徒。几乎仍然

①霍顿图书馆、哈佛大学图书馆，E. E. 卡明斯的保密文件，1204之1。

斯科菲尔德和伊莱恩·泰勒。1916年。

是一个处男的他，写出了婚礼之歌，那灵感出自他自身在泰勒和伊莱恩之间的性幻想：“爱，你的爱向前引领着，到床上……”然后，改变了视角，“感觉到她的肉体，手逐渐热情的张力，屈服于她渴望的身体那并非不朽之花的酬金……”

在后来的一项调查中，卡明斯相信是他的颠倒和对称，一个来自赫拉克利特的术语被荣格杜撰，意指对对立面的强迫，卡明斯惯于探索是什么将成为他和伊莱恩的爱恨关系，他写道：“我第一次见到伊莱恩的时候——她属于我的朋友泰勒。(我不像他那么有钱，要迎合他……他：富有、咄咄逼人；我：被动。)”[①]

“我从未见过比伊莱恩更美的女人。”希尔德加德·沃森写到。她和丈夫从欧洲度蜜月回来之后，在芝加哥和泰勒一家在黑石酒店吃了午饭。泰勒曾经向希尔德加德求爱，在他英国旅行期间遇到伊莱恩之前，但是她却嫁给了卡明斯的另外一个好朋友詹姆斯·西布利·沃森，和他一起住在中西部。但即使是新婚的希尔德加德，也感觉不到泰勒夫妇间新婚的快乐。“在我看来，那是非常不稳定的一个午宴，满是不安。”[②]她这样写到他们的会面，“泰勒夫妇在不久以后就分开了，是战争的影响，所有人都被爱国及和平的声音弄得很迷惑。”

因此，当对性困惑的卡明斯和对性拒绝的伊莱恩在格林威治村彼此发现，一些阻碍又将他们隔开时，卡明斯写到的这个“将会使任何男人因为幸福而昏厥”的女孩忽然和这个诙谐的年轻自由的诗人成为朋友，甚至超过朋友关系。泰勒住在华盛顿广场东部一个豪华的公寓，那建筑是为单身汉们保留的；伊莱恩则在华盛顿广场北

① 霍顿图书馆，E. E. 卡明斯的保密文件。
② 沃森：《森林的边缘》，第83页。

部租了一楼的公寓。这意味着她性自由了，每一个人都这么说。卡明斯的朋友多斯·帕索斯写道："我们这些人都不希望卡明斯爱上伊莱恩。"①

几个月来，卡明斯只是众多每个晚上聚集在伊莱恩舒适的公寓里喝酒、跳舞、闲聊的人中的一个。他读懂了她的寂寞，所以他经常带她一起出去参加聚会，或者是去餐馆。卡明斯开始同情伊莱恩的处境。她嫁给了一个对她没有兴趣的男人，有时她的丈夫竟公然地贬低她。泰勒关于婚礼的诗歌已经付了钱给卡明斯，现在他又付给卡明斯另外一张支票，以便让卡明斯替代他来款待伊莱恩。

泰勒有同性恋的倾向，偏爱青春期的男孩，他似乎根本不关心伊莱恩。这是村子里的春天，樱花盛开在狭窄的街道上，鲜花和葡萄藤繁盛地缠绕在楼梯的栏杆上。鸟鸣声在华盛顿广场的大树周围如乐音般弹跳着，喷泉也在伊莱恩窗下的不远处喷洒。纽约的春天是不可抵抗的，在漫长的冬季之后，卡明斯似乎陷进去了，伊莱恩也如此，这感情的力量一如春天的花开！在他清醒的意识中，卡明斯已经拥抱了这个新世界的诚实、率真和自由；但是在一个春天的晚上，当伊莱恩明确表示她想要的是他的肉体，他感受到的惊骇就和他曾经感受到的快乐一样巨大，他以最快的速度离开了。

"在我眼里，伊莱恩不是一个——不满足的需要性爱的女孩儿……我也不只是想和她有性爱关系，不，不——绝不是，我想爱，给她应得的**保护**。"②卡明斯在他的日记中写到，"**关于对和错，我有着一个固定的观念**"。卡明斯仍是一个据守礼仪的人，但是他却

---

①肯尼迪：《镜中的梦幻》，第193页。

②霍顿图书馆，卡明斯档案文件Bms Am 1892.7 (198)。

不能离开伊莱恩。“无路可走。”[①]他在日记中写到，“她是唯一的美人（**神秘的**），小巧精致、高雅、不可思议的风情……的心灵：不欺骗……不装模作样……对一切活着的有生气的事物感兴趣，任何事，任何人，任何地方”。他把她想象成一个不快乐的漂亮宝贝，被泰勒像亚瑟王那样抛弃，而他自己是英勇的兰斯洛特。很快，两人又躺在一张床上，相互拥抱和亲吻着度过激情澎湃的夜晚。卡明斯试图劝说自己，这件事情从头到尾都是伊莱恩的主意，他不需要承担真正的责任；然后，他又试图说服自己，和她紧密相连这是一个勇敢的行为。他劝说自己后，在“泰勒将不会介意这件事情”方面成功了。

在他自己的冥想里，爱上伊莱恩这件事使他突然增加了很多的困惑，做个男人意味着什么？如果爱德华·卡明斯是这样的一个男人——直率、高大、声如洪钟——那么他身材纤巧的、机敏的、安静的儿子又是一个什么样的男人呢？他只能在一定的条件下追求伊莱恩。“如果我还没有改变，”[②]某一个晚上，当他在她的公寓里穿上晚礼服的时候，他告诉她，“我已经在这里了……来到你身边，我不在意，我一直很快乐。”伊莱恩呜咽着。卡明斯想让她对两人之间发生的事情负起责任来；当他语言上向她求爱时，身体却在退缩。卡明斯，他注意到，自己几乎是在请求是否将会赢得伊莱恩，“代替一个男人，有侵略性地，赢得她”。在一个夏天的早晨，当伊莱恩催促他“进来，哦，请进来！……你来带我，用你的手把我带进去……”[③]这时刻，他们是恋人。

---

① 霍顿图书馆，卡明斯档案文件Bms Am 1892.7 (198)。
② 霍顿图书馆，卡明斯档案文件Bms Am 1892.7 (198)，文件夹3。
③ 霍顿图书馆，卡明斯档案文件Bms Am 189.7 (198)。

“我并不想占有她。”[1]他写道，“我只想：做她喜欢的事，让她快乐”。

然后，是灾难。1919年的5月，伊莱恩告诉卡明斯，她怀孕了，是他的孩子。这件事的结局，将是通往自由，光辉的自由，关于性、爱和艺术。而考虑承担一个孩子财务的和情绪上的负担是另外一回事。如果他负担着一个家庭，将如何能继续他作为一个艺术家和诗人的工作？卡明斯犹豫了。他劝伊莱恩去流产。泰勒也建议她去做手术终止怀孕。他们咨询医生，医生给了药丸以帮助流产，但是没起任何作用。而伊莱恩，直到现在，她还是那样的雅致和温柔，她决定要这个孩子。第一次，在她的人生中，她没有屈从于男人。

泰勒同意收养这个孩子。泰勒再次走近了，他邀请卡明斯在玛莎的葡萄园和他们一起度过夏天。在那里，3个人假装过去3年的事情没有发生过。卡明斯的睡房远离这对夫妇。卡明斯是怎样一种男人？伊莱恩向他透露说她仍然爱着泰勒；泰勒则向他表明他不再爱伊莱恩。在自由的和有创造力的双向性兼容原则里，所有人都相信，或者说他们相信。在他们生活的表面的文明之下，很多事情在发生着。

飞逝了4年的时间，他们个人的身心都受到冲击：卡明斯仍旧爱着伊莱恩，也很快爱上她带来的孩子；泰勒本人仍然属于伊莱恩，他可能也爱着卡明斯。卡明斯自己一度对西布利·沃森有着很深的身体迷恋。伊莱恩自然地害怕，几乎就像所有的母亲一样，对于她来说，任何可以替代她的选择都不能让她找到安全感。这一刻，尽管表面的原则是完整无缺的，但很快，可怕的破灭将要到来。

夏天，远离怀孕的伊莱恩，卡明斯在银湖写了一首诗，把她珍

① 霍顿图书馆，卡明斯档案文件Bms Am 189.7 (198)。

藏在记忆里，诗歌是关于她怀孕以前他们在一起的黄金时光。《魔法少女米亚》（*Puella Mea*）是一首爱情的长诗，“脆弱的女人”“灵巧的和易变的”“内在的潜意识”，在很多方面，读起来都像是一场告别。当然，性是愉快的，这个世界没有责任，自由看似那么重要，但是它又依赖于别人的钱包和别人的容忍，对于卡明斯和伊莱恩来说，一切终将结束，即使是在自由空气之下的格林威治村。

回到纽约的华盛顿广场，怀着身孕的伊莱恩感觉到自己同时被泰勒和卡明斯抛弃了，已经造成的痛苦将要来临。在她遇见泰勒的时候，她只有19岁；她那几年的婚姻是戏剧性的和痛苦的，她一直做着卡明斯情人，现在，孩子的出生可能给她带来的伤害难以预测。1919年12月20日，她生了一个女儿，取名南希·泰勒（Nancy Thayer）。是泰勒去医院照顾了孩子的出生，充当孩子的父亲。卡明斯在电话里得知了他唯一的孩子出生的消息——他没有被邀请去探望。由此，这位父亲开始了漫长而艰难的夺子游戏，这将会影响南希的一生。从她父亲的剧本《圣诞老人》（*Santa Clau*）里使用一个“我的方向盘”的意象，南希·泰勒后来对自己的出身形容道：“我的民间传说出自一个非常古老的方向盘之外，如同一个家庭由重新找到的或是遗失的碎片拼凑在一起。”①在给她的诗集《渡神的女儿》作的序中这样写到，在她的父母都去世之后。

总的来说，卡明斯和泰勒没有时间照顾婴儿；他们全神贯注于泰勒所收购的双周刊杂志《日晷》。作为一名编辑，泰勒承诺不改写卡明斯的作品，并准备从他的标题为《郁金香和烟囱》的新手稿中选登7首诗，还有他的4幅画，它们是国家冬天花园舞娘俱乐部的女

① 卡明斯·德·福雷特（Cummings de Forêt）：《渡神的女儿》（*Charon's Daughter*），第14页。

人画像。

表面上看，卡明斯、泰勒和伊莱恩是一个高度文明的三人组，致力于将个人自由及创作放在私人生活之上的理念。尽管如此，卡明斯却不能让他可爱弱小的女儿停止啼哭，在她一个多月大的时候，女儿终于躺在了他的臂弯里。他向妹妹夸口说她有很多头发。在南希1岁之前，她的父母看似又回到了一起，成为永久的重聚——尽管世俗理念也在诅咒着他们的组合。卡明斯在父亲坚持下，在新罕布什尔的夏天写作完成《巨大的房间》——因为他父亲同意支付他去欧洲的旅费，如果他能完成这本书——卡明斯将搬回格林威治村，和布朗在贝德福德大街合租了一个公寓。

和伊莱恩相伴、与南希一起玩要是甜蜜的，卡明斯总是叫她毛毛球。他有做一个艺术家的自由和做一个父亲的快乐。为了强调他的自由，1921年3月，卡明斯和他的同伴多斯·帕索斯从莫尔穆风起程，去了里斯本——这次旅行由爱德华·卡明斯提供费用，作为完成那本书的报酬。或许是因为和丽贝卡在他们的儿子被监禁期间所经受的痛苦，大卡明斯看起来对这本书的关注，多于关注他儿子所经历的。卡明斯不是很喜欢里斯本，到了5月份，他和多斯回到巴黎。这座城市，卡明斯喜欢把它视作自己的第二故乡。

6月份的时候，伊莱恩和南希来了，他们一家三口在街上闲逛，品味美好的日子，如同他们仿佛真的拥有了一个符合习俗的传统家庭，也许是由于巴黎这个城市充满浪漫气息的缘故，伊莱恩和卡明斯似乎重新陷入爱情。巴黎允许他们保持自身是谁的梦想：伊莱恩和南希是富裕的美国人，他们住在耶拿酒店，有很多的服务人员；卡明斯是一个浪漫贫困的流浪诗人，他住在左岸的一个便宜旅馆里。

他们每天白天和晚上都要见面，巴黎能够给他们以一种新的不受阻碍的方式来经营家庭。泰勒和西格蒙德·弗洛伊德在去维也纳的途中到达巴黎，他和伊莱恩在7月28日正式离婚。泰勒给了南希一笔财产（10万美元，或者相当于今天的100万美元），当在街上碰到埃兹拉·庞德的时候，他们把卡明斯介绍给他，然后，他一贯绅士地再次把他们丢下，因为他要往西去奥地利，在那里，他所希望得到的精神上的坚定将会得到加强。

贯穿于夏季和接下来的两年，卡明斯和伊莱恩不受限制地像一个真正的家庭生活在一起了，成为越来越可爱的南希不受约束的父母，她现在还是一个学步的小孩，开始说话后，足以成为她父亲最好的伙伴。这段时间是南希关于父亲幸存的唯一记忆。“我父亲在巴黎的孤独回忆（他后来自然地喜迎自己的新家）将会被终止，在混乱之中，多年以后，在美国，在我自己的两个家庭之间，我将作为一个陌生人与他相会。”①

伊莱恩在1912年12月离开巴黎去纽约，但是她又带着很多的保姆和女仆在下一年的5月归来了，住在右岸瑞弗里大道的瓦格拉姆旅馆。她还带来两本美国版的《巨大的房间》。卡明斯很高兴见到她，但是当他检查了自己的书以后却怒不可遏，他的书被编辑大量地删改了。

尽管如此，一阵愤怒过后，他们又拥有了一切。卡明斯对他的作品充满热情，从怒气中放松下来。当卡明斯仍然在国外的时候，他的第一本诗词专辑《郁金香和烟囱》由托马斯·赛尔泽出版社出版，在纽约反响很好。当他有激情想绘画的时候，他就绘画；当他有激情想去写作的时候，他就写作。在大部分时间里，他是丈夫也

---

① 卡明斯·德·福雷特：《渡神的女儿》，第14页。

南希刚刚出生不久，伊莱恩在华盛顿广场公寓附近。1920年。

是父亲，当他想去做一个丈夫和父亲的时候。1922年的6月，卡明斯、南希和伊莱恩旅行去了法国西部，因此，卡明斯得以在塞尚的乡村作画。第二年夏天，他们去了法国的大西洋海岸，在那里，伊莱恩和南希住进了比亚里茨的卡尔顿旅馆，卡明斯则在附近的乡村租了一个女仆的房间。他们彼此相爱，又给彼此自由——就是这个理念。这个理念经常突然出现在人类的历史上；这个理念很少能实现，特别是当有孩子参与其中的时候。

卡明斯贫穷，伊莱恩富有，但那没有关系！他们没有结婚，但那没有关系！他们的女儿在法律上仍然属于另外一个男人，但那没有关系！他们（或者至少是卡明斯）偶尔和别的女人睡觉，但那没有关系！他们已经丢弃了所有的规则和压抑的习俗，彻底地进入一种全新的生活方式。在古老的艺术权力和艺术家以及他们家庭生活的权力斗争之间，卡明斯和伊莱恩看似已经达到了一种快乐的和解。“我本质上是一个艺术家，其次是一个男人。”[①]卡明斯写道，“但是，**她**根本上是一个女人。”

1924年3月，是伊莱恩纠结的时候，这让她坐立不安，她想和卡明斯结婚。当卡明斯进入他的工作，就会产生强烈的防御；在他的生活中，看似异常的被动。在他的日记中，对于自己的这种被动，有着激烈的抨击。伊莱恩想和他结婚，因此他们结婚了。爱德华·卡明斯牧师主持了他的儿子E.E.卡明斯和伊莱恩·奥尔·泰勒的婚礼，某一个中午，在坎布里奇104号欧文大街的客厅里。婚姻没有能改变什么，他们彼此都承诺，如果需要，他们将会立即释放另外一个人。卡明斯搬到了伊莱恩在华盛顿广场的公寓，保留了他的旧

① 索伊–洛桑：《E. E. 卡明斯》，第223页。

公寓作为工作室。到了4月份，三个人就是一个家了，卡明斯合法地接受了自己的孩子。这一切，都太贪图享受了吗？

尽管他的私人日记有很多页是关于他和伊莱恩及南希关系的探索，但它们全部叠加在一起却是许多困惑的感情。卡明斯看起来对于结婚非常快乐，对于成为一个父亲，对于愈加友善、好玩的毛毛球感到更加快乐。他爱给她讲故事，和她一起玩耍。他的父母认可南希是他们的孙女，喜欢她到坎布里奇和新罕布什尔来。这一切看起来就像是天堂。

乌托邦的张力在美国人的信仰里、在我们的历史上是一种最强壮的力量。1920年，格林威治村就是以它自己的方式作为另外一个乌托邦社区，待在城市的街区里。卡明斯和伊莱恩不是唯一相信人类灵魂的——它离开的没有阻碍——能够成长和创造超越所有以前的成就。如同阿摩司·布朗森·奥尔科特（Amos Bronson Alcott）在他乌托邦果园公社实验的开始，或是如同乔治·里普利（George Ripley）在布鲁克农场，又或者是约翰·汉弗莱·诺伊斯（John Humphrey Noyes）在奥奈达，卡明斯和他的作家朋友及他们周围社区的人们，相信自由来自突破了束缚他们和他们父母的古老的社会制度，以及人类社会必将到来的繁荣。他们相信，是限制造成了问题的出现，而不是自由。

伊莱恩和卡明斯结婚之后不久，伊莱恩的姐姐康斯坦丝因为怀孕和分娩得了重伤风，后来转成致命的肺炎，伊莱恩去看她。伊莱恩被摧毁了。这个像母亲一样关心她的女人走了。一个旧式的丈夫应该在现场帮助和安抚妻子失去这样一个亲密亲人的情绪。葬礼在伊莱恩的故乡特洛伊进行；地产被解决；悲痛被处理。然而，卡明斯是一个新式的丈夫，他几乎没有怎么注意到这件事情。卡明斯也

卡明斯在巴黎，27岁。20世纪20年代早期。

南希·泰勒·卡明斯，5岁时的照片。1925年。

许已经有一个对和错的固定概念，但是当要他去管理一个成人的世界，他是无用的。因为第三个姐姐在国外，或许是因为伊莱恩想离开她的新婚丈夫，她和南希，连同奶妈，离开去了巴黎。这是5月，作为《巨大的房间》和《郁金香和烟囱》的作者，作为《日晷》的供稿人，卡明斯有许多的事情要做。因为伊莱恩不在，他把绘画和颜料都搬到了伊莱恩在华盛顿的广场公寓。

有些事情已经迫使伊莱恩自行了断。她的不快乐展现的形式是和一个爱尔兰银行家弗兰克·马克德莫特（Frank MacDermot）的风流韵事，几乎是在几分钟内，她便踏上了开往法国的轮船，但卡明斯却没有注意到。

伊莱恩给卡明斯写了一封信，使他经历了电闪雷鸣般的打击。她告诉他，她现在爱上了另外一个男人，她想要离婚。然后，她出现在纽约，出现在他的工作室里，那时他正在给南希画像。卡明斯几乎不能相信自己的耳朵：伊莱恩是如此坚定。很容易推测对于一个像马克德莫特那样的男人而言，她是那样的不可抵抗，他是一个成功人士的儿子，他已经是英国统治下的爱尔兰的司法部长。马克德莫特没有时间写诗和讲笑话，创造不了人生的沧桑。对他来说，生活是严肃的，他也严肃地和伊莱恩相爱。对于卡明斯，没有事情是严肃的——或者至少他靠神话为生。

卡明斯被摧毁了，失去伊莱恩直接导致了他生活的崩溃。他转向家庭和朋友们寻求帮助。他的父亲来到纽约，鼓励他雇一个好律师，起诉马克德莫特，如果有必要的话，对他进行身体上的攻击。卡明斯去了坎布里奇和缅因州，然后在阿迪朗达克山脉和他亲爱的朋友沃森一家人在一起，找到了一些安慰。从沃森那里，他得到了一支38口径的手枪，这把枪是他的支柱，对于将来他所经历的、由于社会体制所导致的、一个又一个被监禁和失去自由的事件而言。卡明斯威胁了马克德莫特；那是一个真正的男人应该做的。然后他在伊莱恩面前拿出了枪，威胁她要杀死自己。他也考虑过杀了伊莱恩，然后自杀。但是想到南希，他放弃了这个想法。最后，他向伊莱恩屈服了，同意离婚。沃森在帕钦普莱斯的一处三楼房间里找到他的心灵破碎、被遗弃的朋友，那是一个安静的由过去的马厩改造成的公寓房间，离开第十大街，靠近在第六大道上奔跑的高架列车轨道。女人们将会来到这里，并走进卡明斯的生活；他在帕钦普莱斯4号的三楼工作室里工作将近有40年的时间。

离去已久的布雷武特旅馆是为巴斯克工人建造的房屋，帕钦普莱斯是由亚伦·帕钦的岳父塞缪尔·米利根（Samuel Milligan）送给他的，塞缪尔在隔壁建造了米利根普莱斯。房子建造于1840年南北战争之前，那时候第十大街和第六大道还不是繁华的街道，那是一个三层砖砌的行列式房屋，装有防火梯，看上去像是一个布置的场景道具，这里还有这个城市最古老的街灯柱，原来是使用煤气的，现在已经变成了电力。1917年，这里的房屋被改造了，室内有了水管设施和蒸汽热，1920年，帕钦家庭的最后成员把这个死巷卖给了一家房地产公司，他们把房子分割成了一间间小的公寓房——通常一层有两个房间，被狭窄的走廊和楼梯隔开。在街的对面，矗立着杰弗逊·马尔凯特法院的钟楼。

诗人和帕钦普莱斯的关系是他一生中最强和最亲的关系之一。卡明斯讨厌噪音——二层楼的一个收音机可以使他发疯。他鄙视不必要和无意义的为大而大，就像坎布里奇和波士顿那巨大的会客厅，它们看上去就是为了威胁到访者而建的。那小小的、舒适的、狭窄的帕钦普莱斯的风景和它可怕的安静及旧日时光的细节，不可能发生在宏伟的、自我意识强烈的建筑风格上，诸如哈佛大学的远处。如果帕钦普莱斯不存在，卡明斯也许会自我发明一个。“西布利最初给我的、几十年来在帕钦普莱斯4号顶层背后的房间，意味着安全、和平和真实的梦想，工作的快乐。”1949年，卡明斯在他给希尔德加德·沃森的信中写到。

到了11月份，卡明斯在伊莱恩的要求下又到了巴黎，但是这一次是为了他们的离婚。他用越来越多的时间去看可爱的南希，尽管后来她只记得一些他们在一起的时间碎片。他们去香榭丽舍大街骑旋转木马。他再一次地想说服伊莱恩不要离婚。他又把手枪带到了巴黎，计划射杀马克德莫特，或者他自己，或者他们全部。

他是如此不安。他在一个下午去访问伊莱恩——他一直听着那嗓音，在她公寓的门后面，他确信他们中的一个人是马克德莫特。卡明斯这时期的日记读起来充满痛苦。他责难自己，绘图作解他和伊莱恩哪里出了问题，他作为一个男人哪里做错了？对于将失去的女儿，他感到极度痛苦。“我爱她胜过任何活着的生命，”他写道，“她不爱我……我要帮助她——尽管这是我希望去做的最后一件事情，我将要放弃她。**但是！！**如果这动机真的是：我**真的不希望**伊莱恩和南希**非要去战斗**，为了他们两个：……我正在放弃他们，因为我是一个懦夫——我最好是**死掉！**”[①]离婚判决书在12月4日下达，被摧毁的卡明斯通过利维坦回到纽约。

卡明斯和伊莱恩最后离婚的两年中，在他和女儿之间将会发生很多事情。尽管伊莱恩嫁给了马克德莫特并且搬到了纽约——先是去了郊区，然后到了城市——伊莱恩病了，南希病了，律师介入

①霍顿图书馆、哈佛大学图书馆，卡明斯档案文件Bms Am 827。

了，卡明斯被他的工作、新的感情和一个刚刚开始的家庭悲剧弄得心烦意乱。尽管他可以去看南希两到三次，总是陪伴着——他心碎地在多年以后想起，有一次他听7岁的女儿唱歌——探望是短暂的和不愉快的。卡明斯和马克德莫特彼此强烈地憎恨，1926年，马克德莫特和“他们的”女儿永久地搬回了爱尔兰。他们的计划是掩盖南希的历史，关于她的养父和她的亲生父亲的真相。南希不知道卡明斯是她的亲生父亲，直到多年以后，那是一条使她的世界轴心倾斜的消息。她足足有22年，没有再见到他。

第七章
安妮·巴顿和约瑟夫·斯大林

威廉·詹姆斯是埃斯特林·卡明斯非正式的教父，他是爱德华·卡明斯的好朋友，卡明斯家在坎布里奇欧文大街的房子与在欧文大街另一侧的詹姆斯的房子离得很近。卡明斯家购买的新罕布什尔的乔伊农场也离詹姆斯家在银湖的房子很近，毕竟，詹姆斯需要间接地对卡明斯的存在负责，是他把他的助理研究员丽贝卡·克拉克介绍给了他的朋友爱德华·卡明斯。威廉·詹姆斯的儿子比利（Billy）会成为埃斯特林·卡明斯最亲密的朋友。

在威廉·詹姆斯的帮助下，使卡明斯相信了，写作是一个高尚的职业。詹姆斯的工作就像他的人生一样，对于年轻人而言是有教育意义的。他最伟大和最重要的书《多种多样的宗教体验》特别真实，詹姆斯写了各种不同类型的男人——特别是像卡明斯这样的男人，以某种方式在童年的世界之外找到自己。

在第八次演讲中，詹姆斯写到一件令他陶醉的事情，这也令那些有创造性的人陶醉：两个或更多个有相反性格特征的人如何能够汇集在同一个人的身体或出现在他的品格里？在他的演讲中，詹姆斯通过法国小说家阿尔丰斯·都德的背叛和他与道德无关的忏悔的双重性把问题提了出来。

“人的双重性，人的双重性！”[①]都德写到。

> 在我的兄弟亨利死的时候，我第一次感知到我是两个人，当我的母亲引人注目地大哭着：“他死了，他死了！”当我的第一个自己在哭泣的时候，我的第二个自己在想：“这哭是多么的真实啊，如果在剧院里，它将会是多么的感人呀。”我那时候14岁。
>
> 这可怕的二元性经常让我看到事物的反射。哦，这可怕的第二个我，当另一个我在步行、在行动、在生活、在受苦、在激励自己的时候，那另一个他却总是同时淡然地存在着。这第二个我，从来不会陶醉、流泪、睡觉和判断，这是多么的嘲弄人！

作为一个成人，卡明斯面对着分裂的自我，有时候他遭到自己的另一面的破坏。最明显的是他对字母“I”的使用。在他的诗歌和一些散文中，他创造了个性十足的小写字母“i”。这个小写字母有很多的来历，来自乔伊农场朴素的杂务工给希腊语诗人的留言条。

在乔伊农场某个夏日的清晨，卡明斯在写日记的时候，回顾起他早年的生活，感到大写字母“I”有不确定的双重性——换言之，E.E.卡明斯，“它对我意味着清楚地区分两个‘是’，决定我将会是哪一个。”在书写中，他提示了对自我的仇恨、他的玩笑、他自我意识的强健，他描述了卡明斯的双重性。

一个我是“早饭前的自己”[②]，卡明斯写道：“他是矮小的、可恨的、武断的——特别是在面对女人的时候。女人不是婊子就是傻瓜。她们没有灵魂。她们总是从你这里索取——从来不给你什

①威廉·詹姆斯：《多种多样的宗教经验》（*Varieties of Religious Experience*），第234页。
②霍顿图书馆、哈佛大学图书馆，E. E. 卡明斯的保密文件Bms Am 1892.7 (217)。

么。”卡明斯这一面的性格是尖刻的、势利的、偏激的，卡明斯有一句自我嘲讽的话，“多么的令人遗憾啊，他不得不从这个污浊的世界里出生!”

另一个我是早饭后的自己，是“热情的、快乐的、爱冒险的、敏捷的，有着强烈的幽默感——世界对他来说是连续不断的惊奇……如果他犯了大错，他首先是微笑着谈论它。如果某个人赢得了他的爱，他会忠诚到死。”

卡明斯进一步深入阐释了对一些自然景观和生命的观察，诸如：太阳的照耀让草地上的露水变干了，鸟儿在他窗外的篮球场地上飞起又落，尽情地嬉戏着，望着眼前祥和的风景，他理解了蒙田的名言“命运对我们不好也不坏”。[①]因为，“在他身体里面有成百上千万的个体觉醒着——演变着，根据他所变成的那个人，命运将会显示出敌对的或是仁慈的，这由他自身决定。他全心全意地接受这个职责；把它看成至高无上的。”

1926年，极大的压力粉碎了一个强壮的灵魂，卡明斯的精神分裂了。他和伊莱恩关于监护的战争正处在一个最终的、悲伤的时刻。他被迫同意在1927年3月去看南希，在他强烈拒绝取消他对她的抚养权之后。伊莱恩病了，有很多理由可以不抚养南希。卡明斯的母亲给伊莱恩写了信，对于自己将失去南希表示了愤怒。最后他被允许和自己的女儿在一起待一个小时。她看上去又小又苍白，但是像以前一样顽皮而又生机勃勃。这是他们的最后一次相见，直到南希结婚，并有了自己的两个孩子。

另外，一个失败就在眼前。早在1926年，爱德华·卡明斯——

①霍顿图书馆、哈佛大学图书馆，E. E. 卡明斯的保密文件Bm Am 1892.7 (217)。

一个站在讲道台前体现上帝的力量和仁慈的男人——失去了牧师工作。两座坎布里奇教堂合并了，他不再被需要。埃斯特林·卡明斯这一次非常高兴，欢呼他父亲的生活能够被另一种方式所取代。“你只看到你失去了教堂，但是事实不是那样的。”[①]卡明斯劝诫他悲伤的父亲。“他看着我。‘在失去教堂的时候，’我说，‘你已经进入了真正的世界。你是人世间的人：为什么要否定它呢？我们面对面站着。‘只有很小一部分的你适合在教堂。’我几乎是生气地说——剩下的你的大部分都依然在尘世。’”

他的父亲，像一个孩子一样用拳头猛烈地砸门；那当然很痛，但是这样他感觉解放了。“我祝贺你。”卡明斯对这个老年的男人说。交谈结束于亲切的拥抱。尽管爱德华·卡明斯很沮丧，但一家人在乔伊农场还是有了一个美妙的夏天。

后来，当卡明斯回到帕钦·普莱斯4号三楼的工作室时，他又看到窗外低低的城市屋顶，听到远处不断传来第六大街高架轨道的轰隆声。他的父母现在正在坎布里奇欧文大街的家中，丽贝卡寄给他的儿子一封长信和一些领带——对于那些东西，卡明斯当然很少使用，但是一位母亲寄来的是关心和希望。卡明斯快乐地给母亲写了回信，感谢母亲的关爱。那是他在很长的一段时间内给坎布里奇的家写的最后一封信。他推荐母亲读西格蒙德·弗洛伊德的作品，他曾在夏天过后回纽约家中的火车上阅读过它。他向母亲汇报，他正在为《名利场》（*Vanity Fair*）写大量的文章，他的戏剧《他》就快要完成了。

于卡明斯而言，在他快乐的时候，写作所需要的清晰的思路似乎到来了，默默无闻几乎就像是一个避难所，让他从讨厌的感觉里

① 肯尼迪：《镜中的梦幻》，第285—286页。

逃离。这封特殊的信，是卡明斯使用所有语法的最具独创性的一封，没有遮掩。“我自已似乎完全是像平常一样横冲直撞。”[①]他写道，“如果繁忙和快乐的意义是一样的，你谦逊的仆人将会需要一只手或者是三只手”。

诗人卡明斯在1926年的夏天和秋天当然非常繁忙。《郁金香和烟囱》已经出版了三年，当他着手开始写其他诗歌的时候，他的诗歌依然在公众意识里产生反响，《和》(*AND*)和《诗歌四十一首》(*XLI Poems*)，于1925年出版，另外一首，《是5》(*IS 5*)于1926年出版。《郁金香和烟囱》出版的时候，卡明斯还是一个年轻人，从摆脱各种各样的监狱获得自由的巨大安慰受到激励，包括清教徒的坎布里奇和法国的马塞堡，所收集的大部分诗歌都是卡明斯真正意义上最好、最有名的诗歌。《全部绿色中》《正是在春天》《野牛比尔》《我坐在麦克索利》《坎布里奇的女人》，这本书是一位年轻人开垦的诗歌宝藏，而且他还是一个经历了很多奇事的勇敢的冒险家。

在以前，开车从坎布里奇到银湖是一个很长的旅程，首先从中部到新罕布什尔的康科德，然后向西通过地方公路，到温尼珀索基湖再往东部开，再从东部转而到奥西皮山脉和怀特山的峰顶，在彻科鲁瓦山多岩石的山顶可以俯视银湖和远处的华盛顿山脉。1926年11月2日，卡明斯的父母为了中秋的访问，从乔伊农场返回。这对夫妇，都已经60多岁了，体力却没有衰减，他们开着那辆雅致的、外形很酷的富兰克林小汽车，它拥有巨大的、表面闪着光的挡泥板，长的发动机在乘客座椅前方，小的挡风玻璃是爱德华・卡明斯最新的来自汽车的骄傲和乐趣。

---

①卡明斯：《书信选集》，第111页。写给丽贝卡・卡明斯的信，信件注明日期：1926年9月13日。

他们都渴望到达银湖的家。坎布里奇那个世界有些令人不快——爱德华·卡明斯被教堂抛弃，失去南希——但在他们前往北部去的时候，这些感觉好像都消散了。那是一个晴朗的日子，他们离开欧文大街，往东驱车122英里。空气中可以闻到秋苹果和树叶混杂在一起的清香。很快，坎布里奇的树叶被季节染成红色和金色，然后纷纷飘落。当他们穿过新罕布什尔，冬天已经来到北部的乡村——很多的树已经秃了。当他们靠近缅因州边境新罕布什尔东面的奥西皮山脉，天空已经飘起细细的雪花了。慢慢地，银白色的雪花，旋转在蓝色的天空之下。然后，开始真正地下雪了。即使是对于遥远的北方，这样的雪还是来得太早了，卡明斯一家还没准备好。

尽管相对于卡明斯的第一辆汽车来说，富兰克林有了巨大的改进，它已经由一个发动机链来运行。在1926年，开车仍然是一个大冒险，特别是在北部的新罕布什尔。铺砌的道路，看上去总是很脏。从坎布里奇到银湖，他们一路上遭遇了很多的家畜和马车造成的交通堵塞。1920年的汽车仍然容易有不可预知的故障，道路也存在不曾预料的问题。

丽贝卡开着富兰克林，当他们攀登到山峰高一点的地方，雪下得更大了。他们通过了温特沃斯河和沃尔夫伯勒小镇，雪已经在路上堆积起来。雪变得越来越大，能见度也降低了。爱德华·卡明斯坚持让丽贝卡把车推到狭窄小路的一侧停下来，他清理一下小小的、高高的挡风玻璃。雨刮短小而且原始，在把雪往前后推开的工作中，效果很差。他用手清除了玻璃上的积雪，但是几分钟后雪又遮盖上了。丽贝卡就这样几乎是半盲地在路上开车，雨刮有节奏感地响着。

前方有铁轨嵌入路中间，径直穿过路面的一个锐角，现在隐藏在大雪之中了。丽贝卡进入了笔直的路面，那里有较好天气的时候，他们总是能一眼瞥见彻科鲁瓦山引人注目的岩石顶峰。轨道仍然在那里，路的表面没有信号，没有变化，林木线在路肩。很容易看到丽贝卡专心向前开车，却看不到什么正从她的右后方冲向她。巨大的波士顿-缅因州蒸汽机车从树木中出现，它正从沿线的罗契斯特市奔向北边的丘陵间低地新罕布什尔。火车头的机师看到富兰克林小汽车穿过雪域向轨道进发，拼命地试图踩刹车来停止发动机和运煤车的铁轮。太晚了！火车头可怕地出现在富兰克林的上方，然后把它撞成了两半。爱德华·卡明斯当场就死了。丽贝卡·卡明斯奇迹般地被扔得很远。

这个时候，火车尖叫着停了下来。“当两名制动员从停顿的火车上跳下来，他们看见一个女人站立着——眩晕的，但是站立着——在一辆成了破铜烂铁的汽车旁边。”[①]卡明斯写道，“这些男人扶起我66岁的母亲，试图把她带到附近的一个农家；但是她挣脱开，径直大步走到我父亲身旁，指导着一群惊恐的围观者们将他掩埋。当这一切完成（直到那时），她才让他们带她离开。”丽贝卡·卡明斯被带到了沃尔夫伯勒的医院，这对夫妇之前到过的小镇。不合时宜的雪让新罕布什尔到处都停电了，甚至是医院。丽贝卡头上的伤由一个乡村的外科医生在烛光下帮她缝合。

当卡明斯的妹妹伊丽莎白带着这个噩耗上门来的时候，他正在朋友莫里·维尔纳（Morrie Werner）的公寓和他的新爱人——性感而直率的安妮·巴顿（Anne Barton）吃节日的晚餐。兄妹两人第二天乘北去的火车来到丽贝卡身边。“我的妹妹和我进入乡村医院的一个小而黑暗的房间，”卡明斯回忆道，“她还活着……为什么，

① 卡明斯：《我的六次非演讲》，第12页。卡明斯于第二天面见了火车制动员。

脑科医生不能想象。她想的唯一一件事就是到她最爱的人身边去。他离她是这么地近，但是她却不能触碰到他了。我们说着话，她能辨认出我们的声音。渐渐地，她开始意识到，如果她也死去，对于还活着的孩子们将意味着什么；慢慢地，奇迹发生了。她决定活下去。”[①]她的孩子们的愿望以某种方式给了她新的力量，几个月之后，她被转移到了波士顿的彼得·本特·布里格姆医院，在那里继续康复治疗。

一年当中，卡明斯失去了女儿和父亲。卡明斯把自己扔进工作里以及他和巴顿命中注定的病态爱情之中。这个女人，即使是在他们关系的一开始，就不知道怎样去忠诚于一个男人。

卡明斯和安妮·巴顿通过维尔纳（Werner）介绍相识，他是卡明斯的一个新朋友，在哥伦比亚和布朗在一起。维尔纳是为《纽约先驱论坛报》（*New York Herald Tribune*）工作的一位传记作家，他写了P. T.巴纳姆（P. T. Barnum）和杨百翰（Brigham Young）的传记。他和著名作家黑兹尔·霍桑（Hazel Hawthorne）[②]结了婚。

一个来自贫穷家庭的美丽女孩儿，被她的父亲骚扰过，安妮·巴顿曾经嫁给富有魅力而不安定的纽约艺术家拉尔夫·巴顿（Ralph Barton），并且和他生有一个女儿，她比南希小一岁。卡明斯有关她的代表性的讽刺诗，写于10年之后，这是她的一个简明的肖像：

安妮在不久前死了

①索伊-洛桑：《E. E. 卡明斯》，第304—305页。

②莫里和黑兹尔是我童年亲切的固定玩伴。特别是黑兹尔，在我们家搬到郊区以后的一些晚上和很多的周末，她成为我和我兄弟的临时照顾者。

莫里·沃纳。

安妮·巴顿。

以上两幅肖像由卡明斯所绘。

从来没有那样的一个性伙伴——
她，在她的手推车里，首先是
父亲（“不要告诉你的妈妈”）已经；
使得安妮轻微地发疯
但是在床上却很绝妙
——圣徒和色情狂，走你的路去吧

青年和少女们：
让我们来祈祷。

安妮的性格和处境与伊莱恩恰恰相反；她狂野、有趣，总是需要钱，非常的性感，只要她进入任何一个房间，所有男人都会激动起来。一点也不像那曾经给他带来悲痛的，矜持、羞涩、公主般富有的女人伊莱恩，安妮代表着一种卡明斯钦佩和渴求的自由。

安妮·巴顿声称自己自由，在事实和在原则上也的确一样。当她和卡明斯结婚之后，仍然去看别的男人——特别是一个富裕的求婚者，给她买了很多好东西，并承诺给她一笔钱安置她的女儿戴安娜。她所有对自由的谈论，都给卡明斯带来很多烦恼。

几乎就在他遇见安妮的同时，卡明斯收到一封来自他的朋友西布利·沃森的信，由沃森现在发行的杂志——《日晷》授予他年度诗歌奖，同时寄来的是一张两千美元的支票和极为诱人的历次得奖系谱；汤姆·爱略特在1922年获得这个奖项，玛丽安·穆尔于1924年也获得过。

总而言之，这看上去是个很好的主意，卡明斯决定带安妮和戴安娜去巴黎，再顺道去威尼斯，用《日晷》给的奖金让她离开那些男朋友，提供给她一些金钱买不到的东西，巩固她对他的忠诚。当然，这豪华而昂贵的实验没有产生效果；卡明斯在回家之后，要为她的背叛分散他很多精力。安妮在他身后仍然回到调情中去，而他则立即前往银湖去工作了。这次在新罕布什尔，他紧张地创作出革命性的剧本《他》，当他回到纽约之后，继续在秋天里写作。

是玛丽安·穆尔开启了卡明斯在戏剧方面的工作，她让他为《日晷》写一些戏剧形式的稿件。尽管穆尔不是卡明斯最亲密的朋友，但却是他最固定的赞助人和欣赏者。作为《日晷》的编辑，她参与了让卡明斯得到日晷奖项的工作，以及很多任务的分配和作品的发表。穆尔的诗歌后来赢得了普利策奖和国家图书奖，在卡明斯的朋友圈里，她已经是一个强大的人物。她的披风和她的三角帽使她看上去有点古怪；她也是庞德的好朋友，是拉雪兹的盟友。希尔德加德·沃森记得自己曾为她意乱情迷，当她在一个音乐会上最后碰到穆尔的时候。"因为她迅速站起来迎接我，使我注意到了她的眼睛，从她黑色的水手帽宽阔的帽檐下面突然意味深长地出现在我眼前，她红色的头发是那样耀眼。"①

关于戏剧创作，卡明斯开始的时候相信没有现代的剧院、没有"新的"剧场像拥有新的诗歌和艺术那样拥有他、庞德、斯坦因、洛厄尔所写的诗歌以及拥有毕加索、布拉克和莱热的绘画作品。现代主义的革命以某种方式跳过了剧场。真正当代的剧院在剧场之外：它是国家冬季花园的滑稽戏、杂耍和马戏团。

卡明斯希望《他》能成为第一部现代主义的戏剧。用一个露天的舞台，在演员和观众之间，演员的第四堵墙是无形的空间，他写

①沃森：《森林的边缘》，第99页。

了一个奇怪的剧，关于男人和女人——他和我——充满了超现实主义的意象和疯狂的戏剧的冲力。在一个场景中，"他"试图引诱"我"——一个场景接着一个场景，"我"做了一次流产——卡明斯看似受到了弗洛伊德的影响，或者大概是从他和伊莱恩以及安妮的经历中感受到或学到很多智慧。"想象我一点儿也不是你认为的那种人"，"我"警告"他"，"想象你爱上了你虚构的某个人——某个完全不是我的人。现在你试着去体会；但是没有用，因为最美好的事物由他们自己生发"。[①]

就开始了解在男人和女人之间爱的时候复杂的舞蹈而论，剧本似乎比剧作家们写得要强。永远和安妮·巴顿捆在一起，一个看上去热情的爱着他、同时也热情地爱上许多别的男人的女人，卡明斯再一次地发现自己陷入一种情绪上的苦恼之中。这一次，他去看西格蒙德·弗洛伊德的一个朋友和学生，弗里茨·（齐格弗里德）·维特尔[Fritz (Siegfreid) Wittels]，一个奥地利人，他最近在纽约开设了精神分析练习所。维特尔是弗洛伊德两性研究方面的毕业生和维也纳方济会的成员，在他去纽约社会研究新学院演讲的时候，制造了性丑闻，那时，他正与三任妻子中的第二任在一起。

卡明斯作为一个病人去维特尔那里始于1928年，就在维特尔刚刚到达格林威治村、打发他的业余生活之后，尽管卡明斯并没有服从于精神分析疗法。维特尔立刻就注意到卡明斯的恐惧来源于他自己对男子气理解方面的问题。难道他只是一个男孩在一个男人的身体里吗？当他去处理和伊莱恩及有男子气的弗兰克·马克德莫特之间的事情时，他只是扮演了一个淡漠的、无力的小男孩？安妮·巴顿不能够忠

①诺曼：《魔法制造者》，第225页。

于他，难道是因为他自己做一个男人很失败吗？他纤瘦的身体是问题的一部分吗？

卡明斯不想和安妮结婚，有很好的理由；但是维特尔似乎要说服他，这是他的孩子气，不负责任。一个真正的男人将会承担一个妻子和孩子的责任——即使是一个疯狂的妻子和别人的孩子。维特尔似乎认为婚姻是一个人进入成年的通道：现在，和安妮结婚，卡明斯将会成为一个男人；也许那真正是一个坏主意。“我们从弗洛伊德那里知道，被压抑的性本能使得男人神经过敏，以至于整个时代都中毒了。”维特尔写道，“我们所不知道的是，从前清教徒的兴起对事情也没有帮助”。[①]

卡明斯就是这些清教徒之一。他不想和安妮结婚，但是维特尔和安妮两个人一起的力量是难以抵御的。卡明斯和安妮于1929年5月1日结婚，在第二十大街、第四大道的所有灵魂神教教堂，丽贝卡和伊丽莎白·卡明斯出席了婚礼。新郎和新娘都喝醉了。“他们烂醉了很多天，”在场的爱德蒙·威尔逊写道，“卡明斯洗了好几次澡，一次接着一次；他感到他的胳膊和腿都已经麻木了……安妮去睡觉，睡了好几天，不能醒来……典礼之前可怕的时刻，然后，当所有的事情都变得满不在乎和熟悉之后，他们开始彼此厉声讲话”。[②]

当卡明斯的私生活转向另一个灾难性的变化，看似反证了他的信仰：“命运对我们来说既不是天使也不是魔鬼。”他的职业生涯继续赢得了人们的尊重。作为一个男人，他盘旋在孤独的苦恼之中；作为一个作家，他从来没有如此地受欢迎和成功。自始至终，他的人生，私生活和职业生涯看起来奇怪地相互分离。当一个进展顺

①维特尔：《弗洛伊德和孩子及女人》（*Freud and the Child Woman*），第38页。
②索伊-洛桑：《E. E. 卡明斯》，第323页。

利，另一个就会沉陷，反之亦然。如今，在20世纪20年代，他的职业生涯看起来进入了荣耀时刻的轨道。一部分原因是因为普罗温斯敦剧场《他》的上演得到了巨大的关注和评论，卡明斯是制作人。卡明斯喜爱《他》剧本的护封，他在剧中欢呼“清醒的疯狂、冒险的愉快、优雅的非礼”。[①]爱德蒙·威尔逊在《新共和国周刊》发表了一篇赞美的评论。

《他》激发了忠诚和绝望。有21个场景和72个人物，105个演员的阵容，这些演员被卡明斯幽默的能量和活力聚集在一起。一些批评者说他们看不懂。“使人疲惫，自命不凡，空虚。”亚历山大·伍尔科特（Alexander Woollcott）说道。有的人推崇它。在某一时刻，当演出像《玛丽·杜根审判记》（*The Trial of Mary Dugan*）和《百老汇的香农河》（*TheShannons of Broadway*）一样成功时，《他》则更加的不同寻常和古怪——几乎是完全新鲜和不一样的。沃尔特·温切尔（Walter Winchell）写了一篇长长的、混合的评论，但是他明确的否定仍然被许多不记得这篇文章的主题和作者的人经常引用——他写道，观看《他》：“常常像是在黑暗之中踩着什么极其肮脏的东西。”[②]凭借詹姆斯·莱特和埃莉诺·菲茨杰拉德这样思考的前锋——普罗温斯敦剧场的董事们和尤金·奥尼尔的支持，总之，这个剧出品了。因此，卡明斯在剧院的生涯开始了，像这出剧目一贯那样的有争议和超出盈利预算。

在《他》创作完成，以及他和安妮在欧洲度过蜜月之后——这期间没有他的母亲和戴安娜，孩子被放在瑞士的一所寄宿学校，从1920年到1930年间，他们选择了专门照顾高年级孩子的老师——他

---

①索伊-洛桑：《E. E. 卡明斯》，第226页。

②诺曼：《魔法制造者》，第254页。

和安妮搬到了巴黎。卡明斯在那里决定办一个去俄罗斯的签证。

1920年的俄罗斯是一个反对独裁主义的乐土，特别是对美国的资本主义、商业主义和唯利是图厌烦的男人和女人们。对于很多艺术家而言，在社会的理念竞争中，看起来天才被一个仁慈的国家所取代。他们了解了全部情况。俄国是无产阶级革命成功的一个场景，很多艺术家是根本上的无产阶级。商品及服务是根据需要来分配而不是根据贪婪来分配的理念具有强大的吸引力。约翰·里德俱乐部，以卡明斯在帕钦·普莱斯的前邻居命名，在纽约的艺术家和作家之中很有名，他们痛恨对金钱崇拜的文化，在俱乐部里，他们能够找到自己。里德本人是一种形式的英雄——另外也是一个哈佛的英雄。

俄国的十月革命推翻了对上帝的赞美诗和金钱这一对孪生兄弟——对于这两样东西，卡明斯有着复杂和热烈的感觉。作为一个儿子，他已经拒绝了宗教，作为一个哈佛的儿子，对于他所成长的地方富裕的坎布里奇邻居们而言，他已经拒绝了金钱。因此，在1931年，他和安妮住在巴黎的时候，卡明斯决定到那个看起来发生伟大与光荣革命的土地上去寻找自己。那些已经去访问过俄国的朋友们回来，带回了关于这个新世界的热情洋溢的报告，在那里，创造性得到奖赏，富人都很谦逊。多斯·帕索斯已经去过那里，莫利·维尔纳也去了。卡明斯巴黎的朋友路易斯·阿拉贡对于这个新政府的模型没有说太多好的东西。对于卡明斯，他的生活和工作已经立足于解放的原则和对权威的推翻，俄国革命是吸引他和不可抵抗的。他的一个俄国朋友鼓励他去那里，用一种怀疑的卡明斯式的方式说："春天不在别处。"1931年4月，卡明斯发电报向母亲要钱。他申请了去莫斯科和基辅的旅游签证。5月，他带着礼物和打字机，以高度的兴奋之情坐上开往莫斯科的火车。

当火车穿过波兰边境驶入苏联的时候，这个如梦幻般旅行的麻烦开始了。火车停了下来。穿着制服的严肃男人反复地进行搜查。火车行驶的时候，在二等车厢内忽然拥进来一大群可怕的乘客，他们成为卡明斯苏联之行有趣故事里的中心亮点。当卡明斯向他的听众讲述他在苏联边境所遭遇的荒谬时，那美丽怡人的乡村风景和脏乱可怕的城市之间的区别，他的样子就像是一台噗噗冒气的蒸汽发动机。“不可阻挡地，有一根魔杖在挥舞；奇迹般的现实粉碎了；我在哪里？……在一个这样的世界——每一样东西都是粗鄙的；四处是肮脏和指甲的划痕——至于我……我被一个士兵监视着。”[①]因此，卡明斯在《我是》中描写了从波兰到苏联的变化，写出了关于他旅行的记忆。

当火车最终抵达莫斯科，卡明斯差点错过了和一个朋友的约定，朋友答应在车站接他。他最后入住在昂贵的大都会酒店，被一个人带领着，那个人，实际上是卡明斯终其一生都在躲避的那种人——哈佛的婆罗门亨利·华兹华斯·朗费罗·达那（Henry Wadsworth Longfellow Dana）。达那自告奋勇，做卡明斯在这个革命新世界的向导——他成为《我是》里讽刺的页面上卡明斯私人的维吉尔（Virgil）。半是古老的船夫，半是政治宣传的机器，达那快把卡明斯逼疯了。

在大都会酒店里，卡明斯花光了兜里的钱，他的向导耗干了他的耐心。达那围绕着他们的所有谈话内容都包括废除宗教自由和每一种不适合于卡明斯的自由形式。“你全部的麻烦，”达那告诉卡明斯，而他那时正在试图小睡一会儿，仅仅是一会儿，“就是，像很多人一样

① 卡明斯：《我是》（*Eimi*），第8页。

被宗教抚养长大，不能够容忍废除它的理念。”[①]卡明斯几乎只能用一个哼哼去回应他。“什么?”“是科学废除宗教。”达那解释道。当达那对他长篇大论的时候，卡明斯没有反应，达那还说他没见过世面、孩子气、小气。他们去了剧院和作家俱乐部，达那把他介绍给其他的美国人。达那看起来是共产主义信徒，卡明斯花了一点时间去关注他们的谈话，发现谈话总是追随着穿着制服的、同样一律没有笑容的男人们，他们是斯大林可怕的俄罗斯秘密警察组织GPU的成员，也是国家安全委员会克格勃KGB的前身。

卡明斯在苏联度过了一个多月的时间，访问了基辅，最后途经君士坦丁堡和土耳其，离开了这个国家。他还遇见了一些很了不起的人物，他们是：杰克·伦敦的女儿琼·伦敦和她的丈夫；最伟大的导演莉莉·布里克（Lili Brik）和演员弗谢沃洛德·梅尔赫德（Vsevolod Meyerhold），他们的关于剧院的看法和卡明斯十分相似。但是他发现了苏联更令人失望的地方。那不只是因为人们对政府害怕——可能极权主义比资本主义更糟糕——或者是斯大林的洗脑以某种方式在空气中弥漫。例如，虽然他和梅尔赫德看似进行了自由的谈话，但他在1939年被斯大林的政府逮捕了，并且被拷打，1940年，他在重刑之下认罪伏法。

对于卡明斯来说更糟糕的是，宣传机器让很多的聪明人成为它的奴隶。他们好像对所看到的视而不见。他们的虚伪令人震惊和害怕。尽管恐惧、调查和失踪就在他们的眼皮底下发生，男人和女人们，如亨利·德纳（Henry Dana）仍继续滔滔不绝地讲述关于革命的高贵实

① 卡明斯（Cummings）：《我是》（*Eimi*），第51页。

验的陈词滥调。那些对于普遍的恐惧和具体的精神缺失选择熟视无睹的人，令卡明斯感到厌恶。在斯大林领导之下的苏联，那些疯狂和乳臭未干、追逐权力的男人后来被充分表现在乔治·奥威尔的讽刺小说《动物农场》中。卡明斯通过它，立刻看到了政治宣传的虚伪。

卡明斯被他格林威治村和巴黎的“左倾”朋友说服。现在，他摆出了一副对政治模糊的面孔。斯大林统治下的社会使他害怕和恐惧。他憎恨影响着人们、强迫人们去顺从的暴政。在他的余生中，卡明斯一直没有忘记他去苏联的经历，在那里，他看到了人们所付出的代价。

卡明斯离开苏联的时间是1931年的5月10日。到了7月14日，他又动身前往纽约，他在那里的私人生活酿造出的失望是一种私人标准。几乎他一离开巴黎，安妮就发现自己怀孕了。不只是因为他正在旅行，而是因为苏联的审查制度，卡明斯没有收到她的来信。她决定流产，回到纽约做了手术。在她最需要她丈夫的时候，他失踪了；因此她转向了别的朋友，包括那个富裕的男人，他是卡明斯的情敌，她一直以来都喜欢着他。等到卡明斯把戴安娜从瑞士接回来，和她一起回到纽约的时候，他的第二次婚姻开始走向灭亡。

现在，他的婚姻变成了一个噩梦。安妮的前夫拉尔夫·巴顿，也就是戴安娜的父亲，在5月19日自杀了，她哀悼一个男人的这种情绪辐射，不是卡明斯所能控制的。回顾往事，安妮就是一个酒鬼。就在爱德华·卡明斯死的时候，丽贝卡·卡明斯把乔伊农场的拥有权转让给了他的儿子，在他看似慷慨大方的妻子的劝告之下。丽贝卡爱孩子，或许是她已经被戴安娜在乡下的表现带来的乐趣所感动。现在，因为这个遗产，安妮开始威胁卡明斯她要得到乔伊农场。她投入了别的男人的怀抱。她醉酒，在卡明斯的朋友们面前让他丢尽了脸，她抱怨他在床上表现得不够好，吹嘘她的情人们有多棒[①]。

但是当谈到乔伊农场的归属权和卡明斯合法的自由，安妮的不忠将是对她自己毁灭的最好注脚，而对卡明斯来说则是救赎。到了1931年年底，她有了另外一个稳定的情人，一个独断的牙科医生，他经常打她。很快，她怀孕了，是他情人的孩子。6月，她为离婚判决书去了墨西哥。她还是不愿意舍弃乔伊农场的份额，她和卡明斯都雇了律师，谈判接踵而至。

卡明斯威胁说要取消墨西哥的离婚。在他的第一次婚姻之后，他已经失去了他的朋友和赞助人斯科菲尔德·泰勒，还有他和女儿之间的联系。在他的第二次婚姻之后，他害怕失去这个世界上他感觉最像家的地方——乔伊农场。

1932年5月，卡明斯得到消息，他的朋友哈特·克莱恩死了[②]。他在从墨西哥回家的一艘轮船上跳了下去，显然是自杀。

①霍顿图书馆、哈佛大学图书馆，卡明斯档案文件Bms Am 176。

②克莱恩一直和考利的前妻佩吉一起旅行。据我父亲所说，克莱恩突然闯进美容院，说他必须要和她谈话，那时佩吉正在剪头发。佩吉已经抛弃了他。他离开房间，从船上跳了下去。

第八章
《我是》和玛丽安·莫尔豪斯

《我是》(*Eimi*)，卡明斯的第二本回忆录，创作于1931年5月10日，那是一个星期天，他正乘着从巴黎开往苏联的火车穿过波兰，书完成于6月14日，那也是一个星期天，共443页，那时他同样是在火车上，穿过瑞士回法国。书的题目，希腊语意思是："我是"，这是一个身份的宣言，由卡明斯长达一个多月的访问激发而起。

在他1931年访问苏联之后，记者林肯·斯蒂芬斯在10年前就有著名的惊呼："我已经越过了未来，它成功了。"[①]很多卡明斯的朋友和同事都同意这一说法。但是，1931年7月，就在卡明斯刚刚从苏联返回之后，一位从《芝加哥论坛报》(*Chicago Tribune*)来的巴黎的记者采访，表露了第一个有争议的暗示，令人惊讶地对卡明斯的苏联之行做出反应，他的意见是：那些正在发生的事情将会更加尖锐，随着时间流逝，在斯大林统治之下的现状会变得更糟。

卡明斯向《芝加哥论坛报》记者唐·布朗解释说，苏联非常可怕、非常危急。卡明斯喜欢苏联人，但是不喜欢苏联，更令人惊讶的是，他不喜欢共产主义。"苏联人民快乐吗？他们给我这样的打击：他们只是喜欢受苦，受着像地狱一样的苦，所以他们必须快

---

①林肯·斯蒂芬斯(Lincoln-Steffens)：《自传》(*Autobiography*)，纽约：哈考特布雷斯出版社，1931年，第875页。

乐。你知道多斯托维斯克（Dostoevski）……人们谈论着在美国生活的负担和不安，而那简直不能与莫斯科相比。”他说，“是否你会对这些可能要去死的人发出嘘声，他们会说去你的……他们在一个特别紧张的环境里。”①

“卡明斯去苏联，带着一双洞若观火的眼睛，本来没有工作要做。”克里斯多夫·索伊-洛桑写道，“但是他在那里的经验，帮他创造出了一个工作事项。作为第一手的目击证人，他看到了斯大林所领导下的这个国家的贫困和悲哀。”②

《我是》描写了一个可怕的、地狱般的地方，那里恐惧的人们在他们令人绝望的、单调的习惯里跋涉，被政治的观光客折磨去看伟大的实验，不准超越GPU的恐吓和威胁，他们知道每一个人的每一件事情。或许对卡明斯压抑的一个解除，便是大量畅饮《我是》里面的故事，到了喝酒和抽烟的时候，即使是他自己，也从来没有吝啬或不情愿。因为关于他的态度，他花了太多时间没有目的地在莫斯科行走，GPU看似推论出卡明斯是一个间谍。他几乎所到之处都被跟踪，这或许也使得他对这个地方的印象没有好感。

他决定用实验性的语言和完全原始的语法写一个连续不断的意识风格，就如众所周知的詹姆斯·乔伊斯的《尤里西斯》。《我是》已经被作为一部小说和一部回忆录出版，但是无论他写的是虚构还是非虚构，卡明斯都在其中保留了一颗诗人的心和一个视觉艺术家的灵魂。如同他许多的诗歌一样，《我是》中有模仿的语言，一页到一页彻底的变化，去适应主体内容。作为一个诗人和画家，

---

①诺曼：《魔法制造者》，第284—285页。1931年，卡明斯和唐·布朗（Don Brown）会见于巴黎。

②索伊-洛桑：《E. E. 卡明斯》，第355页。

卡明斯不断地尝试去合并两个创造性的形式。他和琼·伦敦（Joan London）及她的丈夫第一次的晚餐账单，在书中是一个典型的描述性的句子，“接下来，完全是在餐厅，伏特加、玩耍、喧闹，警报声烦扰着我们，除了生气地喝一点闷酒，一场傲慢的语无伦次的对话束缚着9个紧张的一盘散沙似的人——举例来讲，我右边的那个人，一个‘俄国男演员’，他什么话也没说”。①

卡明斯的著名之处，就是风格重于内容。即使是在今天，众所周知的，更多是在于他公开地拒绝使用大写字母，超过他的诗作和他的书使人们的印象深刻。每个人都拿他开同样的玩笑。《我是》是卡明斯散文的一个好例子，它混乱的文字和图像以及彻底改造的语法，是对细致研究者的奖赏，但是不容易阅读。“他首先通过避免总体认识的英文样式去避免陈词滥调。”他的友人威廉·卡洛斯·威廉姆斯关于卡明斯的散文风格写道，“他这样做，不是为了‘受欢迎’，上帝知道，也不是为了推销任何东西，而是去公开一个真实的体验……他这样做是为了揭示、公开，让人从习惯中解放出来。作为艺术家和作为人，习惯，是我们持续不断的敌人”。②

这部书作为一本小说被出版——在科维奇和弗瑞德出版社，那儿已经出版了卡明斯的前两本书。卡明斯创造了很多不同的人物角色——他自己的版本——作为叙述者，他用一种俄国的混杂语言去给他们命名：Kemminkz、Peesahtel（作家对俄国语言的扫描），Hoodozhnik（艺术家），还有“heroless”，意为英雄。当然，它也作为一个普遍存在的卡明斯“i”来写。“i是小的，通常不引人注

① 卡明斯：《我是》，第63页。

② 威廉·卡洛斯·威廉姆斯：《小写字母卡明斯》，刊于《哈佛觉醒5》（*The Harvard Wake* 5），1946年春，第22页。

意，但是它敏捷、有弹性，完全致力于它的自由。”麦迪逊·斯马特·拜尔（Madison Smart Bell）写道，“它东奔西跑，在苏联的护墙板里，就像卡通片《汤姆和杰里》中的老鼠”。[①]

轻松地以但丁对地狱的访问为基础——卡明斯称苏联为“地狱”——愚蠢的故事人物，似黄蜂般的亨利·沃兹沃斯·朗费罗·德纳是京都大酒店的维吉尔。卡明斯的朋友和向导是琼·伦敦，在《我是》一书中她成了作者的比阿特丽丝（Beatrice）。

1920年的纽约，在卡明斯的朋友圈当中有很多关于列宁新政府和世界另一边光荣革命的白日梦者，美国的资本主义看似失败了，特别是在1929年的股市崩溃以后。伟大的美国自由理想像是只存在于富人当中，工人阶级和平民被滞留在民主的死水里，不足和贫困在那里是普遍情况。富人、粗枝大叶的赫伯特·胡佛当了总统——一个看上去有意不明白发生了什么的总统——我们的国家看上去正在跳过文明世界的边线。

在另一边，共产主义的俄国，工人的政府梦想已经实现。作家马尔科姆·考利、舍伍德·安德森、阿尔佛雷德·卡律，甚至是欧内斯特·海明威和司格特·菲茨杰拉德都急切地拥抱这个理念，俄国成功了，美国失败了。

或许是卡明斯去苏联太晚了。到了1931年，苏联的情况已经有了很大的变化。列宁在1924年死了，斗争的结果是权力最后落在约瑟夫·斯大林手中，他在1953年去世的时候，已经变成了一个彻底的偏执狂。托洛茨基在一年后被流放，苏联的梦已经9岁了，卡明斯在尾声开始之时访问了这个国家。胡佛是一个坏总统，但他是一个

① 麦迪逊·斯马特·贝尔：给《我是》一书作的序，第13页。

在民主制度环境里的坏总统。

1931年在世界历史当中是一个迷人的时刻，是民主主义和社会主义互相传递、共同存在的时代。当《我是》第一次出版的时候，卡明斯的苏联故事是令人震惊的，深深地令他自己的朋友和格林威治村的社团感到不安，那里的人们仍然相信苏联的典范。他失去了朋友们，他们回避着他。马尔科姆·考利和爱德蒙·威尔逊作为部分从前一起喝酒的左翼伙计们，忽然转向了右翼保守主义。乔治·珍·南森（George Jean Nathan）宣称《我是》为当月最差的书。诗人卡尔·夏皮罗写道："四百页纸像装满了坏水果的花环一样扔向苏联，完全没有打中目标。"[①]另有一些评论者抱怨这本书的写作方式。"是否只有卡明斯屈尊地让读者们读他写的这个东西。"[②]路易斯·甘尼特（Lewis Gannett）在《先驱论坛报》上这样说。

卡明斯的观点不只是在《我是》这本书里表达了。他在一首诗中也写过对苏联人的恐惧和那里恶劣的卫生情况：

K同志们死了，因为他们被告知要死
K同志们死了，在他们老之前
（K同志们不害怕死亡
K同志们不
K同志们将不
相信生命）死亡知道他们死在什么时候

① 卡尔·夏皮罗（Karl Shapiro）：《波希米亚人》（*The Bohemian*），刊于《哈佛觉醒5》，1946年春，第45页。

② 诺曼：《魔法制造者》，第298页。

（你能告诉所有的好K同志们
通过他们利他主义的气味
好的K同志们在莫斯科的管道里跳舞）
S.弗洛伊德知道为什么
K同志们喜欢
希望你能弄乱你的舞步

每一位K同志都有一点儿
严厉地憎恨
（在一个无用的沟槽里旅行
上帝知道为什么）
我也知道
因为他们害怕去爱

钱少从来不会让卡明斯感到烦恼——实际上，看上去还让他更快乐。卡明斯兴奋于作为一个贵族的美国人吃饭时丢掉祖先的精美瓷器，靠粗茶淡饭生活。他已经在那样的一个金钱根本不是问题的世界里成长，他理解坎布里奇的知识分子的怪癖，教授们过于醉心关注他们自身的衣服是否破旧，屋顶是否漏水。

安妮是不能忍受贫困的。她脑子里当然没有那样的想法，和一个一文不名的艺术家经受经济大萧条，而他甚至没有兴趣去找一份工作。在她周围，人们似乎都已失去了所拥有的。爱德蒙·威尔逊住在一个没有家具的房间里，卡明斯的朋友吉姆·莱特非常可怜，他睡在一个医生的手术台上。安妮自己富裕的情人——那个曾使卡明斯充满了嫉妒的男人——也破产了。她到哪里才能够重返安全的生活之中？

到了10月份，她和一个牙医好上了，卡明斯听说之后，动手打了她。很快，她怀上了牙医的孩子。他的第二次婚姻，结束了。

然后，在1932年春天，一件非凡的事情发生了。安妮离开了他，他当然要和别的女人约会。卡明斯热爱女人。1932年6月23日，吉姆和帕蒂·莱特——普罗温斯敦剧场《他》的导演——在一场演出之后，把他的朋友卡明斯带到后台去见另一位朋友玛丽安·莫尔豪斯，她在这剧中扮演了一个小角色。玛丽安是一个有着阴郁过去的女人，她于1920年来到纽约，想当一名女演员，但是她却作为一名模特获得了成功。和卡明斯一样，她崇拜剧院，希望成为它的一员；也像卡明斯一样，她对服装想得不多，那已经成为她职业的一部分。四人一起去了菲力克斯饭店吃晚饭。“你一看到她，”卡明斯后来在日记中写道，“体内就会有个声音告诉你，‘她对我而言太高了！’”[①]

实际上，这位光彩照人的年轻女演员比36岁的卡明斯要小12岁，她身高接近6英尺，长腿、大眼睛，有着美丽的脸庞，她性别的慷慨——在未来几年里使卡明斯既感到快乐又备受折磨——她被卡明斯的活泼、幽默和谦逊迷住。爱德蒙·威尔逊发现她不是很自然和“不是无意识的”，卡明斯在两人之间有足够的自主性。

玛丽安对阅读或者是艺术没有兴趣，除了剧院——她对剧院的知识分子也没有兴趣。她大概是没有毕业于高等学校。她不是一个知识分子，她也不想变成一个知识分子，她不喜欢卡明斯投入那灿烂的独白——独白是哈佛的特色，也是他那一代人最好的理念之一。“在约会早期的一次和她的进餐，是在一家她所了解的移居美国的南欧人开的小酒吧，你以你自然的方式翱翔——而她哀求地看着

①来自霍顿图书馆、哈佛大学图书馆的卡明斯日记分录，保密文件7—3,第190页。

卡明斯，摄于他帕钦普莱斯的工作室。摄影师，詹姆斯·西布利·沃森。

玛丽安·莫尔豪斯。20世纪30年代早期。

你；仿佛在说‘行行好吧！别用知识分子的样子和我在一起：我只是一个女人！’”他后来写道，“于是你就落到了地上……从此一直在地上”。

然而玛丽安是美丽的——大方的，同时亲切而迷人。事实上，他和玛丽安的第一个晚上，是他们之间30年爱和友谊的开始——那种爱和友谊以前对他来说是不可企及的。卡明斯一直是这样的一个男人，把柠檬水挤出柠檬——写到他和女人之间的问题，他用这样的方式形容："诅咒变成了祝福。消失的，出现；苦恼的，到达。"①尽管如此，他关于女人的历史已经有太多的失败——两次失败的婚姻，失去他的女儿，南希。

卡明斯也是一个会生气的男人，一个会愤怒的人，当他喝醉的时候、当他变得成熟的时候，他会因为全世界而恼怒。这愤怒缘于和他所挑选的女人之间的麻烦。然而他人生的故事是一个收获了生气之利益的男人的故事。他能够将违抗转成创造性的力量，向所有的人表达他在世界上的快乐和在世界上的狂怒，包括男人，包括女人。

卡明斯的故事，如他的传记作者所述和他自己所讲的，在我们现代的环境里很难理解。他有两次不可想象的灾难性的婚姻——那样的两次婚姻：通奸，谎言，欺骗，失去孩子，不变的心碎。21世纪心理学的智慧是把自己的问题放在我们的内部。不知怎的，当卡明斯遇到玛丽安的时候，或者是他遇到了对的人，或者是他变了。他曾经去看了精神分析学家弗里茨·维尔特；他更成熟了。或许他也更聪明了。

玛丽安和伊莱恩及安妮是完全不一样的女人。她是一个自我的

①来自霍顿图书馆、哈佛大学图书馆的卡明斯日记分录。

发明者。她出生的故事发生在印第安纳州，本德南部，她的罗马天主教徒的父母搬往美国康奈迪克州的哈特福特，在那里，她在一所名叫圣安的学校接受教育，梦想并没有得到实现。无论她来自何处，最后她来到了纽约，希望能做一名演员。尽管这没有成真，但她的非凡使她成为一名成功的时装模特儿。玛丽安是一个有灵感的、适应性很强的人。正如爱德华·史泰钦所表明的，当她穿上睡袍或是女骑手服，她能立刻变成现实生活中真正的那些女人角色。

和卡明斯在一起，她也是很善于适应。她自身比他的前两任妻子都要成功很多，同时她也是很轻松地开始和卡明斯之间的关系。她从来不是那么的不顾一切。伊莱恩是一个贵族的公主，被他的国王拒绝了，对感情感到饥渴；安妮是男人的情妇；但玛丽安却是这样的一个女人，如果没有卡明斯，她也会生活得很好，她在菲力克斯的那个晚上决定了，和他在一起。玛丽安把卡明斯带到了地上，使他发现了在地上也有它的好处。

和玛丽安在一起，卡明斯变得没有那么自命不凡，他更能欣赏简单的快乐——食物、朋友和性。玛丽安没有孩子，这给了卡明斯在他们的关系中足够的空间做他自己，他有时候看起来就像淘气的男孩。当然，以他水银般透明的意识，他也能够看到最后的结果，将是两个人一起变老。卡明斯已经有一个孩子；他不想再要第二个，即使是跟玛丽安。“当你拒绝让她有一个孩子(除非她‘愿意分担’来支持这个意见)，”他莫名其妙地写道，“你密封了你自己的厄运：使你自己成为她的孩子、她的婴儿——和她自己，你一直要保护的母亲”。[1]在他的语气里，卡明斯甚至看到玛丽安学着做他最喜

①来自霍顿图书馆、哈佛大学图书馆的卡明斯日记分录，保密文件7—3，第190页。

爱的菜肴，作为控制他的策略和手段。

当卡明斯碰到玛丽安的时候，他也已经改变了。他和安妮的婚姻已经沉淀为一种领悟，他接受了弗里茨·维特尔的表述——是时候停止做一个男孩，开始做一个男人了。他和权威之间复杂的关系，他从做一个反叛者那里获得的能量，从男孩转移到男人，似乎不是那么简单。他和安妮·巴顿的婚姻似乎是他成为一个男人所必须付出的高昂代价。玛丽安没有像安妮所要求的那样，她没有对他不忠，从一开始的时候——就没有。

玛丽安和安妮及伊莱恩之间的另一个区别，是卡明斯认真地选择了和玛丽安在一起。他向她求爱，然后赢得了她。而伊莱恩，从某方面来讲，是她引导他爱上她，然后把他带入了男女之间不令人满意的风流韵事之中；安妮也是，她需要某个人，然后选择了他。他对玛丽安的求爱，有鲜花、爱的信件和大象图画，那是温柔的、双方面的爱情。他们之间少了很多的需要，更多的是喜爱；他们的爱自由地生长和开花。

玛丽安激发出了卡明斯最美好、最聪慧的爱情诗歌，包括一首十四行诗，它几乎是莎士比亚十四行诗116的意译，“让我不要去和真正的思想结婚/承认困难。”

爱的功能是制造无知

（明知希望渺茫；但是爱，盼望一切）
尽管生命存在的方式黑白颠倒，是千篇一律的窒息
真理与真相混淆，鱼自夸于被鱼肉

男人们被小人物逮住（爱可以不在乎
如果时间蹒跚，光线消沉，所有尺度弯曲
人们也不会惊讶，如果一个念头可以起锚一颗星
——他们至少恐惧死亡；要么，死亡应该结束）

恋人们是多么幸运（他们的自我容忍
无论将来会发现什么）
他们敢于去隐藏懵懂的每一次呼吸
强于去理解那传说中的智慧

（谁笑和哭）谁梦想，创造和杀戮
当整个世界开始转移；每一个角色却静止不动：

卡明斯的母亲相继地去爱和关怀了伊莱恩和南希、安妮和戴安娜，现在更心甘情愿地去爱玛丽安。区别是，玛丽安不被她自己的需要和不满足的欲望所折磨，她爱着丽贝卡，用一颗温暖、诚恳的心，从来不会转成嫉妒之心。玛丽安和别人相处得也很好。玛丽安从来不抱怨卡明斯拥有的钱少，像安妮曾经那样抱怨，也不像伊莱恩那样说他爱她不够多。因此尽管从某种程度上，卡明斯经过维特尔的治疗和通过自我成长——他快40岁了，已经改变，或许是经历过了心碎的过程，他也最终碰到了对的女人，一个能够给他空间工作、给他所需要的温暖的女人；一个女人，他自豪地和她在一起。

秋天，卡明斯申请了吉根海姆学者奖。亨利·艾伦·莫（Henry Allen Moe）是基金会的委托管理人，也是他的一个仰慕者。卡明斯在此申请中没有浪费语言，他写到将会创作一本“诗集”。他的计划

是当他得到奖金1 500美元，到了春天，他将会带玛丽安去巴黎，那是他们渴望了很久的一次旅行。

玛丽安从来没有去过国外，她曾经的远行就是在曼哈顿岛西岸送她的朋友离开，看到迷人的、光滑的远洋客轮在防洪堤靠近码头。她渴望能去旅行。在卡明斯正式获奖后的一周，他和玛丽安前往法国。在巴黎，他们租的房子靠近土耳其宫廷。玛丽安学着做菜，卡明斯买了酒。当玛丽安顺便去拜访法国的《时尚》杂志办公室时，看似引起了一阵小的轰动，很快，她成为巴黎时尚界的谈话内容和富有魅力的摄影师巴伦•乔治-霍伊宁根-许纳（Baron George-Hoyningen-Huene）最喜欢的模特，玛丽安的巴黎工作带来了额外的收入和去突尼斯男爵别墅的邀请。

卡明斯总是为玛丽安的成功感到快乐，不管是她作为一个模特工作，还是她自己后来成为摄影师。事实上，他为她没成为一个演员而失望。这是他孩子气的一部分，是他有时雌雄同体的本性吸引人的一方面。玛丽安的成功从来没有威胁到他。他不脆弱，有男子气概，坚持有男人的阳刚之气。他非常激动，能拥有世界上最美丽的女人在他的臂弯里，有一个好伴侣，她能给自己带来人脉和她的才能展示的平台。玛丽安不太关注文学，但是在接近巴黎一切事物的时候，她是一个敬慕和赏识的学生。

对于卡明斯而言，外形身高几乎有一个隐喻性的共鸣。他已经取笑了自己的“小”，已经感到被他父亲的伟大、男性的体积所压倒。他拥有小的、精巧的手和脚。如果伊莱恩短暂、敏捷轻快的美丽已经使他感到自己像一个大男人，玛丽安男性般的瘦高有时候会困扰着他。但他仍然爱上了这么一个女人，她不夸张地靠在他身上，无论何时她都拿起他的手臂，因为她身体的高度。“身体行为是精神态度的一个表现。”卡明斯担心着，玛丽安的抱负是成为一名演员，他认为她将不会从感情上依赖他，像伊莱恩和安妮那样。

他在与伊莱恩的婚姻中，还显露出来不充分的性别感觉。他太脆弱、太矮、太犹豫不决。结果是，他失去了他的妻子和女儿。和玛丽安这样一个大骨架的羚羊般的女人在一起，她有时看上去比他要高——到了这种程度，以致多年以后干扰了本·拉法基（Ben LaFarge）对他的看法——是一种向他自己旧的观念发起挑战的方式。玛丽安有一种甜蜜，一种乐意去爱的心志，这是他以前在配偶的关系当中所从未体验过的。当他们两个人靠得越近，她的高度看起来就消失不见了。正是因为体形的大小，使他们打碎了符合习俗的形象，尽管卡明斯对此有所怀疑，但他还是开始享受它。

年龄也在他们的欢乐中起了作用。卡明斯将近40岁了，在他身后有许多的成功和大量的经验。对他来说，和27岁的玛丽安一起，他很容易有一个放松的权威感。一种权威，胜过阳性和阴性的问题。卡明斯已经是一位著名的、有声望的艺术家，而玛丽安，她仍然是一个女孩。

两人在巴黎建立了自己的家，他们非常快乐。他们款待庞德和任何他们能够找到的其他人。玛丽安既做饭又做模特；卡明斯写作，同时也绘画。“玛丽安是我新的骄傲和快乐：如您大概猜到的。”在卡明斯和玛丽安相遇大概一年之后，他从巴黎写信给母亲，“进入一种新的语言和世界，她立刻暴风雨般地接受了它……《时尚》杂志的人们对她的哪怕是一丁点儿的奇思妙想也充满了欣赏，比如，他们拥挤在大马路上去买她的橘子汁（那仅仅是在喝香槟时所需要的伴侣味道）——高级摄影师巴伦·许纳（Baron Huene），他想让我们去非洲访问他，无论何时，他都能停下来狠咬

镜头下迷人的玛丽安·莫尔豪斯。摄影师，乔治·霍伊宁根-许纳。1933年。

卡明斯所绘玛丽安·莫尔豪斯的素描。

一口这个‘巴黎最美丽和最泰然自若的女人。’他是一个好伙伴，顺便说一句”。[①]

20世纪二三十年代，巴黎是纽约文学界的中心。尽管欧内斯特·海明威和他的第一任妻子哈德利在他们的婚姻生活之年喝醉了，他已经和他四任妻子中的第二位结了婚，并且逃往了美国，但是很多纽约最重要的艺术家和赞助人仍然在那里。林肯·柯尔斯坦（Lincoln Kirstein）那个夏天也在巴黎，卡明斯在一个特别疯狂的晚上，弄丢了护照和信用证，那天他们大量地饮酒，还有一些人在汽车的顶上跳舞，然后是柯尔斯坦借了钱给他。

柯尔斯坦是一个古怪的人，徘徊在20世纪的背景里和他的创意社区。他出生在富裕的家庭，性格古怪而富有教养，崇拜艺术。当他仍是一个哈佛大学学生的时候，就开始创办了一个新的杂志《猎犬和号角》（*The Hound and Horn*），卡明斯和几乎所有的人都在上面刊登了作品。后来，他和乔治·巴兰钦（George Balanchine）一起成为纽约芭蕾舞剧的创始人，他还是现代艺术博物馆的创始人之一。因为着迷于舞蹈，柯尔斯坦问卡明斯是否愿意写一个芭蕾舞剧。玛丽安建议写《汤姆叔叔的小屋》的芭蕾舞剧，这个小说由哈里特·比彻·斯托（Harriet Beecher Stowe）夫人创作，柯尔斯坦给卡明斯开了支票。

伊莱恩正式成为弗兰克·马克德莫特的夫人。1933年夏天，她碰巧也在巴黎——像往常一样，她因为一些事情想到了卡明斯。马克德莫特已经决定在爱尔兰的议会里谋取一个职位。他希望能够代表罗斯康芒郡。而做这些需要他在罗马天主教堂结婚。两次离婚的

① 卡明斯：《书信选集》，第123页。

伊莱恩必须在教堂结婚，而且前提是她以前的婚姻都正式取消。

一次撤销，不同于一次离婚，是用文件来说明正在讨论的婚姻从没有发生过。引文的撤销是宣告婚姻从一开始就是无效的。如果婚姻从来没有在两性之间达成，就可以被取消——这是亨利八世哄骗他的第一任妻子，来自阿拉贡的凯瑟琳的花招，他和她本来有着合法婚姻，她也是他兄弟的前妻，来自罗马教堂——对于他后来的婚姻，他无法再这样欺骗。如果其中一个或是另一个婚姻当事人是精神病患者，可以辩称婚姻从没有发生；如果他们其中的一个人不能下定决心结婚，教堂将会宣布他们从没有结婚，即使他们有了孩子。

撤销是中世纪的概念，但是现代的教堂仍然信奉。伊莱恩已经完成了她和泰勒的婚姻撤销，证实他精神上不稳定，因此不能做出结婚的决定。在教堂看来，根据事实本身，他们“从来没有”真正结婚。取消她和卡明斯的婚姻有一点困难。伊莱恩的论据是，她和卡明斯曾口头上达成协议，他们可以随时取消这桩婚姻，只要这是双方任何一方的意愿。所以，他们从来没有一个真正的婚姻。这是一条思路，但是很显然，她不顾一切地取悦和适应她新的丈夫。她甚至找了一个巴黎的牧师，来帮助撤销一事，如果卡明斯同意和他见面。

但是卡明斯对于帮助伊莱恩没有兴趣，这个女人，说到底，无情地断绝了他和唯一孩子的联系。他没有回复她的来信。对她，他现在还有什么可需要的？她哄骗、迫使、用甜言蜜语诱惑他们共同的朋友。最后，她找到他，在街上追赶他，大叫他的名字。作为一个绅士，他同意和她见面。

他带着玛丽安一起去吃午饭，在埃谢勒街的一个小饭店里，他在内心里高兴地呼喊着，和一个如此美丽忠诚的女人在一起，伊莱恩将会极为悲伤。但结果却是卡明斯连续不断的悲伤，因为他思念女儿的缘故。就像以前一样，伊莱恩占了上风。她不在乎卡明斯已经转向一个美丽的女人。她只想要她所要的。在她的攻势面前，卡明斯再一次地感觉无助。他得到了南希的消息，她现在13岁，7年过去了。她在英国的贝克斯希尔学校，伊莱恩说。但是当卡明斯说他想要和马克德莫特见面，也许是见到南希的一个办法时，伊莱恩突然哭起来。

因此，大概有一两分钟，卡明斯占了上风。伊莱恩和弗兰克需要从他这里得到东西，他也需要从他们那里得到——他和母亲得以去探望南希。但是再一次，卡明斯在谈判中放弃了胜利。是他新得到的和玛丽安的快乐使得和南希分开的痛苦看上去最好留在过去？关于南希，玛丽安会怎么想？卡明斯已经向她明确表示他不想再要孩子，尽管在这一点上，她有足够的时间，在做那样一个重要的决定之前。她比伊莱恩漂亮、年轻，比伊莱恩有一百万倍的忠诚，但是伊莱恩却是埃斯特林孩子的母亲。卡明斯给伊莱恩发了一份电报，说婚姻将不会被撤销，除非关于南希的事情能够明确。伊莱恩好像变温和了，卡明斯写信给马克德莫特，他也表现得很友好，但是关于见南希的事，没有做明确的回答。

卡明斯忠实地做了他该做的。本质上，他是一个美国人，他不能相信有些人——比如马克德莫特——他们能够承诺，然后又不实践诺言。他对此感到震惊，就像一个被殴打的猎物。伊莱恩仍然那样的迷人，那样的和蔼可亲，但好像完全忘了她的许诺，在一旦得到她想得到的之后。卡明斯拜访伊莱恩的牧师，同意那婚姻是临时的。然后伊莱恩、玛丽安、卡明斯和马克德莫特一起出去吃了晚饭。

但是没有安排让卡明斯去看望女儿。丽贝卡·卡明斯写信说很高兴听到她的儿子在巴黎和玛丽安一起很快乐，然后充满渴望地补充道：“我只希望有一张南希的照片，知道她是否收到了我的生日礼物。”[1]结局是悲哀的。再一次的，卡明斯用合作精神和世界交战的方式遭遇了失败——和他的父亲正好相反。无法见到南希和更多地了解她，为了安慰母亲，卡明斯只好拍了一些快照寄给她，那是一些女学生的照片。至于母亲送给南希的礼物，她没有得到任何来自南希的感谢回复，而期待回复，对于母亲而言，是经久期盼和无比重要的。这就是他想要的吗？当所有的礼物就是对玛丽安的崇拜，关于南希的念头已经成为过去痛苦的一部分？至少，那就是他得到的。

等到夏天结束，玛丽安和卡明斯接受了霍伊宁根·许纳的邀请，安坐在海边摩尔人的宫殿里。“非洲有火烈鸟、花仙子和驴子，那驴子长着长长的、温暖而强壮的丁字裤状耳朵，偶尔还有蝎子。”[2]卡明斯在给希尔德加德·沃森的信中写道，“天秤座的埃斯特林没有看过蝎子；它消失于一个双倍于你的海中。玛丽安看到了它，但是她不害怕，度过夜晚的时候就像在白天，非洲……”

之后，两人离开突尼斯去了意大利——埃斯特林想让玛丽安看一看西斯廷教堂——最终，在12月份，他们从德国的不来梅港市航行去纽约。两人在海外的时间使得这一对夫妇的关系更加巩固，他们将会厮守终生——他们总是互相尊重，为彼此的不幸而哭泣或愤怒，共同面对生活的各种困难。在他们彼此相依的生命中，无论是卡明斯生病，还是后来的玛丽安病重，他们互相照顾着对方。卡明斯已经找到了他的灵魂伴侣。卡明斯和玛丽安成为描述他们的一个单词。在从欧洲回来后的一年里，玛丽安找到一个小公寓租了下来，在帕钦普莱斯4号的一层，卡明斯工作室的楼下。

---

①肯尼迪：《镜中的梦幻》，第347页。
②卡明斯：《书信选集》，第27页。

第九章
不用谢

时间到了1934年12月，当卡明斯和玛丽安从在法国、突尼斯和意大利的行程返回到格林威治村的时候，美国已经滑入了可怕的经济大萧条的深渊。1932年11月，富兰克林·德拉诺·罗斯福以绝对优势击败了赫伯特·胡佛，就任总统。他在1933年3月的就职典礼演讲中释义了梭罗的思想，告诉美国人民，他们必须感到恐惧的唯一事情，就是恐惧本身。

和卡明斯一样，罗斯福是一名贵族，也是一位哈佛人，但是他在哈佛的时候，是在自由主义的查尔斯·艾略特领导下，而不是在保守派A.劳伦斯·洛厄尔的领导下。或许这就使得他的事业在政治体系里更加辉煌。到了这个时候，卡明斯已经反对所有的政治制度。不幸的是他和他的作家朋友们的事业和生活仍然遭遇了前所未有的磨难，尽管罗斯福已经引进了联邦政府资金就业工作团和市政工程，将开始减轻经济大萧条带来的影响，但是出版业却仍旧处于衰败之中。

罗斯福真的是已经改变了政府支持人民的方式，在他执政的前几个月里，在那任性的“百日王朝”期间，国会和参议院几乎通过了他提出的所有法案——创造了土木工程行政机构、黄金储备法案、农作物贷款法案、农场救济法案、棉花控制法案、证券交易法案、通信系统法案、国家住宅法案——从本质上来讲，他创造了一个全新的政府，叫作“罗斯福新政”，卡明斯称它为“裸体的鳗鱼。”所有这些并没有给格林威治村作家和诗人社区带来有效的帮助，在那里，卡明斯曾经是一颗红星。

卡明斯回到的纽约是一个被大萧条狠狠打击的城市。比贫困更糟的是——卡明斯要寻找吃饭的钱——那是贫困带来的变化。整个美国的经济灾难，对于评论家、出版商和读者都产生了巨大的影响——卡明斯本人的读者群和生计要依赖这些人。

在卡明斯职业生涯的一开始，他首先作为一个奇迹来自“哈佛”，他是著名的“日晷奖”的年轻获得者，玛丽安·穆尔和威廉·卡洛斯·威廉姆斯的朋友，可是现在想要出版一本书却困难重重。对于一个有着热切追求和在大学里就已经出版作品的男人，这是令人羞耻的，更是令人愤怒的。他的在版书目的销售——《我是》《是5》《W（维瓦）》[*W (ViVa)*]，合集《*CIOPW*》——销量都是无法想象的低。例如，在1935年，其中的一本书销量甚至少于10本。他的芭蕾舞剧《汤姆》已经被林肯·柯尔斯坦搁置，因为音乐的问题，很多事情超出卡明斯所能控制。

卡明斯的新诗集显然出版不了，他的勃兰特&勃兰特出版社代理人无法找到一个乐意去做这件事的编辑，尽管手稿被发送超过几十家出版社。他的朋友S.A.雅各布斯（S.A.Jacobs），来自很小的金雕出版社，无法筹集到几百美元去付印刷费。正如理查德·肯尼迪指出，这个情况正说明了卡明斯作为一个严肃的作家在为他的荣誉而奋斗。这也表明，很多美国作家职业的发展以及他们收入的上升和下降都充满了戏剧性，这取决于公众的情绪和古怪的评论家的虚妄。“在过去的几十年里，他已经出版了五本诗集、一部戏剧、一本作品集和两本卓越的散文故事。”[1]肯尼迪写道，“但是现在14家出版社拒绝了出版他最重要的诗集之一。”

当卡明斯的私人生活魔法般地进入了他和玛丽安的联盟，他的职业生涯却跌出了自哈佛以来一路发展的美好前程。卡明斯和权威之间已经遭到破坏的关系——任何权威——以及和美国的文学评论机构之间的关系，开始逐步恶化。

从21世纪回望卡明斯的年代，在他死后50年，卡明斯看起来却是一位有着令人嫉妒业绩的成功的职业作家；但是就像很多美国作家一样，他有着多年的焦虑和困苦，被诽谤，被攻击，为了生存，为了买食物、付房租而挣扎。这种被抛弃是一个作家成长的一部分。他们从这种被抛弃中获得能量和勇气——无论这过程要经历多少痛苦——但是他们最终得以幸存下来，并成为作家。卡明斯已经愤怒了，这种愤怒来自腐败的机制——在坎布里奇、在西线，和他所遭遇的任何地方——这成了一个火炉，卡明斯在其中锻造着他野性的、打破制度的、独创性的作品。

1935年4月，一个转折点出现了，这令人愉快而惊奇。尽管卡明斯还不知道，这将最终作为他的一个更新、更富有成效和更稳定职业生涯的开始。在1934年纽约的一次聚会上，卡明斯遇到一个年轻的女子，名叫海伦·斯图尔特（Helen Stewart）；这是那个晚上他最放松、有趣，和最灿烂的时刻。他坐在地板上讲故事，斯图尔特像被施了魔法一般倾听着。她住在波拉沙达一个豪华的大楼里，在中央公园西大道，是佛蒙特州本宁顿学院的学生，是本宁顿学院学生教育政策委员会的文学代表[2]，她和她的同学桃乐茜·卡斯（Dorothy Case），

①肯尼迪：《镜中的梦幻》，第350页。

②本宁顿班级花名册，1935年，本宁顿大学图书馆档案文件。

另一个卡明斯的粉丝，决定邀请卡明斯去学校演讲。

本宁顿学院是一所进步女子的学院，始建于1932年，围绕着一个“U”形红色靶而建，这是一种经典的新英格兰校园风格。它有白色的圆柱，三层砖砌康芒斯建筑，一座钟楼是它的最高点，向西望去，是一块广阔的草坪，远处有被独特的绿色百叶窗遮蔽、带护墙板的学生宿舍，终点形成一个峻峭的水滴状，学生们称它为“世界尽头，”就像“让我们去阅读阿尔岗金族印第安人的椅子，在世界的尽头”里面的一样。佛蒙特州看似和本宁顿学院的建筑风格融为一体。5月初的一天，紫丁香花重重地悬垂在宿舍外的白色木架上，鸟儿猛扑下来，在屋檐下歌唱，世界到处都是春天的味道。

作为美国进步主义教育王冠上的一颗明珠，本宁顿学院吸引了一种新的女孩儿，富有并有着强烈的个性，致力于独特的精神和思想在某种程度上的发展，对于很多大学来说——想想在洛厄尔统治下的哈佛大学——所阻碍的精神。“我们已经能够避免一些女子大学那种致命的纯洁和陈旧的少女氛围。”[①]本宁顿的校长罗伯特•德沃尔・利自豪地在一封信中给一位同僚写到。她们已经做到！本宁顿的学生扬名于她们的美丽和她们许多轻快的小仙女般的自我追求，约瑟夫・坎贝尔（Joseph Campbell）后来在另一所女子大学——沙拉劳伦斯学院——称之为“极乐”。

到了现在，本宁顿学院在南部的佛蒙特州更像是一个意志之国。这个地方是不可思议的；发生在那里的人们的关系和事件看起来比生命还重要和高尚，卡明斯的来访也不例外。卡明斯，这个贵

① 罗伯特・德沃尔・利（Robert Devore Leigh）给约瑟夫・威利茨（Joseph Willits）的信，1935年3月12日。本宁顿学院档案馆c.奥希阿纳・威尔逊（c. Oceana Wilson）和乔・塔克（Joe Tucker）。

族的探索者、反叛者和质问者，是完全适合本宁顿学院的，那是一次推翻规则和统治者的贵族的实验[①]，本宁顿学院的父母付出了在这个国家里最高的学费。

"在讨论了全部的规则问题后，"珍妮特·萨莫斯（Janet Summers）在大学第一堂课的会议纪要中写道，"我们感到，在这里，我们有机会去尝试一个更大程度的理想系统——一个以理论为基础的系统，我们中的大多数人已经学会去支配自己。"这在1930年是一个大变革的观点，当女子教育仍然是有争议的时候，但是卡明斯本人对此却无比推崇。此外，尽管这是一个国家对文学不太感兴趣的时期，在本宁顿学院的情况却恰恰相反，那时候，在以下两位的推动下，新英国学校的品牌正在运行着，他们是才华横溢的、美丽的诗人吉纳维芙·塔格特（Genevieve Taggard），以及本宁顿学院的邻居朋友、深受欢迎的诗歌灵魂，罗伯特·弗罗斯特（Robert Frost）。

本宁顿学院重视学生们。晚上的时候，学生、全体员工和有兴趣的市民总是致力于阅读，经常由学生带领人们进来。在前些年，大学由弗罗斯特、巴克明斯特·富勒（Buckminster Fuller）、埃弗雷姆·津巴利斯特（Efrem Zimbalist）主持阅读。斯图尔特说服了学校邀请卡明斯来朗诵，在4月24日，付给他差旅费和25美元的演说费用。卡明斯住在老本宁顿的一处旅馆里，对面是一座白色教堂，被一个绿色的小村庄环绕，就像出自柯里尔（Currier）和艾伍兹（Ives）的石版画。

"我也在本宁顿学院，高等教育，意味着女士们——全方位和

①佛蒙特州，本宁顿，通过一个基座来控制的——本宁顿指针或是本宁顿纪念碑——竖立在城镇的最高点，为了纪念美国独立战争中的士兵。

习惯地——环绕着，坐在彼此的房间里优雅地痛饮苹果白兰地。”[①]他在写给他的朋友庞德的信中说。女孩们讲关于作案的威廉姆斯男孩的故事，让卡明斯高兴，这已经引发了管理层去雇一个专门值夜班的人——但是所逮捕的第一个女生宿舍的侵入者却是一名物理学特聘教授。

本宁顿学院被誉为新英国文学界的中心，这里的教师和学生们把自己全身心地奉献给学校以证明这一点。“每一个星期有三或四次，每一个人爬出康芒斯的楼梯去剧院听演讲或是找到参加演出的舞者、演员和音乐家。”[②]托马斯·布罗克韦在《本宁顿学院：伊始》中写到。社区的一些最有才能的学生已经熟识了工作坊和正式的产品。但是本宁顿学院也在关注着更广阔的世界——所提供的课程创新之一，还提供了一个作品研究学期，其间，每一位同学都可以得到一些不错的校外工作。

晚上7点半，卡明斯在一个有着高高天花板的新空间，康芒斯大楼的顶部，月光照耀，周围的草地一览无余。女孩们拥入座位来听他的朗读。这场面看起来使他慌乱而激动——这是他第一次进行这种方式的阅读。斯图尔特甚至更加紧张，她的朋友桃乐茜·卡斯也是。当她开始引见时，说话有点结巴，她这样告诉理查德·肯尼迪，在他写卡明斯传记向她做一个采访的时候。当斯图尔特正支吾地说着话，房间里自发地爆出了集体的声音，朗诵卡明斯的《野牛比尔》。官方的本宁顿学院版本记载[③]是，同学们朗诵着诗歌，在卡明斯和斯图尔特出现之前就已开始；在那一刻，卡明斯踏上了演讲

①《庞德/卡明斯》(*Pound/Cummings*)，第138页。

②布罗克韦（Brockway）：《本宁顿学院：伊始》(*Bennington College: In the Beginning*)，第78页。

③本宁顿学院档案馆，克罗塞特图书馆。

台，就在他们齐声朗诵的时候，刚好到倒数第二段——“耶稣，他是一个英俊的男人。”

卡明斯站在了讲台上，女孩们安静下来，让他开口说话。这是他的第一次朗读，他很严肃。他的朗读是按节拍的、熟练的，是那样的非凡——那样非凡，以致十年之后，当他再次出现在本宁顿学院时，卡明斯依然非常著名。眼前，他的朗诵是精彩绝伦和被热烈崇拜的，在那里曾经发生的一系列和诗人相关的事件当中。

“E.E.卡明斯，当代著名的画家和诗人，在本周本宁顿学院定期的晚会上朗诵了诗歌。”《本宁顿旗帜》在几天之后报道了这一消息。

> 卡明斯先生的诗歌已经在本宁顿学院被广泛地阅读和学习，并在一部分学生当中引起了很大的兴趣，得到了他们的欣赏。因此，他的听众是广泛和热情的，他也以友好的善意响应着他们。
>
> 晚会是本宁顿学院系统重要的一部分。通过它，试图把不同分类课程的主题集合在一起。在每周两到三次的会议上，每一次，一个专业领域内的专家、一个教学人员或是一个校外的演讲者，会给学生和全体教员演讲，出席的人是因为他们的兴趣在于此或者是在一个相关的主题方面。演讲伴随着不拘礼节的提问环节，通常会引起生动活泼的讨论。①

他可能已经转变为文学机构的苦行僧；出版社可能已经觉得他的作品不值得出版。但是海伦·斯图尔特和多特·卡斯崇拜他，在

① 《本宁顿旗帜》（*The Bennington Banner*），1935年4月27日，由本宁顿学院档案馆提供。

本宁顿学院，他是一颗红星。

回到纽约，大萧条仍然在削弱文学的希望和兴趣。仍然没有出版社出版卡明斯的书。勃兰特&勃兰特出版社认输了。当丽贝卡·卡明斯提供300美元作为印刷费用，S. A.雅各布斯出版了诗集。卡明斯愤怒地给诗集起名为《不用谢》（*No Thanks*），表达他对14家拒绝他的出版社的反抗情绪，这14家出版社是：法勒&莱因哈特出版社、西蒙&舒斯特尔出版社、科沃德-麦卡恩出版社、意迪森出版有限公司、哈考特布雷斯出版社、兰登书屋、昼夜出版社、史密斯&哈斯出版社、维京出版社、克诺夫出版社、达顿出版社、哈珀&兄弟出版社、斯克里布纳出版社、科维奇-弗里德出版社。

《不用谢》的出版引发了更多批评。“E. E.卡明斯比他的诗歌更令人费解。”路易斯·昂特梅耶（Louis Untermeyer）写到，他是诗歌选集编者的领军人物，“他不能下决心成为谁或是什么……他内心里是一个敏感的解说员和一个坏脾气的男孩、一个熟练的绘图员和一个愚弄人的摊贩、一个狡猾的音乐家……和一个小丑。”[①]经济大萧条甚至已经改变了格林威治村的情绪。卡明斯在他二十几岁的时候，曾作为一种杰出的声音响起，反抗着腐败的权威，是一个有灵感的坏男孩；但是现在，他开始显得多余，在人们眼中，比起获得足够的食物，对规则的反抗变得不那么重要了。

在20世纪30年代，这个国家不会为了所有抱怨父母亲的事情和违逆他们偏见的调皮而觉得有趣。在30年代，每个人都像是进行一次革命一样严肃。政治是国王，老朋友们已经不再着迷于卡明斯无忧无虑的作品，也和他断绝了关系，因为他对共产主义的偏见和对

① 诺曼：《魔法制造者》，第309页。

政治的日益保守。一个作家没有一个出版人的赏识，卡明斯感觉到了自己的名气开始衰落。他失败了。而别的作家则顺势开始敲起他死亡的丧钟。“一度通过《巨大的房间》，他暂时游到表面，”福特·马多克斯·福特在《论坛》（*The Forum*）中写道，“今天，据我所知，他靠替人画肖像来养活自己”。[1]

耶和华埋了，撒旦死了，
敬畏神者只崇拜多和快；
恶不被认为是坏的，
它自认为善良不过就是温顺；
服从说滴滴，听话说答答，
就像钟声在跑啊！
永恒是一个五年计划：
如果快乐总是伴随着痛苦绞死在牢中
谁还敢称他自己是一个人啊？
……
基督啊，这个世界都是漏水的；
却没有一个救生圈：
只有**他**一人可以行走在波浪上
谁还敢
称他自己是一个人啊？

因此，卡明斯在这个荒凉而冰冷的岁月里写了这首诗。

①诺曼：《魔法制造者》，第309页。

有时候，他的愤怒看似使诗歌颓废了，但是在另外的时候，诗歌中猛烈的力量把词语升高到了一个新的标准。他最著名的和最成功的诗歌之一来自《不用谢》，诗里流淌的则是沮丧和狂怒的源泉。

我是说这些男孩没有教养
他们和女孩们出去，他们是纨绔子弟
他们一点儿也不在乎讨个吉利
他们在她们身上行进
一个晚上十三次

一个男孩把帽子挂在她的乳头上
一个男孩把十字架划在她的屁股上
他们对智慧毫不在意
我是说这些男孩没有教养

他们和那些爱钱的女孩又抱又咬
她们不能读也不会写
她们笑起来的样子就像是快要散了架
她们用炸药手淫

我是说这些男孩没有教养
你和他们根本无法沟通
他们关于艺术不能说出哪怕是一个屁
他们杀个人就像你小一次便

他们敢说，无论他们脑子里的是什么东西
他们敢做，无论他们裤裆里的是什么东西
我是说这些男孩没有教养
他们跳舞的时候
地动山摇

他最后终于找到了对的女人，玛丽安·莫尔豪斯和他一起分享他的人生，但是其他的一切看上去正在瓦解。如果他去本宁顿学院的旅行是一次实验，并以灿烂的受鼓舞的白天和黑夜而告终，那么，卡明斯在1935年的一次冒险也是另外一次实验——那场实验结束时几乎成了一场闹剧和自身的殊死体验的灾难，同时对于他和玛丽安而言。

1935年冬天，卡明斯做了很多纽约作家在20世纪30年代、40年代、50年代和60年代所做的事，当他们面临严峻经济问题的时候——他去了好莱坞。很难相信每个人都认为这是一个好主意，尽管F.司各特·菲茨杰拉德和威廉·福克纳都在他之前去了那里。情况是这样的，卡明斯盲目地认为他应该写一个剧本，但是，他打算实验一种新的形式。如果服从别人的指导方针，那他写作的能力几乎是不存在的。他没有写剧本的经历，也没有愿望去做任何事，除了继续写诗和画画。他们将要拍一部出自《我是》的电影吗？即使卡明斯写给朋友的信是那么的幽默和充满现代主义，然而，接下来在他生命中的那段时期所发生的事情几乎是不可思议的。

他的一位律师朋友，莫里斯·施派泽（Maurice Speiser），已经准备向派拉蒙公司推荐卡明斯一个编剧的工作，卡明斯拒绝了，在他正常的意识里，仍然没有想要那个被称为“好莱坞黄金时代”的荣誉。卡明斯总是崇尚剧院的自由和即性的自然，对电影没有很大的兴趣。但是当另一个提议来自他的老朋友埃里克·奈特，这个古怪的约克郡男人写了《灵犬莱西》（*Lassie Come Home*），卡明斯的抵抗力下降了。

奈特和他的妻子是卡明斯和玛丽安的朋友，奈特怂恿卡明斯去尝试好莱坞。他吹嘘说自己在那里已经赚了一个傻瓜很多钱。奈特和卡明斯有着更深层次的关联：奈特也被他的前妻弄得和孩子们分开，两个男人在一起关于这个话题谈了好几个小时。好莱坞是一张入场券！每个人都认为玛丽安在黄金州的天使之城，可以找到一个演员或模特的工作。不只是穷苦的求职者和那些在大萧条时期穷困潦倒的人去好莱坞寻找机遇；还有作家和演员们。玛丽安的旧友艾莲·麦克马洪（Aline MacMahon）已经在那里干得很出色。

在一个卡明斯所经受的最困难的冬天之后，最有说服力的推动者来了，他偶然碰见了一个年轻人，爱德华·提图斯（Edward Titus），卡明斯在巴黎认识他的父亲。提图斯是卡明斯的一个忠实粉丝——一片沙漠里的绿洲——他怂恿卡明斯和玛丽安与他和妻子一起，乘坐他们宽敞的帕卡德汽车旅行，经过墨西哥城去洛杉矶。

两对夫妇友善地一起动身，停下来看华盛顿和新奥尔良等地的风景。他们离开的时候是一次重要的冒险。在汽车里那样近的距离，即使是在宽敞的帕卡德里面，提图斯的英雄崇拜也变成了厌烦和淡淡的嫉妒。卡明斯发现自己难以容忍这个年轻人的判断和批评，他传递给卡明斯的信息，就好像是他知道自己在谈论什么，但其实他什么也不懂。玛丽安也忍受不了提图斯夫人。可以预见的是，当两对夫妇到达墨西哥城的时候，他们不再继续讲话了。卡明斯和玛丽安，身上一共只有5美元——卡明斯在箱底他的一些旧裤子

20世纪30年代的玛丽安·莫尔豪斯。

第二次世界大战之前的E.E.卡明斯。

口袋里找到一张支票，他们寻找最便宜的膳宿地点入住，并给丽贝卡打电报要钱。

像往常一样，妈妈的银行开始营业了，并且准备贷款。她给他们汇了100美元，又从卡明斯的姑姑简那里转汇了500美元，丽贝卡现在和简一起住在坎布里奇欧文大街上的房子里。在墨西哥城度过了有趣的两周之后——卡明斯一有了钱，就花掉它——他们两人第一次坐了飞机飞往洛杉矶，并在那里受到了奈特的欢迎。很快，他们在圣塔莫尼卡的第十一大街上租了一个便宜的公寓，靠近他们的朋友。他们向奈特和艾莲·麦克马洪借了汽车，还安排了一圈朋友聚会。

如果纽约看上去是坚强的，那么好莱坞就更加的不屈。这个地方是兴旺的，那是事实。有声电影已经开始登场，由葛丽泰·嘉宝、凯瑟琳·赫本这样的女演员和约翰·韦恩这样的男演员扮演主角。对于一个具有反叛精神的纽约诗人，这不能转化成他的兴趣。奈特的朋友，奥地利籍美国导演约瑟夫·冯·史坦堡不想和卡明斯会面，他在米高梅电影公司等着会见欧文·托尔伯格，但是托尔伯格放了他的鸽子。卡明斯对于电影文化没有足够的热心；比如，他坚持称托尔伯格的电影公司为“麦德龙金鱼和米高梅”（Metro Goldfish and Mayer）[①]。洛杉矶事实上并不是那样的地方，像传说中所讲的，无论你脑子里想什么，你就可以去做什么。以他孩子气的、贵族的方式，卡明斯试图变得有趣，而好莱坞的显要人物并不接受玩笑。迪士尼已经推出了第一个矮小的角色，一个笨手笨脚的卡通明星——唐老鸭；另一部作品《三只小猪》也获得成功，但是

①卡明斯戏谑的词语，拿托尔伯格的电影公司开玩笑。——译者注

他们对一个从纽约来的40岁的诙谐者没有兴趣。这痛苦的经历，雪上加霜，演变成一个可怕的结果，就是加深了卡明斯语言上的反犹太主义，这也可能损害了他在好莱坞的机会。

玛丽安，虽然她已经在纽约和巴黎广受赞誉，但是在这里的机遇也不乐观。首先，她忽然已经在这地方过了30岁，对于一个女人而言，过了30岁就像奔向了死亡。好莱坞是一个关于演戏而不是关于时尚的地方。玛丽安所具备的这两种能力似乎没有吸引那些招聘者。没有人在乎她是否能够变成她所穿衣服里的那个女人，也根本没有人在乎服装。《时尚》杂志被认为是东海岸的矫揉造作。玛丽安绝望地找到著名的西部摄影师爱德华·韦斯顿（Edward Weston），希望他能像他的同行斯泰肯和霍伊宁根-许纳一样为她拍照。韦斯顿没有兴趣，他问玛丽安是否卡明斯愿意坐着画一些肖像。当然，是免费的。

在一个地方一再被拒绝，他们希望能够起死回生——或者是他们捉襟见肘的财务状况能够枯木逢春——卡明斯夫妇越来越思念家乡。到了9月份，他们准备认输，再去东部，但是他们已经无力承担回程的费用。他们绝望地搭乘野口勇的顺风车到了墨西哥和德克萨斯州的边境，他们是通过麦克马洪认识他的。再一次身无分文，只好又给丽贝卡发电报，她给他们寄了回纽约的火车票钱。他们以最快的速度去了新罕布什尔的山谷，去那里治愈心灵的伤痛。

新罕布什尔的秋天是自然界提供的最非凡的景致。因为这个州建立在岩石上，有许多的湖泊镶嵌在古老的冰川之上，枫树和橡树在秋风中闪着光，在秋阳下变幻出各种颜色，到了冬季，它们就像是突然冒出的一团团火焰，比周围任何的景物都更加鲜艳。明亮的大红和橙色，仿佛是织工用令人难以置信的朱红色和深赭色的花线织就的花边屏风，映衬着人们可以想见的高远空阔的蓝天。森林里有多种生物，鹿、松鼠和金花鼠，它们活跃在林间，正在为漫长寒冷的冬季做准备。空气中涌动着一种尖锐、锋利的力量，配合着苹果的香味向外发散，那意味着季节的交替。四处都是树木被砍伐和劈开的回声，木料堆满了门廊和车道；傍晚时分，夜幕降临之时，长长的光影投掷在草地和湖面上；当太阳落到群山的后面，光线越过湖水的表面，如同铺就了一条闪着金光的道路。卡明斯走了很远，试图找到他人生和他工作的方向。在晚上，他阅读、重读、评注托马斯·曼的《约瑟夫和他的兄弟们》（*Joseph and His Brothers*）。

卡明斯只能零星地发表作品。他的职业生涯看上去要结束了。一本很薄的诗集在英国出现。关于《汤姆》的芭蕾舞剧剧本，林肯·柯尔斯坦出了一个小版本。但是到了10月份，当卡明斯和玛丽安踏碎新罕布什尔的树叶、在晚上燃火取暖、注视着银湖上群星的时候，卡明斯的老友，也是他最亲密的在格林威治村的朋友加斯顿·拉雪兹于53岁的时候死于白血病。卡明斯和玛丽安赶去南方参加这悲伤的葬礼。

英俊、爱冒险的拉雪兹曾是在格林威治村围绕着卡明斯的作家和艺术家的中心人物。卡明斯总是会给友谊一份礼物——用他的迷人、有趣和慷慨。最初在哈佛，卡明斯的人脉就使得他的作品走入公众的视线，使他进入西线又回来，开始他作为一个诗人的职业生涯。卡明斯不是一个受限的社会动物，他可以在一次好的聚会上激情飞舞，不管会有怎样的挫折和财务的困难在聚会之外等着他。在他认识拉雪兹的那些年里，他已经是哈特·克莱恩及他们共同的编辑马尔科姆·考利最亲密的朋友。他的朋友玛丽安·穆尔已经给他的《日晷》的作品颁奖，由他的朋友斯科菲尔德·泰勒提供奖金。现在，即使是在他最亲密朋友的葬礼上，卡明斯经历了最大的羞辱：

甚至没有人安排让他发表悼词；只有很少的人认出他来。在葬礼的记录里，卡明斯被描述成“那样的微不足道，说实话是无用的。”[①]卡明斯现在40岁了，他最好的年华看上去已经在他身后。

即使是在这些最艰难的日子里，他仍然坚持着写作。他要回到帕钦普莱斯的工作室楼上或者是乔伊农场，用一支笔、一张纸，以他起伏、倾斜的笔迹来转化他的思想和情感，他感觉和观察到的，都会变成完美的、有条理的诗句，来打破那些规则。没有什么能够让他停止诗歌创作，即使没有人想读它们。玛丽安是他的支柱，还有他的母亲。卡明斯是信心和任性的结合体，驱使着他在几乎没有读者的道路上前进。

第一个好消息是在很长的一段时间之后，来自1937年，当卡明斯已经42岁的时候。他的代理人勃兰特&勃兰特出版社的柏妮丝・鲍姆嘉通（Bernice Baumgarten）和查尔斯・皮尔斯（Charles Pearce）共进午餐，他是在哈考特和布拉斯出版公司工作的一个年轻编辑，他们的谈话转向了卡明斯的作品。代理人和编辑都感到不安，卡明斯的大部分作品都已经绝版了，且不可企及。尽管哈考特和布拉斯出版公司已经拒绝了出版《不用谢》，尽管很多编辑不是卡明斯的粉丝，皮尔斯的能量和热情还是获胜了。他准备编辑卡明斯的诗，哈考特和布拉斯出版公司将予以出版，那是一个新的卷本，卡明斯将它起名为《诗抄》（*Collected Poems*），这将有助于使他的诗歌再次彰显出价值。“如果大部分人能出生两次，他们大概会称之为死亡。”卡明斯在书的简介中写到。实际上，他的确重生了，不管他知不知道。

① 索伊-洛桑：《E. E. 卡明斯》，第406页。

《诗抄》出版于1938年的2月，是卡明斯作为一个主要的美国诗人职业生涯的开始，作为一个坏男孩化身的变形。卡明斯和皮尔斯从他过去数十年里所写的几百首诗里挑选了这些诗，从《郁金香和烟囱》开始，增加了22个新的篇目。“我的诗本质上是画。”[①]卡明斯告诉皮尔斯，当他们一起工作的时候。

在他诗集的简介中，卡明斯直接告诉读者，劝告他们分享他人类经历的卓越观点。“这些诗歌是献给你和我的，而不是给大多数的人。”他写道，“——试图假装大部分人和我们一样是没有用的，大部分人和我们很少有共同之处。你和我是人；大部分人是势利小人”。[②]再一次的，他是一个淘气的、轻率的乐观主义者和忠实的观察者，他已经创作了他早期的诗歌和《巨大的房间》。“我给你留下了一个奇迹般的回忆：他们是能被一些人爱着，并将不断重生的人们。”

在为诗集挑选诗歌的时候，卡明斯丢弃了一些表达愤怒情感的诗歌——不管是《耶和华埋了》（*Jehovah buried*）还是《我是说这个男孩》（*the boys I mean*）——包括他所有最顽劣的诗歌。《不用谢》部分地被呈现，他最快乐的关于男人和女人的诗歌之一，使用抑扬格、双韵脚的儿歌韵律来写：

他问 我能感觉吗
（她说 我将会尖叫
他说 就一次）
她说 很有趣

---

①里夫：《E. E. 卡明斯》，第99页。
②卡明斯：《诗抄1922—1938》（*Collected Poems* 1922—1938）。

（他问 我可以触摸吗
她说 多少
他说 很多）
她说 为什么不

（他说 让我们走吧
她说 不要走太远
他说 那会是很远
她问 你到哪里了）

他问 我可以留下吗
（她问 用什么方法
他说 就像这样
她说 如果你吻

他问 我可以动吗
她问 那是爱吗）
他说 如果你愿意
（她说 但是你在杀我

他说 但这是生活
她说 但是你妻子
他说 现在）
她说 哦——

（真好啊 他说
不要停 她说
哦 不 他说）
慢一点 她说

（……来了吗？他问
嗯……她说）

他说 你是天赐的！
（她说 你是我的）

有了哈考特&布拉斯出版公司的400美元预付金，卡明斯和玛丽安去了巴黎和纽约，在那里，他们拜访了生物学家索利·朱克曼（Solly Zuckerman）。1937年的夏天，在欧洲是一个奇怪的时期。西班牙的内战正在上演，墨索里尼已经和阿道夫·希特勒联合起来。在朱克曼的晚宴上，卡明斯和玛丽安遇到了著名的哲学家和好色之徒A.J.“弗莱迪”阿耶尔（A.J. “Freddie” Ayer）。“当一些男人在玩高尔夫球的时候，阿耶尔在玩弄女人。”阿耶尔的三任妻子之一，迪伊·威尔斯（Dee Wells）说过这样的话。

阿耶尔最著名的书《语言、真实和逻辑》(*Language, Truth, and Logic*）已经出版，论证了上帝是否存在的问题。阿耶尔在他去牛津的路上，经过一个战时限制在英国的特勤局，玛丽安进入了他的视野。她是一个大美人，但是她的美丽近来没有得到很多的欣赏。在经过两天秘密的求爱之后，他最终如愿以偿。对于他来说，她仅仅是一个战利品。而对于她来说，他是一个错误。后来，玛丽安向卡明斯坦诚地说出了一切。他悲痛欲绝，尽管他们两人从来没有期待一夫一妻制。但是最后，她经过努力，成功地让卡明斯相信了他是她唯一爱的男人，他们的生活继续像过去一样往前走去。

在巴黎，玛丽安和卡明斯以及已经变老的伊莱恩——她不再是精致的美人——和她的丈夫弗兰克·马克德莫特一起喝茶。尽管卡明斯问到女儿的情况，并被告知她在维也纳的一所学校，但是他看上去已经放弃了曾经拥有和她保持父女关系的希望。她现在17岁，一个年轻的女孩儿，在爱尔兰、瑞士、奥地利，在一所学校到另一所学校之间往来，她开始阅读和写作诗歌。

卡明斯所不知道的是，南希已经读过他的诗歌，并为之感动和兴奋。当然，她不可能知道他是她的父亲。伊莱恩保守这个秘密是一件很容易的事情，因为南希总是在寄宿学校。南希问过关于她父亲的事，但是从来没有得到过回答。偶尔，伊莱恩的谈话会涉及她在纽约的时候，或者是她和南希的官方父亲斯科菲尔德·泰勒在一起的时候。一次，伊莱恩无意中吐露出她曾和卡明斯结过婚——她是在试图给她青春期的女儿一些影像吗？当南希兴奋地询问更多的信息，伊莱恩却拒绝细说。南希对于她的母亲在一个遥远的地方发生的浪漫的青春梦想，并没有发表意见。和伊莱恩谈论南希对于卡明斯来说是痛苦的。很明显，即使是他渴望见她，即使是他见到她，她也不知道他是谁。时间和伊莱恩一起做得很成功。对玛丽安的依赖、对他写作的担忧和不断地为钱发愁，使卡明斯再一次放弃了见女儿的念头。

当卡明斯回到纽约时，发现《诗抄》已经成功了。卡明斯被称赞为是一位重要的诗人——这是第一次获得的真正奖励，在他很长很长时间以来的写作生涯中。“这是一个完全诚实的艺术家的诗歌。”①一个评论家写到。

别的评论家，无论是保罗·罗森菲尔德（Paul Rosenfeld），还是S.I.早川（S. I. Hayakawa），都赞扬了这本书，约翰·皮尔·毕夏普（John Peale Bishop）在《南方评论》（*Southern Review*）上用一篇长长的随笔称赞卡明斯是一位重要的诗人，并且尊重他所有的作品，在21世纪的文学背景下。玛丽安·穆尔对于诗集全是赞美；他还收到了一封卡尔·桑德伯格所写的崇拜信件；罗伯特·潘·沃伦把《野牛比尔》放在他富有创意的《谅解的诗歌》（*Understanding Poetry*）里面，那本书在很多大学里被用作教科书；《诗抄》得到了年度普利策奖的提名。“当卡明斯写‘鸟儿的歌唱比书本告诉我们的要甜蜜’的时候，他在唱着他自己的主题曲。”②哈里·莱文在后来对卡明斯作品的评价中写到。“当书本试图模仿鸟儿作徒劳的企图，诗歌可以用他的措辞被形容。”莱文写到。卡明斯自然的抒情诗主张已经把现代环境压力下的辉煌转换成一种讽刺性的拒绝。“格林威治村的女儿们被抓住，在急速奔逃的大街上，贵妇们正处于绝望之中。”

然而包含22首新诗的《诗抄》发出嘶嘶声，猛咬着卡明斯一生中的快乐，他对非传统的尊重，他为所有奇怪的、不寻常的、简陋的东西而感到欢乐。诗集最好的是它的结尾，用一个祈祷作为开头：

你需要把自己的快乐和年轻放在所有的事情之上。

用它最强大的、最令人兴奋的对联作为结尾：

---

① 卡明斯：《诗抄1922—1938》，第100页。

② 《哈佛觉醒5》，1946年春，第61页。

我宁愿学习一只鸟儿怎么歌唱

也强于去教一万颗星怎样不去起舞

卡明斯和玛丽安在一起已经5年了，他们在帕钦普莱斯4号的家已经呈现出一个传统的家庭模式。尽管卡明斯保留了一个单独的工作室，但是他们却作为丈夫和妻子真正地生活在一起，虽然他们没有结婚。

就在此时，再一次地，玛丽安开始与另一个男人交往，英国导演保罗·罗萨（Paul Rotha）。一个年轻的、未婚的电影制作人，罗萨的纪录片后来获得了两次奥斯卡金像奖的提名。他为玛丽安神魂颠倒，她暂时地屈服了。然后一如从前，向卡明斯坦白了。卡明斯不想和玛丽安结婚；他不能承担和她再有一个孩子的责任，或者是和任何别的人有一个孩子；他不想告诉她该怎么去做，因为他自己不想被告知怎么去做——但是他也不希望她欺骗他。在和他后悔的爱人进行了多次沟通之后，也经过了和维特尔医生的磋商，卡明斯决定修补和玛丽安之间的关系，接受她的道歉，继续今后的生活。

第十章
埃兹拉·庞德和《圣诞老人》

传记是一种结合上下文的训练。在书写一个生命的过程中，传记作者必须创造时间，在其中，生命是活的。有时候，传记要回头看，判断、谴责现代知识和习俗优势的主题行为；有时候，一个传记作者会再创造一种情境，一个主题行为可以以另一种方式被理解，但是他们的意图，在写作的时候有可能不被读者真正所了解。

在卡明斯生活的20世纪20年代、30年代、40年代中被人们认为是正常的行为，在现代则被认为是沉溺的、自我毁灭的和不正当的习惯；现在被人们认为是正常的行为——性取向、婚姻状况——在那时则被认为是沉溺的、自我毁灭的和不正当的。例如，在卡明斯生活的大部分年代里，几乎每个人都愉快地被香烟束缚着，没有人仔细考虑吸烟对肺和心脏所造成的损害。另外，他所认识的大部分作者和他大部分的朋友都大量饮酒，而从来没有仔细考虑过它的危害。20世纪中叶是醉酒的文学年代——即使是现在，醉酒也是非常的普遍。虽然大部分的作家没有过度饮酒，但是很多人仍旧把作家的创造性和酒精联系在一起。卡明斯和他的朋友及同行们几乎总是喝酒或宿醉，或者介于两者之间。

在20世纪40年代伊始，人们发现了处方药品，很多医生乐意开处方药给他们，增加了另一种身体层次的变化，成为早已中毒的混合物。卡明斯服用眠尔通、利眠宁、耐波他，这从来没有被认为是一个医学问题。不只是他一人如此。直到20世纪末期，副作用的概念看似并没有进入公众的意识当中。

另外，在那个时代，只有很少的一些人会做日常的锻炼。当备受尊重的芝加哥大学校长罗伯特·赫钦士（Robert Hutchins）被问到他是否做运动时，他说，当他被激励去运动的时候，他所做的就是躺下、等待，直到时间过去。每个人都认为这很有趣。现代生活所证明的锻炼的好处——对于身体、大脑和心理健康——是那时候的人所不了解的。人们想象运动会杀了他们，而不是让他们强壮起来。尽管他们较少吃加工过的食品，自已做的食品更多，但是很少有人，除了怪人，会仔细考虑食物给他们的身体所带来的影响。几乎没有健身房、没有健康食品店，尽管有一些食疗信徒，但他们是被边缘化的，而且经常是被嘲笑的。

在种族、性别和宗教包容方面，20世纪40年代和50年代的男人和女人也还是处在黑暗年代里。黑人法律控制着南部。尽管女人有20年的投票权，但是她们中很少有人拥有自已的政治观点；她们听从于养家糊口的丈夫。没有女人在参议院或是议会。很少女人会有工作，除了做家庭主妇或是母亲。非正式的反犹太主义很常见。正式的反犹太主义受到大家的期待。一封来自耶鲁招生委员会的信，提及关于申请人是深色皮肤和浅色眉毛的“希伯来人种”[①]。

在卡明斯所生活的世界里，同性恋几乎是完全不被接受和骇人听闻的。洛厄尔校长已经在哈佛开展了反对同性恋的活动，他可不是孤军奋战。尽管哈佛的男孩们有时候会胡闹，尽管卡明斯对吉

①申请人是我的叔叔托马斯·温特尼茨（Thomas Winternitz），他的父亲，也就是我的祖父，是耶鲁大学医学院的院长，因为反犹太行为被赶下台。

姆·沃森和威廉·斯莱特·布朗有渴望，并且在《巨大的房间》一书中，在马塞堡，他差点向另一个狱友抛媚眼，看起来似乎任何人不会想到他可能是一个正当的双性恋者——大概是因为在他的世界里，根本不存在正当的双性恋那么一回事。男人要么是一个男人，要么是一个违反规则的怪人。

1960年代晚期，批评家和教授牛顿·阿尔文（Newton Arvin）被联邦间谍逮捕，他们在黎明时分闯进了他的公寓——他犯了错误，通过美国邮政寄送了部分裸体的年轻男子照片。联邦政府判定这些照片是非法的，阿尔文，这个曾经一度是文学圈里受人尊重的成员——“牛顿就是我的哈佛大学”，杜鲁门·卡波特[①]曾发表这著名的演说——被解雇，并被监禁，死于三年之后。对他的审讯是一个丑闻，令每一个人感到恐惧，他们甚至想到曾经对同性恋者施以的暴行。证词详细地道明了曾经和他一起睡觉的男人，这些男人也被解雇了，并被赶出他们的社区。作家们的移民地——雅斗，阿尔文曾在那里做出了大量贡献的地方，也叫他辞职，离开。

对于卡明斯而言，所发生的这些狭隘的代表性事件对他来说都是灾难。传统邪恶势力用各种理由关闭了他庆祝的自由。卡明斯一直以来对儿童的态度很明确——他最喜爱的诗歌是华兹华斯崇拜儿童的《永生的提示》（*Intimations of Immortality*）。在诗歌里，儿童是天真的，全部来自天堂，“牵引着光荣的云彩”，非常的像亚当和夏娃降落人间之前在伊甸园里的情景。在他们的那个年代，孩子们也被黑暗、惩罚的文化所伤害。“牢房的阴影开始关闭/在成长男孩的头顶。”华兹华斯写到。

① 美国作家，著有多部经典文学作品，包括中篇小说《蒂凡尼的早餐》（1958）与《冷血》（1965）。——译者注

在诗歌之里和诗歌之外，卡明斯和华兹华斯一样，他心灵的祖先把年轻和自然的世界当作偶像来崇拜。比起自我约束的成人世界，年轻人是聪明和纯洁的，更是天真和美丽的。在孩童的世界，自然伴随着它无法解释的荣誉，真实的启迪可以被寻找到。

我的心能一直打开吗？向着那些
小鸟儿，它们是生命的秘密
无论它们所歌唱的是否好于他们所知道的
如果人类听不见他们，人类老了

我的思想可以自由地游荡吗？在饥饿
在无畏 在渴望 在柔顺之中
即使这是礼拜日，我错了吗
因为当人类是正确的时候，他们便不再年轻

我本身可以什么也不做吗？
爱你，却比事实上的还要多
从来没有那样的一个傻瓜可能会失败
带着微笑，牵引他头顶整个的天空

在伊甸园中、在我们的物种里、在华兹华斯含蓄的“牢房的阴影”里的就是“性”。孩子、动物和鸟类，对性的世界有一个欢喜的理解，而不是一个特别的性的锁链。它仅仅存在于青春期，一个男孩成为异性恋者或者同性恋者，或是两者都同时兼备。对于一个成长在家庭里有一位专横、阳刚父亲的男孩，在一个城镇的某个时间，根本不允许存在同性恋这样的事，任何来自男人的吸引都必然是混乱的困惑和疼痛。

卡明斯对于自己多方面依赖性的分析——对于他的父亲、对于斯科菲尔德·泰勒、对于伊莱恩——在卡明斯的日记中注明，当泰勒让弗洛伊德提出分析的时候，弗洛伊德怂恿他让卡明斯和伊莱恩结婚。在做这件事情时，他“放弃了对道德的自我表达，回到了我的童年时代”。[①]他写到。清楚地表明他自己的愿望将是一种挣扎，不管卡明斯的矛盾情绪是否已经隐藏在和世界上最美丽的一位女人的联姻之中。卡明斯被爱情、占有或许还有一些未被勘查的秘密所维系着。

当沮丧减少，战争开始靠近，随着《诗抄》的出版，卡明斯的荣誉在慢慢地重新建立。然而第二次世界大战的到来对于卡明斯和玛丽安来说是一场极其可怕的大的变迁。旅行已经成为卡明斯夫妇最大的快乐。作为一个男人，他是一个世界公民。现在世界看似即将分崩离析。卡明斯和玛丽安在1937年去了英国和法国，出发时是用《诗抄》的预付金，继续前行则是用向来心甘情愿的丽贝卡汇来的两张支票，第三张支票来自她的儿子让她从朋友那里借来的。但是英国看上去是悲哀的。

卡明斯到了40岁的时候，变得越来越衰弱，玛丽安也开始遭受剧烈的关节炎所带来的痛苦。他的身体几乎总是在痛，这种慢性的疼痛侵害了他的世界中的那些小事情上的幽默和快乐——下午倾斜的阳光、在库利的一顿晚餐的愉快，或者是在一天结束时一次痛快地饮酒和看一个年轻女人脸上专心致志的表情，她正通过他的作品

① 霍顿图书馆保密材料。

开始理解他。

到了20世纪40年代早期，他后背和腿的疼痛驱使他去做了各式各样的治疗，最终他去波士顿找到了弗兰克·欧博（Frank Ober）医生。欧博给他做了X光检查，他的病被诊断为脊柱炎。卡明斯是一个身体经受了很多摧残的男人。他在法国度过了患病的和几近饿死的3个月，从他记事开始，他就抽烟。他轻视运动，喝很多酒。他吃耐波他以助睡眠，当它不能发挥作用的时候，他就增加剂量。尽管如此，也很难不去想他后背和腿的疼痛有各种各样精神上的原因。卡明斯挚爱的世界看似就要终结，就像他的同行T. S.爱略特所写的，“不是砰的一声，而是呜咽声”。

欧博告诉他要细心地照料自己，并且改变生活方式。他给卡明斯做了一个有弹性的束身衣，以稳固他的后背。“它类似于一个盔甲，但是我感觉自己像是住在一个排水管道的管子里……而不是像许多古罗马人，尽管斯多葛哲学在现代强有力地、得心应手地流行起来。”[①]他给母亲写信说。欧博同时告诉卡明斯要尽量快乐起来。

斯多葛哲学不是好心情的处方，卡明斯看似在战争发展过程中消沉下去了。他反对战争，接着，他几乎反对每一件事情。“他的感觉是如此痛苦，以至用‘和平主义者’这个词语看似都不能恰当地形容他。”理查德·肯尼迪写到。卡明斯在给庞德的信中引用了梭罗，然后生气地想知道，“是梭罗先生露水紫杉的手指中断了一次手淫或者他就是一个太监？”[②]

尽管旧时的音乐有时从他身体里浮起，在纸上固定这些音符，但他战争期间的诗歌创作，由亨利·霍尔特出版社出版的他1944年

---

①肯尼迪：《镜中的梦幻》，第390页。

②《庞德/卡明斯》，第143页。

的诗集《1×1（一乘一）》[1 × 1 (*One Times One*)]，却几乎是彻底的愤怒：

在给人的所有祝福里
某种进步透露着
一个位于至高无上地位的 我是指一个
动物 没有一颗心

他用一种非比寻常的、痛苦的抒情诗格调来写。

尽管阿奇博尔德·麦克利什（Archibald Macleish）反复为卡明斯提名，当庞德让他知道艺术和读者国家研究所已经把他的名字撤下的时候，卡明斯取笑威严的文学之光的躯体，庞德称之为"Insteroot (ov Awts n Lers)"①。看上去没有一件能使卡明斯感到高兴的事情，世界朝着一个怨恨的启示旋转，这怨恨反射着他自己的愤怒。庞德请他的一个朋友，一位艺术家和作家，温德姆·刘易斯去探望卡明斯。"我在纽约见到他。"刘易斯之后给庞德写信，"但他是那样的一个神经质和暴躁的小男人，使人不可能和他有太多的对话。"②

卡明斯的愤怒，曾经一度虚假地成为灿烂华丽辞藻的瀑布，现在转向了内里。有教养的反形式主义通向他青年时期的灿烂、大变革的诗歌——《野牛比尔》《全部绿色中》《坎布里奇的女人们》——形成更多的抵抗和较少的诗意。每件事情看上去都像是出

---

①《庞德/卡明斯》，第146页。
②同上，第145页。

了毛病，个人的和宇宙的。卡明斯是一个平等机会的仇恨者。他恨希特勒，他恨犹太人。他恨罗斯福，也恨斯大林——他特别恨斯大林。他恨批评机构，他不喜欢第十大街上的新餐厅。他嘲笑别的诗人，他们曾经是他的朋友，威廉·卡洛斯·威廉姆斯也在其中。

1939年春天，庞德从雷克斯航行去纽约，部分原因也是为了去看卡明斯，他发电报对庞德的到来表示欢迎。庞德的到访是卡明斯能预料的快乐，但是庞德那身材高大、脾气暴躁的到场在帕钦普莱斯4号狭窄的房间里是超过卡明斯和玛丽安所能忍受的。每一个人都想和这位伟人见面。在五十五大街的罗伯特饭店里吃晚餐的时候，马克斯·伊士曼（Max Eastman）对庞德的印象是："有吸引力的卷曲的头发，小小的卷，眼角里有许多的笑——神经质地焦躁不安。然而，这自我迷恋的'伟人' 有着贪得无厌的渴望……我发现他亲切而且可爱。"[①]庞德给他们做了演讲——卡明斯、玛丽安、伊士曼，还有一位记者盖伊·希科克（Guy Hickock）——讲到饮食习惯，他劝告他们要轻松地吃，然后，他点了菜单上最贵的菜——"一块厚的带血牛排和高端红酒"。[②]

卡明斯因为庞德迅速增长的反犹太主义而感到不安。"我们不知道他是否是一个间谍，还是仅仅是一个精神分裂症患者，但是我们感到他难以置信的孤独。"[③]卡明斯给他的老朋友吉姆·沃森写信，"一整个早晨拿反犹太主义来漱喉咙，显然不能够帮助一个人的嗓子去歌唱。"庞德在纽约停留的时候，每一个人都想见到他，但是

①《庞德/卡明斯》，第138页。
②同上。
③同上，第139页。

对于回复来自诸如威廉姆斯或是福特·马多克斯·福特的电话，庞德这个伟人却不能够感到厌烦。“我找到可怜的庞德，他的背靠在前厅的沙发上，就像一个出轨的快运货物，喘着粗气，以至不能打电话，但是当我建议邀请威廉姆斯来这里，这个病人虚弱地说‘不’。”卡明斯写信给沃森。新罕布什尔的6月是黑色飞行季，但是就在最热的日子，卡明斯和玛丽安逃往了乔伊农场，离开了众人艳羡的对庞德的占有。

在此期间，有一个离他最近的人、一个他不会嘲笑的人，就是玛丽安。卡明斯身体的虚弱使得他极其依赖她，后来，她的病也使得她依赖他。这两个人靠得如此之近，使得从外面来的任何一个人看上去都像是入侵者。玛丽安给予他越来越多的保护，就好像将卡明斯从他的爱慕者和世界上的其他人那里隔离开来，就会使他少一点愤怒、少一点病。这给她造成了巨大的负担——她在本质上是一个古怪的、变老男孩的保姆。这也在两人之间建立起了屏障，后来导致许多的心碎。目前，在变老和生病的压力下，玛丽安和卡明斯唯有感谢上帝让他们彼此拥有——没有任何一个其他人能够容忍他们。

当战争发展到可怕的高潮，庞德变得越来越愤怒、越来越疯狂。1940年，在他回到拉帕洛的家之后，写信给卡明斯，说美国实际上是被“外国的犹太代理人”领导。这封信几乎是不可思议地混合着愤怒和困惑，混合着对希特勒农场计划的赞美，他提到了卡明斯的诗《我是说这些男孩没有教养》，信中有反犹太的段落，还有反对美国的咆哮[1]。卡明斯的回复是甜蜜和快乐的：“春天就要来了。两只企鹅从我们的壁炉上起飞向你致敬。女人传达她的爱意，大象

① 《庞德/卡明斯》，第152页。

祝你好运……”[①]

到了1942年，庞德从拉帕洛以书面形式，对于设立美国临时政府发出咆哮，卡明斯以母亲最喜爱的口号作为回复，“健康和幽默感”。但是健康和幽默感，还有所有别的事物看似已经抛弃了庞德。庞德被反犹太主义吸引，加之他对意大利法西斯主义独裁者本尼托·墨索里尼的英雄崇拜，意大利政府出钱给他，使他做了一系列令人厌恶的无线电广播，支持纳粹德国和领导者。这场战争是埃兹拉·庞德作为受人尊敬的诗人、评论家和朋友，最后致死的原因。

然而，卡明斯还有更多的生活要过，尽管20世纪30年代晚期和40年代早期，造成了他性格的改变，还有他和玛丽安密切的关系造成的改变，都将会影响他今后的人生。卡明斯的身体再也没能变得强健，但是在欧博的帮助下，各种各样的止痛药和适量酒精，还能够让他坚持下去。他最美妙的在自然界中领略的快乐将他从苦难和一些朋友的疯狂中挽救出来——哈特·克莱恩、乔·古尔德，现在是庞德。他也找到了轻松的心情和另外一种支持，比写诗更少一点的孤单的职业。

对所有规则和权威的愤怒，在卡明斯的青少年晚期和在哈佛大学的时候，看似已经抓住了他，是他成为一个作家和画家的巨大刺激因素。哦，有那么多的规则需要去打破！还有那么多的欺骗！有那么多拥有权力和地位的人，他们不知道自己现在在做什么，或者是谁在利用他们的力量去进行伤害。从A.劳伦斯·洛厄尔到弱智的美国士兵们，他们憎恨已经开到西线去提供帮助的法国军队。卡明斯的生命是一场伟大的盛宴，假的权威只是等待被消耗。一个世纪之前，L.弗兰克·鲍姆写了虚构的伟大寓言故事，《绿野仙踪》，而卡明斯也在忙个

①《庞德/卡明斯》，第156页。

不停，拉开帘幕去揭露他能揭露的任何事情，虚假的、狂妄的，还有多余的死板。

愤怒不会随着人的年龄增长而有所减轻。愤怒的年轻人是迷人的；愤怒的老年人却缺乏吸引力。诗学先驱奇迹般地进步和发展造成在20世纪20年代激烈地批评这个世界的孤独者，到了20世纪30年代，这种状态已经给人们带来严重损害。卡明斯不在乎评论机构的说谎者，但是他累了。当战争发展到可怕的、胜利的结束时期，诺曼底登陆的日子、广岛和长崎的原子弹爆炸，帕钦普莱斯4号并没有多少庆祝。尽管他几乎没有涉及战争，但是卡明斯同意他的朋友庞德的意见，认为战争是一场拯救资本主义的运动，是优势兵力的一种阴谋，因此，他无比憎恨战争。

关于庞德命运的消息，令人恐惧的细节，在1945年之后传到帕钦普莱斯。过去，当卡明斯还是一个顽皮的男孩时，庞德就经常扮演他宽恕的父亲角色。卡明斯真正的父亲却一直在试图了解什么是他儿子能够胜任的；庞德却完全能够懂得。从1941年11月到1945年12月，4年时间里，卡明斯写给庞德在拉帕洛地址的信没有任何回音。

第二次世界大战期间，庞德已经精神错乱，他被政治改造成在文学历史上最积极和最具有自我毁灭性的作家之一。他寄出了成千上万封越来越疯狂的信，并访问了美国，在华盛顿特区会见了某人，进行了激昂的演说。1943年，因为他的无线电广播节目一贯反对美国，特别是反对犹太人，他以叛国罪遭到缺席审判。意大利解放期间，联合游击队在拉帕洛的房子里将他逮捕。在他最后一次离开家的时候，他口袋里装着一本《孔子》。

庞德没有后悔。他想发电报给杜鲁门总统，递交一份最后的广播节目。他告诉一名记者，希特勒是一个像圣女贞德一样的圣人，墨索里尼是一个好人，只是误入歧途。庞德在1945年被逮捕时的照片，看上去是一个英俊的男人，一张线条分明的、聪明的脸和一双野性而疯狂的眼睛。5月24日，他被转移到了比萨北部的训练中心，他在那儿又制造了更多的敌人。

在比萨，一个临时的美国指挥官把他关在一个6英尺乘6英尺的铁笼子里，晚上在他的头顶上打着探照灯。他动不了，眼睛被灰尘感染红肿起来，没有床，没有皮带，没有鞋带，没有人可以交流，庞德慢慢地变疯。不管他以前的荣耀还怎样地残留在他身上，经过三周被美国人像笼中动物一样的关押，现在的他已经疲惫至极。他还没有被审讯。监禁在照明的铁笼子里是一种折磨，违反法律，残忍超乎想象。庞德已经60岁了。后来，他在《比萨的诗篇》（*The Pisan Cantos*）第80篇中记录了一些当时所发生的事情，奥德修斯被淹的时候“当木筏破掉，水越过我的头顶”。他在7月份最终被诊断为精神崩溃，尔后被转移到一个帐篷里，并向他提供阅读材料。

尽管庞德令人奇怪地猛烈攻击了自己的国家，特别是犹太人和院校（体系），但是那样的惩罚也是残忍的，是对他非法的虐待。这当然已经越过了卡明斯对于新闻和政治事件的黑暗势力之恐怖认知的底线。到1945年10月，当庞德到了华盛顿特区的精神病医院里，卡明斯给他写了热情洋溢的信，以“欢迎回家”作为信的开头。他会见了庞德的律师，于连·康奈尔（Julien Cornell），他告诉了卡明斯大量庞德被捕时的情况和在医院治疗的情况；在庞德被监视的情况下，卡明斯通过康奈尔送给他一本查尔斯·诺曼的书。信里还写了一些闲话，希望能够减轻他难以忍受的痛苦。“玛丽安在医院已经一年了，因为关节炎：我也被另外一种炎症款待着（反反复复）……现在我们两人都好多了，将要离开这里，去亚利桑那

埃兹拉·庞德，在圣·伊丽莎白医院住院后。1957年。

州……我们将会坐火车去。那时，如果健康情况允许，我们会踉跄着去华盛顿，向你当面道声问候，再踉跄着回来。但是如果不能成行，就只能用这封信来表达我们对你的爱了。”①

但是庞德是一个不一样的男人，他被同盟军的暴行毁掉，因此他自己的政府称他为“好孩子”。他在圣·伊丽莎白精神病院一直被监禁到1958年，在那里他寄给卡明斯的第一封信，表达的是一个悲哀的、非庞德式的小笑话——“我喜欢收到信”。②邮戳上盖着的时间是1946年1月25日。卡明斯回了信。但是难以测量庞德的经历给卡明斯带来的影响。战争的苦痛、婚姻的破碎、对权力持有者的愤怒，那些声称自己是正义的家伙，认为对一个老人施以酷行是正确的人——所有这些集中在一起，累积成一种幻想，成为卡明斯余生的伤痛。

那些日子，每一件事情似乎都在检验卡明斯的勇气。一个春天的下午，玛丽安站在雨中，等着穿过第六大道，被一辆从停车位里倒出来的汽车给碰了。没有人打得倒玛丽安·莫尔豪斯。她钻进那辆撞她的汽车，让司机送她去帕钦普莱斯，同时记下了车的号码。一到家，她“换了衣服，躺了几分钟，然后起来为我和一对客人夫妇泡茶，接着按了大象铃。”卡明斯写信给希尔德加德·沃森，“我随后从我的工作室下来，发现她正在热情洋溢地款待那对客人夫妇。”③

在那些可怕的年月里，已经成为卡明斯的精神支柱和保护人的玛丽安，忽然间得了关节炎，强烈的疼痛让她难以忍受，正如卡明斯已经写信告诉庞德的。她一再住院。卡明斯转变成一个看护者的角色，

①《庞德/卡明斯》，第167页。
②同上，第168页。
③卡明斯：《书信选集》，第166页。

玛丽安·莫尔豪斯。希尔德加德·沃森所绘。

他尝试履行好这个角色，但这对他来说绝非易事。最后，这对夫妇在朋友的劝说下，决定去亚利桑那州待几个月，那里空气干燥，人们认为在那里能治愈很多病症，包括关节炎。卡明斯的朋友詹姆斯·安格勒顿（James Angleton）的妻子，西塞莉·d'奥特里蒙特（Cicely d'Autremont）在图森市有一所很大的房子，她邀请玛丽安和卡明斯去住。无论环境对病人的现状是否真的有所帮助，但改变的一切也许就是一种治愈——他们回到纽约的时候，都感觉好多了。

南希从来没有在卡明斯的私生活里离开很远，尽管他已经有十几年没有看到她。她现在是一个青年女子了，他只知道这么多。他已经错过了她的大部分童年时代。卡明斯总是维护孩子们，他有一颗童心，在那可怕的年月，他开始写另一个剧本《圣诞老人》，再一次揭穿美国文化的喧嚣和好战。剧本是关于一个父亲和孩子的重聚。死神试图扮成圣诞老人，唯一能看穿他面具的就是孩子。

正如那个指出皇帝没有穿衣服的孩子，卡明斯笔下的孩子总是天真而又深刻。从19世纪开始，关于孩子的观念已经从旧的传统观点，即他们是魔鬼的存在，必须受到成年人教化——牧师和教育家乔纳森·爱德华兹称他们为“毒蛇”——转而变成孩子们是天使的理念，只是被成人和成人的文明给毁坏了。

卡明斯认为，孩子是对成人世界的拯救，他要保持自己天真烂漫的品质，不仅仅是因为那会使生活更加有趣，而且他认为那是我们的世界继续得以存在的方式。卡明斯爱他的父亲，那个完美的成年人；但是他拥抱的却是他母亲的玩笑，他舅舅的叛逆，还有他自身的孩子气。卡明斯认为，唯有孩子是神圣的、可信赖的。他不想要孩子，也许是因为他不想看到他们成长中令人心碎的时刻。远离批评者所指控他的不负责任的行为，他相信，只有孩子是唯一拯救世界的办法。精神病医生可能会说，失去两个童年时代的痛苦——南希的童年，和早年他自己在银湖冰冷的水中所失去的童年——使得他的信仰更加坚固；那不仅是理智，也是一种情感的力量，他拒绝成为统治世界的自大、虚假、好战的权威，宣扬智慧的骗子。他的诗歌变得更加悲伤：

让它走吧——那
破碎的词语断开
公开的许愿 或
誓言裂开的长度
智者——让它去吧
发誓
　　离开

让他们离开——这些
真实的说谎者 和
虚伪的美人
以及所有 是 和
不是 的家伙——你必须要让他们走开 他们的
出生
　　是为了离去

让一切都走吧——那
大的小的中间的
高的更大的 真正

最大的 和 所有的
全部——让他们都走吧
亲爱的
　　因此 爱就来了

比起卡明斯，没有人更加认真地对待严肃的欠缺。毕竟，美国历史开始于一次叛乱——殖民者是他们的英国国王父亲眼中淘气的顽童。我们的国家在大多数时候是自命不凡的，也混合着在其他地方所找不到的玩笑和乖张的特质。在经济大萧条和第二次世界大战期间，这种特质比起我们在历史上任何时期的表现来看都是罕见的。但是，当战争的阴影在记忆中渐渐扩大，舍弃繁荣之后，这个国家开始变得放松，以另一种方式梳理、重组它自己。那是超出卡明斯所能忍受的，他再一次地开始画素描和唱歌。

卡明斯把《圣诞老人》献给弗里茨·维特尔，这个精神病学专家一直是他情感的支柱和朋友。当卡明斯到了50岁时，他的生活开始转好。1945年，他赢得了远离他很久的第一个奖项，来自美国诗社（the Poetry Society of America）的雪莱纪念奖（Shelley Memorial Award），奖金是670美元。但是先前那些可怕的日子所留下的创伤：读者背叛他、亲密的朋友被锁在笼子里、疾病和慢性疼痛就像病毒一样侵蚀着他……伤痛，不是那么容易愈合的。

第十一章
丽贝卡和南希

卡明斯的母亲丽贝卡，是一位标准的马萨诸塞州的美国人；她是相信诸神教会改良和善行的清教徒的后裔。就像卡明斯写到的，是“百分之一百零一真实的新英格兰人”！[①]对他而言，她是一个英雄，是这样的一个女人：她的生活建立在人类与生俱来的善良，特别是建立在他儿子的天赋之上。

丽贝卡晚年的时候和卡明斯的妹妹伊丽莎白·卡明斯·哥利以及她的丈夫卡尔顿·哥利一起生活，他是一个流动历史学教授，研究挪威人—美国人社群，她爱他们的两个孩子，约翰和玛丽。伊丽莎白·哥利写了一本20世纪初她在坎布里奇成长故事的回忆录，《当我还是一个小女孩》[②]，把它送给孩子们。哥利的家搬来搬去——从纽约搬到宾夕法尼亚州，在纽约的时候，他在哥伦比亚大学任教；到了宾夕法尼亚，他在斯沃斯莫尔学院任教。后来他们又搬到密歇根州，因为他要去密歇根大学任教——在他们的学院环境中，丽贝卡·卡明斯看似是一个很能适应这种漫游的老人。1946年的夏天，卡明斯去探望妹妹一家人，那是他最后一次见到母亲。

---

① 卡明斯：《书信选集》，第158页。信件注明日期：1941年3月29日。

② 书的献词：“写给约翰和玛丽以及他们的孩子，还有孩子的孩子们。”

卡明斯的父母总是用一个关于月亮的浪漫见解作为工具来和孩子们交流，他们告诉孩子们，全世界夜空中的月亮都是一样的，它能使在不同地方的人心灵相通。例如，当卡明斯第一次世界大战期间在马塞堡的监狱里被关押——那3个月的监禁生活后来变成了一本书《巨大的房间》——他的父亲写信给他，告诉他在夜晚透过监狱的窗户看月亮。他的父亲，在世界的另一边，在坎布里奇的104号欧文大街上站在户外，也会一起看月亮，以这样的心灵感应方式，两个人的心将会连接到一起。现在，卡明斯也将会看月亮，寄托他对远方母亲的思念。当丽贝卡变得衰老，当她和爱德华·卡明斯的姐姐简最后回到欧文大街卡明斯的家，玛丽安的影响力正在渐渐变大。

在卡明斯最后一次探望他的母亲后，他在日记里真实地记录了被她的外貌变化所震惊的感觉。这样一个老的、聋的、神话般的存在怎么竟然是他的母亲？后来在1947年1月他写给母亲的信中告诉她一个有趣的故事，那个故事来自他的朋友西里尔·康诺利（Cyril Connolly），他是英国杂志《地平线》（*The Horizon*）的编辑。他在接受美国电台采访的时候，被问到宗教信仰是什么，他回答说他的信仰是卡明斯主义。这个采访者是可怕的，又问道，“你难道不知道他是一个叛徒吗？”当康诺利指出她弄混了卡明斯和庞德，采访人耸耸肩说：“反正就是他们三个人中的一个——爱略特、庞德，或者是卡明斯。”丽贝卡·卡明斯一直以来都是他儿子最好的、最能欣赏他的听众。

她去世的那个月，卡明斯倾情而悲伤地回忆了他最亲爱和最无私的母亲。“一个非凡的人，具有天赋的、不屈不挠的勇气，去世于几天前。”他给他的朋友希尔德加德·沃森写信说，“她87岁，聋得

老年的丽贝卡·卡明斯，在乔伊农场。

厉害，身体瘫痪；有一颗年轻的心和一种纯粹的精神。”[①]丽贝卡在她的遗嘱里，要求把眼睛捐献给盲人。

丽贝卡·卡明斯，一个因为孩子而快乐的女人，却在超过20年的时间里没有看到她的孙女南希，当她死于1947年的时候，已经成人的南希在地理上离她是如此的近，近得超乎想象。三个女人成为贯穿卡明斯一生的难题：丽贝卡·克拉克·卡明斯、南希·泰勒·卡明斯·罗斯福和玛丽安·莫尔豪斯。

卡明斯从作为一个诗人获得成功开始，到进入事业的停滞期，然后又开始复苏；当他两次结婚、离婚，到最后终于找到玛丽安，和她创造一个家庭；当他到巴黎去帮助埃兹拉·庞德，到他的作品获奖。所有这些事情发生的同时，在世界的另一个地方，她的女儿南希一直养尊处优，作为一个移居国外的人的女儿，她有着孤独的童年，她的母亲嫁给了一个爱尔兰的政客。当南希的母亲有了一个儿子——弗兰克·马克德莫特的儿子——在南希11岁的时候，她的生活变得更加糟糕。当她随着她的母亲和专横的弗兰克·马克德莫特，从一个国家转移到另一个国家，她一直是由女家庭教师来照顾。“南希小时候就像是一个洋娃娃一样被对待。”理查德·肯尼迪写到，“她穿着漂亮的裙子，展示在客人面前”。[②]在一首题为《黛比快乐，伦敦1938》[③]的诗里，18岁的南希写了一首她本人并不知道是在仿效她父亲的诗歌：

有着极大的厌恶，在这个

①给希尔德加德·沃森的信。信件注明日期：1947年1月22日。

②肯尼迪：《镜中的梦幻》，第413页。这是来自肯尼迪和南希众多面谈中的一次——她尽可能地对他敞开思想、坦述她人生的故事。

③卡明斯·德·福雷特：《渡神的女儿》，第7页。

十八岁的晚上夜夜去跳舞
因为十八岁
体制是堕落的
总是意识到什么也改变不了；
还给我我的天真
它绝不是狂喜，但远远好于
这轻蔑和刺耳的声音。

有大量的金钱——伊莱恩的遗产——但是却拥有极少的爱或感情。在南希和她的母亲之间没有诚实。进入一系列的寄宿学校，南希开始鄙视她的继父，他和她的母亲所做的每一件事情都是围绕着清除她关于另一个家庭的童年记忆展开。

人类的某些看似天衣无缝的计谋，特别是那些希望掩盖事实真相的计谋，在南希的故事里看上去都特别微不足道。从一开始，她就是一个艺术的女孩，她开始绘画，并被印象派所吸引，在她上学的早期就已经开始。她的母亲让她停止画画，因为那太脏。伊莱恩是否也在害怕南希身上作为一个画家女儿的遗传将会暴露她自己的身份？南希开始阅读和写作诗歌——几乎是着魔一般地喜欢大西洋彼岸的她父亲的诗歌。

第二次世界大战期间，伊莱恩和弗兰克·马克德莫特及南希前往英国，去牛津大学注册。1940年5月，强硬派的温斯顿·丘吉尔成为英国首相，代替受到怀疑的内维尔·张伯伦。当德国侵入比利时，德国军队开始向英国和法国西部的军队施压，在5月底，英国上演了大规模的从敦刻尔克的大撤退。6月4日，丘吉尔首相发表著名的讲话，告诉被敌人围困的国民："我们将在海边战斗、我们将在陆地上战斗、我们将在田野和大街上战斗……我们永远不会投降！”

南希在6月份去都柏林看望她的母亲，却发现她无法回到英国。因为战争，边境已经被包围。面对和弗兰克·马克德莫特一起待在爱尔兰或者是向西去未知的世界——美国，到那里，她可以和伊莱恩的姐姐阿莱克西斯一起住——伊莱恩选择了未知。尽管在那个时候，横穿大西洋是很危险的，德国的潜艇正在肆意地击落船只，但是南希下定决心离开。她在1940年的6月从戈尔韦乘上了去美国的船，它是战争期间从英国去往纽约的最后一艘客轮。

伊莱恩对南希的选择深感惊骇和不安，她在想象中恐惧着，担心在纽约可能会发生女儿身上的事情，伊莱恩反复地警告南希防备她的“父亲”——斯科菲尔德·泰勒。由于她的缘故，即使是在20年之后，她所做的每件事都是去隐瞒真相。有时候，她告诉南希她的父亲已经死了。现在她又坦白说他还活在纽约，但是南希要躲避他，因为他有非常严重的精神病。泰勒已经付了钱，托人看管南希，南希和泰勒的律师见面的可能使伊莱恩心烦意乱，尽管律师不会透露南希所渴望的详细个人资料。伊莱恩希望设置一个南希不应该见到“父亲”的理由，她要阻止女儿找到她真正的父亲。

南希已经是一位热情的诗人和画家，尽管是在她母亲的反对之下。她继承了她亲生父亲的基因。“如果就像人们所宣称的，想象是艺术的开始，真正的梦想开始于想象力或意象；那是梦想的来源，首先到来的是意象或经验。”她在《渡神的女儿》中写到，那是她的诗歌和回忆录合集。

卡明斯和他唯一孩子之间的联系，是他一生中最令他兴奋，也是最令他心碎的事情，是最令世人吃惊的篇章。这事件的本身值得写成一本书。它的大纲，是关于一个父亲所丢失的心爱的孩子，通过上帝的仁慈之心——或者是经过这世界上的某种神秘的力量，被奇妙地送回——是来自诉说者的隐喻、悠长的神话。是否有一个邪恶的精灵控制了南希晚上的想象，一个男人付钱给一个女人，让她去和另外一个男人结婚？南希是否在最后的、延迟的、破碎的符咒之下？

当南希还是孩子的时候，卡明斯是一个年轻人。他一直因为和孩子的密切关系而令人称道。因为他有一颗永恒的童心，他甚至没有长大的能力，他对成人世界的结构和阶层很是蔑视。对于南希，卡明斯所表现出来的是一种令人钦佩的方式，尽管是在巨大的心理压力之下这样做的。他拥有良好的心愿——他想合法抚养她，和她的母亲结婚——然而，他和她之间的关系变得如此糟糕，被他所无法控制的力量逼迫。绑架一个孩子——那就是伊莱恩和弗兰克·马克德莫特干的事情，不管他们用怎样美丽的名字来称呼它——都是犯罪。其结果就是，毁坏了一切与之相关的人和事。

父亲和女儿是联结在一起的，这是其他人所不能够理解的。一种看不见的力量牵引着一个成长在爱尔兰、无情欧洲的年轻女孩来到格林威治村第十大街，由马厩改造成房屋的一个破旧公寓，而一开始，是引导她去往新罕布什尔奥西皮山脉的某个遥远地方，这看上去简直不是巧合，而是一种神奇的力量！无论是命运的安排，还是各种令人惊讶的一连串事件接踵而来，青年南希·泰勒——她拒绝接受马克德莫特这个姓——朝向将会改变她自己的命运走去。

在纽约，南希和她的阿姨阿莱克西斯住在一起，她找到了工作。像她的父亲一样，擅长使用多种语言，让她找到一份翻译的工作，她也在莫尔斯电报电码受训练，取得了无线电话务员的资格证。最后，她找到了一份打字员的工作，在一家叫作“你的秘书”的股份有限公司。她坚持画画和写诗：

纽约1943[1]

对着客厅里异想天开的
金属情绪 面朝安静的绿色公园 和
　　银色的
黄昏是一个精致的皱纹 倒——
转
直到
乱纹涌进房间 这奇异的力量
雕刻和凝结色彩；
绿色-和-银色的句子被笑声渲染
我们把它塑成天鹅绒般令人心安的美德
对抗纠缠的
黑暗。

“你的秘书”股份有限公司是一个战争时期的代理商，由前社交名媛贝莱·威拉德（Belle Willard），即现任的克米特·罗斯福（Kermit Roosevelt）夫人经营，她颇具魅力，是一个有着复杂经历的非凡女人。她的丈夫，一位伟大的探险家，已经广为人知极其成功地和他的父亲西奥多·罗斯福（Theodore Roosevelt）趟过亚马孙河流域，找到了怀疑之河的源头，他于第一次世界大战期间在英国

①卡明斯·德·福雷特：《渡神的女儿》，第9页。

军队服役，在美国参与战争之前就被征募了。

大家都说，克米特·罗斯福是一个英雄，他救了自己的父亲，当他们搁浅在亚马孙河上的时候，他没有让老人自己留下，带着他穿过密集的丛林走了几英里。他英俊、杰出、勇敢，但是当他老年的时候，也因沮丧而酗酒。到1943年，当南希为罗斯福夫人工作时，她的丈夫已经失去了多份工作，并最终被放逐到阿拉斯加，在那里，他希望能够找到一个方式冷静。

然而，取而代之的是克米特·罗斯福在1943年6月自杀身亡，但是这消息被掩盖住了，他的妻子和孩子们被告知的消息是死于心脏病发作，直到多年之后，他们才知道真相。南希和她自己的秘密——隐匿的或显露的——所转移到的这个家庭，本身知道太多的秘密。罗斯福家有4个孩子，威拉德（Willard）是他母亲最喜欢的，他生活在纽约。威拉德加入了海军，但是还没有出海去太平洋，他在美国战舰“格林”号上担任指挥官；另外他还是一位钢琴家和音乐家，他去过巴黎，师从伟大的音乐家娜迪亚·布朗洁（Nadia Boulanger）。他有时候回家来探望母亲，会弹奏一下家里的钢琴，以保持它的调子不会因为天长日久的闲置而走音。

罗斯福太太是一位天生的亲英派，南希·泰勒，一个复杂的、美丽的、困惑的年轻女子，没有一个真正的家，很快便引起了她的注意。南希被邀请到罗斯福的家里，她在那儿遇见并爱上了她老板的音乐家儿子，威拉德。这次的爱情是南希最后得以和她的父亲重聚的关键因素之一。

威拉德是一个将要去参加战争的年轻人。他已经去过了格罗顿和哈佛大学，他身上有一种贵族的气质和神秘气息，能够吸引像南希这样的一个年轻女孩——自身的家庭生活就建立在秘密的基础之上，用金钱和社会名流的关系来做防护。克米特的自杀仍然是一个秘密，但是南希感到她和威拉德之间的一根纽带是她的父亲，她心目中父亲的形象，是高贵的、富有的、受过哈佛教育的精神病患者。

罗斯福太太欣赏南希，这也是一种强大的力量。母亲经常是不可抗拒的和看不见的力量，当涉及她孩子的吸引力的时候。记得安娜·卡列尼娜和渥伦斯基的爱情就开始于她在火车上遇见他的母亲。无论如何，这浪漫的时刻，在背后的战争和在前台的音乐，扫除了这两个年轻人前进的障碍。1943年12月23日，威拉德从太平洋的公职休假回家，和南希在纽约结婚，她由罗斯福太太的雇员变成她的儿媳。

之后，1945年，为了在炎热的天气里躲避城市生活，罗斯福太太在新罕布什尔靠近银湖的地方租了一个夏天的住所，离卡明斯家的乔伊农场非常近。罗斯福家族和詹姆斯家族是朋友，詹姆斯家族经常劝说罗斯福太太尝试住在靠近新罕布什尔彻科鲁瓦山的美丽角落。南希的丈夫还在太平洋，她已经怀了他们的第一个孩子，决定在新罕布什尔的湖泊区和她的婆婆一起度过凉爽的夏天。当然，卡明斯离他的女儿只有几英里路程，他已经得知南希到新罕布什尔的消息。关于她结婚的消息和她的成人生活通过小道消息传到他的耳朵里。他的一些老朋友看到了她。卡明斯的旧友比利·詹姆斯，也是卡明斯在坎布里奇和新罕布什尔的邻居，于1945年9月告诉卡明斯，他已经做了外公，南希生了一个儿子，名字叫西蒙（Simon）。

不知为何，那么多年没有见到南希，而当她近在咫尺的时候，卡明斯看似麻木了。理查德·肯尼迪认为玛丽安是一个潜在的因素。“玛丽安，不管是什么原因，叮嘱卡明斯不要向南希暴露他的身份，或者是和她有任何联系，因为她说那会使他不安，并且‘干扰他的工作。’”[①]当一涉及南希，玛丽安，这个一直以来对卡明斯的家人充满爱和慷慨大方的她，看上去变成了另外一个女人。太多时间过去了，玛丽安和卡明斯两人同时都病得很重。玛丽安没有她自己的孩子。如果她不嫉妒伊莱恩拥有卡明斯的孩子，那么她当然要嫉妒卡明斯的时间和精力。

也许本应该安排一次在夏天和南希的会面，但事实是卡明斯和玛丽安静静地躲藏着。他们有意躲避着詹姆斯一家人。然后，在1945年至1946年的冬天，卡明斯写了《圣诞老人》[②]，关于一个孩子和他的父亲重逢的剧本。是在卡明斯发行的哈佛杂志《哈佛觉醒5》上出版，是一个有五个场景的道德剧。开始是，当圣诞老人遭到抛弃，他同意和魔鬼交换脸庞。魔鬼集合了一群人胡作非为，在一个虚构的、名字叫作“我的方向盘”的类似工厂一样的地方。圣诞老人和魔鬼是密友；魔鬼指引圣诞老人说，“孩子是你的专长”。然后，人群因为圣诞老人而兴奋起来，但是有一个孩子能够看穿伪装。孩子和圣诞老人同时说，他们在寻找他们丢失的东西。“我也在寻找某个人。”孩子说。“知识已经把爱带出了世界之外/整个的世界是空的，空的，空的。”母亲哀痛道。然而，故事的结局是快乐的。孩子们扑进女人的怀抱。这也是真正的圣诞老人、孩子和孩子母亲的重聚。女人向圣诞老人跪着。

重聚的想象对于卡明斯来说是迷人的，但是对于玛丽安而言，她却是完全的不情愿。是她把卡明斯从伊莱恩加在他身上的极大痛苦，还有思念南希所带来的痛苦生活中拯救出来。当她遇到他时，他已经是一个感情的残骸。现在看来，让她去明白或者是理解他的女儿对于

① 肯尼迪：《镜中的梦幻》，第416页。
② 《哈佛觉醒5》，1946年春，第10—19页。

他的重要性是让她难以忍受的。如果南希再次出现，卡明斯当然会变得不安，或者是开始情绪激动。玛丽安不想看到他那样。

玛丽安的计划是阻止卡明斯和南希的重聚。卡明斯和维特尔医生协商，维特尔告诉他，要放松，顺其自然。维特尔说，他可以去见南希，在他打算去见她的时候。

自从那个糟透的时候，他在坎布里奇和伊莱恩结婚，10个月后又因为她而在巴黎离婚，那时候，南希是卡明斯可爱的“毛毛球”，之后，他就没有和她在一起了，她现在已经27岁了，结了婚，并且很快将拥有她的第二个孩子。卡明斯如何会知道，直到女儿已经长大成人，他将得以再次见到她？因为在过去那漫长的岁月里，不止一次地，他对她的探视受到限制。

离他最后一次见到她，那已经是很遥远的过去。1923年9月，卡明斯偶然写信给住在纽约的妹妹伊丽莎白，伊莱恩和“毛毛球”可能顺道要去拜访她，“只是确信为了照顾社交方面”。然后，在1924年冬天的某个时候，卡明斯在中央公园见了南希三次，在她保姆的监督之下。那时候，他心碎地意识到他的女儿将要慢慢远离他。他们在一起玩耍。他要女儿为他画一幅画。保姆怒视着。在三次探视的最后一次，如卡明斯所写的，“他把所有的眼泪小心地推挤进意识里的某个角落，举起一个可笑的帽子给缩成一团的保姆，她弓着身子，笑着。”[①]1927年3月，卡明斯又被允许和女儿见上一次面。“南希和我有一段快乐的时间在房里来回地走着、玩闹、彼此模仿，做一些好玩的事情。然后，我们为对方画画。”[②]卡明斯写信给他的母亲。

①索伊-洛桑：《E. E. 卡明斯》，第174页。
②同上，第309页。

这次见面之后不久，伊莱恩和马克德莫特就带着南希搬到了爱尔兰，从此，卡明斯再也没有见到她。现在，当她慢慢地重新露面，作为威拉德·罗斯福可爱的妻子和她的儿子西蒙亲爱的母亲，当卡明斯的朋友们开始在他面前描绘她，他对女儿的那长期以来被残忍压制的情感开始痛苦地浮出水面，就像长久冻结的冰川开始融化。当感情回来的时候，痛苦也跟着一起回来。

1946年夏天，再一次地，罗斯福太太决定租住银湖边的同一所房子，南希和她的宝贝儿子，还有休假的丈夫可以在那凉爽的山间空气里度过夏天。卡明斯通过新罕布什尔的小道消息得知，南希和她的家人正在到这里的途中。当然，南希不知道那个是她亲生父亲的男人，那个她认为曾经是她父亲的一个朋友的著名诗人，离她是那么近。

如果玛丽安害怕南希将会像一台敌人的迫击炮那样引爆他们相对可以预言的平静生活、她所建立的围绕着卡明斯的工作，她是有理由害怕的。在战争年月，卡明斯和玛丽安已经变成安静、沉着的老人。她已经失去了令人惊艳的容颜，但他的讽刺变得更加辛辣。与此同时，他的令人惊叹的天真烂漫的孩子气却持续沸腾着，穿过他的愤怒，世界仍在旋转。他还想到过对玛丽安不忠，利用他们的被称之为开放的婚姻，但是那事实上只发生在幻想里。坐在他新罕布什尔书房的楼上，或者是在帕钦普莱斯4号他的三楼房间，从那里向西望去，可以看见格林威治村低低的屋顶和大厦背后的小院，他继续工作着，不管他的生活中正在发生着什么，再一次地，他的事业开始兴旺。

1940年，继1938年的《诗抄》成功之后，他通过迪尔、斯隆，和皮尔斯又出版了《诗歌50首》（*50 Poems*），其中包含那首幽默的《生活在一个多么美丽小镇的人》（*Anyone Live in a Pretty How Town*），那首诗是他最长、最著名和最强大的一首诗。而在他的父亲死后超过10年时间，卡明斯找到了一种方式，用语言来理解死亡。

我的父亲穿过爱的末日
同样地穿过富人的给予，
从每一个早晨歌唱到夜晚
我的父亲穿过高地深处

这静静的遗忘
变成他的一瞥 于此地闪耀；
如果（那羞怯的曲调是坚定的）
在他眼的下方将激起和撩动

刚刚从坟墓里崛起的
浮物 首先，他的四月触摸
驱赶着沉睡的自我云集向他们的命运
唤醒梦想家们去往他们幽灵的根

为什么会是彻底的悲叹
我父亲的手指带来了他的睡眠：
没有最小的声音可以徒劳地哭喊
因为他能够感觉到增长的大山。

海洋的波峰在升起

我的父亲穿过失去快乐的忧伤；
赞美一个唤作月亮的前额
欲望开始歌唱

快乐是他的歌 快乐是那样纯洁
一颗星星的心由他来驾驶
现在是那样纯粹 那样肯定
黎明将会把手腕高兴地举起

痛哭 当仲夏的挽歌在远处
太阳的构想将会停滞，
然而我父亲的梦想站立着
那样完全（那样巨大地
超过他的极限）

他的肉是肉 他的血是血：
没有饥饿的人不渴望食物；
没有跛子不能够爬出一英里路
爬上山坡 就看到他的笑容。

必须蔑视浮华
我的父亲穿过感觉的终点；
他的愤怒像雨一样及时
他的怜悯就像是绿色的种子

一年伸出它九月的手臂
不谦卑地把财富给了敌人和朋友
比起他所提供给愚蠢和明智的
不可限量　它是

那样傲然　（经过十月热情的
召唤）当大地开始向下爬行，
全然为了不朽的事业
他的肩膀朝着黑暗进军

他的悲伤就像面包一样真实：
没有说谎者在头顶将他俯视；
如果每一位朋友都变成了他的敌人
他将会微笑着 用雪堆砌一个新世界。

我的父亲穿过我们中的他们，
歌唱着每一棵树上长出的每一片新叶子
（每一个孩童都会相信春天
会跳舞 当她听到我父亲的歌声）

那么 让人类杀死那不能分享的，
让血和肉变成泥和水，
费尽心机猜想，激情意志坚强，
自由是被买进和卖出的一款毒药

让人们去偷窃去痛苦，
一颗心感到害怕，感到怀疑一种思想，
去区分一种相同的疾病，
服从高峰

尽管我们都拿黑暗当作光明来体验，
把所有的痛苦当成甜蜜来品尝，
失去狂想 无声的死亡
将是我们继承的全部，全部遗赠

没有什么恰是这真理
——我要说 尽管 “恨” 是人类为什么要呼吸——
因为我的父亲以他的灵魂为生
所以“爱”才是全部
比全部
更多

后来，在1944年，亨利·霍尔特出版社出版了他的下一本诗集《1×1》。卡明斯出版的《哈佛觉醒》在1946年春天又给他增加了名望。来自诗歌界的每一个人，从威廉·卡洛斯·威廉姆斯到华莱士·史蒂文斯，再到康拉德·艾肯。到了1950年，在作品《圣诞老人》之后，他的下一部诗集《风暴》（*Xaipe*）完成了。在这本书里，尽管他使用了大量的讽刺和黑色幽默的手法，但是其中有一首反犹太的诗，它所包含的他的怨恨情绪给他的名誉蒙上了阴影，直到今天。卡明斯仍然是他那一代人当中最抒情的诗人之一，来看这首杰作，混合着十四行诗的完美和狂野、很有表现力的句法：

我要感谢上帝 为这个极其令人吃惊的
日子：为树木跳跃的绿色精神
为天空真实的蓝色梦想；为每一件
自然的 无限的 正确的事情

（我这个已经死去的人今天再次复活，
这是太阳的生日；这是生命 爱 和翅膀的
生日：极大的快乐无限地生发在尘世）

应该怎样去品尝 触摸 听取 看见
所有呼吸——从虚空中
升起——人们仅仅是
怀疑不可思议的你？

（现在 我耳朵的耳朵醒着
现在 我眼睛的眼睛睁着）

诗人和文学评论家约翰·马尔科姆·布朗宁有一天晚上和狄兰·托马斯一起喝酒，当托马斯提到他一直想见卡明斯，布朗宁直接带他去了帕钦普莱斯。卡明斯和托马斯几乎没有睡觉，一直喝酒、聊天。他们成了极好的朋友——这种友谊的中断发生在1953年11月，托马斯死于帕钦普莱斯街道附近的圣·文森特医院，在他另一次长长的夜晚饮酒之后。

卡明斯为那些像他一样不能控制饮酒的朋友们的死亡感到困惑——因为在他生命过去的十年间，他坚持一天三遍酒的习惯保持得很成功，看似并没有给他带来什么坏处。那时没有人知道酒精是厉害的镇静剂，也没有我们现在丰富的脑科医学知识向我们提示上瘾的破坏力量。后来，卡明斯在和他的传记作家查尔斯·诺曼谈话的时候，他描述了奇怪的酒精中毒，就像任何人曾经历过的一样。“我曾经认识一对旅鼠。”他说，“没有人能够阻止他们。在他们向前冲的时候——一往无前——一跃而入。他们是哈特·克莱恩和狄兰·托马斯。”①

①诺曼：《魔法制造者》，第267页。

第十二章
“我想我爱上了你”

新罕布什尔的群山在夏天结束的时候进入一个美丽而深沉的时节。植物短暂的绿色生长期已经结束，苹果正在银湖边上的果园成熟。辉煌的落日余晖穿过天空，就好像是巨大的火焰堆积燃烧在世界的边缘。白天变短，夜晚变冷，需要火的温暖。炉中的火喷射出生命。树叶还没有开始变成最壮丽的色彩，野花变得稀少，银湖的水开始结冰了，人们将很难从转入的寒冷、从寒冷的清晨空气中摆脱出来。冬天将会伴随着暴风雪呼啸而来。这是一个让人可以沉静下来，正确想象的时间，想象地球在温暖的太阳之外、在它自己的轴线上移动，这是一个重新评估和憧憬的时刻。

最后，当1946年夏天结束的时候，卡明斯和玛丽安对那个不知道自己是卡明斯女儿的女人变得温和了。卡明斯要他的朋友比利·詹姆斯把南希·泰勒·卡明斯·罗斯福和她的丈夫威拉德带到乔伊农场来喝茶。杜鲁门执政之后，美国开始成为一个世界强国。本杰明·斯波克博士刚刚出版了《婴儿和儿童保健常识》(*The Common Sense Book of Baby and Child Care*)，这是一本有创意的育儿书，告诉母亲们知道的比她们意识到的要多。卡明斯已经写完了《圣诞老人》，然后就插画问题，他写信给艾伦·泰特和亨利-霍尔特出版社的编辑。即使是在卡明斯的职业生涯和自己国家的好时光里，卡明斯仍旧保持着质疑态度。在另一篇完美的英文十四行诗里，他写到：

当巨蛇指望得到扭动的权利
而太阳要通过罢工来获得糊口的工资——
当荆棘惊恐地注视着他们的玫瑰
当彩虹给晚年上了保险

当每一只画眉可能在没有新月的晚上歌唱
但是所有尖叫的猫头鹰都不批准他的声音
——任何的波浪都必须在虚线上签名
否则海洋就要被强迫关闭

当橡树向桦树乞求被允许
去结一个橡子——山谷指控它们的
山峰所具有的高度——当三月
告发四月是一个破坏者

（直到这时）
我们才会相信那不可思议的
非动物的
人类

詹姆斯一家是卡明斯终其一生的邻居。在坎布里奇，他们住在欧文大街95号，卡明斯房子的正对面；在新罕布什尔，他们的房子相隔5英里，詹姆斯的家人世世代代在那里度过夏天；詹姆斯在彻科鲁瓦山的出现，是爱德华·卡明斯最初接近银湖的原因之一。

伟大的哲学家威廉·詹姆斯的第二个儿子比利·詹姆斯比埃斯特林·卡明斯大两岁，但他总是把卡明斯视为一位精神上的兄长。在丽贝卡·卡明斯死后的几年里，卡明斯家在欧文大街的房子已经卖给了另一个家庭，詹姆斯写信给卡明斯关于他穿过那条街时的感受。“有三个屋顶工在你房子的屋顶上，现在有一只大黑狮子狗在下面狂吠。我不喜欢瓦格纳一家人代替卡明斯一家穿过街道——特别是当我想到，从某种意义上，你可以构想，我父亲是在这个房子里介绍你们的父母彼此认识。”①

至少暂时，玛丽安对于卡明斯去见南希已没有太多的异议了。南希也非常高兴地期待着见到她仰慕的诗人，一个一度和她的母亲结过婚的人。她希望他对于过去的态度能够比伊莱恩更加开放。当客人们到达乔伊农场时，玛丽安和詹姆斯一家人——所有知道卡明斯是南希父亲的人——都待在外面，父亲和女儿一起走进了房子凉爽的深影里。

南希像被施了魔法一般。一些她所不能理解的事情正发生着，她感觉到了这气氛的不同。卡明斯的声音，与其他人相比，这声音是风琴的声音或者是一个有磁性的、男性迷人的歌声，雄伟而洪亮地对着这个是他女儿的女人，她曾经听着那声音，在她整个的童年。她有意识地忘记它了，但是现在，看似她的记忆因为这声音而被激活了。在新罕布什尔的那个下午，她后来告诉传记作家理查德·肯尼迪，卡明斯的声音“听上去是非凡的，像是铃声，像是从

①信件注明日期：1952年4月5日。霍顿图书馆档案文件。威廉·詹姆斯书信集。

遥远的地方传来的一些什么，几乎是回音”。[①]她对卡明斯非凡的声音有一点了解，轻轻地，同时又很强劲，实际上那是某些事物的回音——来自她童年时代的回音。

在乔伊农场喝茶很快乐。南希和威拉德是一对很有吸引力的年轻夫妇。玛丽安经过聚会看似已经放下心来，除了南希对卡明斯作为一位诗人的崇拜之外，什么也没有显露。两个家庭——威拉德的家和卡明斯的家——开始了低调的文学友谊。下一个夏天，罗斯福家没有靠近乔伊农场租房子；但是当南希生下了她的女儿伊丽莎白后，她写信给卡明斯，告诉他这件事。没有人告诉南希，卡明斯是她的父亲。詹姆斯一家人不认为这是他们的职责，尽管卡明斯知道南希最终会发现真相，但看似从未有一个好的时机告诉她。南希不明白她在做什么，她把他过去的伤痛带到了眼前。

大约30年前，当卡明斯与伊莱恩彼此疏远，但是他还深深地爱着南希。他在早些年因为和女儿分开而心碎的时候，在日记里曾经记录了一次对她的看望："再见，小亲亲！下次等我感觉好一点，我们一起去骑在驴背上；下次去骑猪或者是你骑自行车、我骑在一只天鹅上面；再下一次，当我的心被雪重新全部洗白、被明亮的新颜料重绘色彩，我们将会去骑……你和我。"[②]

1947年冬天，南希带着她的两个孩子，西蒙和伊丽莎白，还有她的丈夫威拉德，搬到一个复合的公寓，位于横穿来自曼哈顿河流的长岛，在第三十九大街5901号。南希再次受到邀请去拜访卡明斯和玛丽安，这次是在他们帕钦普莱斯的公寓。她着迷于她母亲的过去，但是并不谈论它。当南希试图谈到她的母亲或者是她认为是她父亲的那个

① 肯尼迪：《镜中的梦幻》，第417页。
② 卡明斯·德·福雷特：《渡神的女儿》。

人——卡明斯的朋友斯科菲尔德•泰勒，他改变了话题。

喝茶的时候，卡明斯问南希，她是否愿意坐下来，让他为她画一幅肖像。她快乐地同意了，但是两人并没有开始画，直到1948年的春天。“总是先开始绘画。”南希在多年之后她自己的书中写到他的父亲，在绘画的时候，他成了渡神，一个在冥河上年老的船夫，“在梦想和记忆的内外；然后诗歌围绕在它们周围，再后来是散文联结了眼前的中止符：缺席的、冥府的渡神”。[①]她以后解释说，“冥河的摆渡者代表的不是我的父亲，而是我父亲的缺席。”[②]

南希是一个美丽的女人，有她母亲引人注目的外貌和她父亲的优雅和热烈的蓝眼睛。一开始，卡明斯给她画了一个小的头像，然后就开始另一项工作，一个更大的、坐着的肖像。当他和玛丽安在1948年的秋天从乔伊农场回来后，又开始继续描绘坐着的画像。没有透露出过去的信息。当南希坐着，他画着的时候，他用一些故事款待她，关于他的生活，还有他所知道的人的生活——卡明斯对他的听众省略了故事里关键和重要的部分。他在三楼工作室绘画，画一会儿，两人就到楼下去喝茶。玛丽安似乎一直在边上徘徊，因此谈话是快乐的，流于表面的。那些下午，南希穿过东河去往帕钦普莱斯公寓的街道，坐在那里让卡明斯为她画像，那成为她一周之中的亮点、最最快乐的事情。

卡明斯是20世纪伟大的健谈者之一，他简单的老故事和有趣的旁白，总是能够照亮他绘画时的寂静，南希被深深地吸引。毕竟，他是一位伟大的诗人，同时他在各个方面看起来也是一个伟大的人。他会因为麻雀而感到快乐，也会因为宇宙的不公正而大发脾气。他是一个

①卡明斯•德•福雷特：《渡神的女儿》。
②伯纳德•史泰莱（Bernard Stehle）于2006年在AIAC的演讲。

成功的作家，但是作为一个创作者，他会因为坏的编辑而生气。“如果我能够让你意识到一个艺术家是怎样的感受，当他的作品被他最信任的认为会珍惜它的人所毁坏，你将会成为一个更明智和更悲哀的人。”他写到一个编辑曾经修改了他的语法，在1948年的10月，“如果我是一个杀手，你现在就在地狱里了。只做我自己，尝试努力地去原谅你。但是不要酿成鼓励你罪行的大错”。

在与外界隔离的公寓里无止境地照顾两个孩子，这样的日常生活令思想麻木，南希发现她自己终日在想着卡明斯，盼望着那个下午，她可以纹丝不动地坐在他楼上的办公室里，听着鸽子的咕咕叫声、远处第六大道的交通和日常贸易声、他铅笔的嚓嚓声或是他画笔粗糙的嘶嘶声。她的婚姻是艰难的。威拉德看似失败了，他失去了他作为一个海军军官的机构。他试图找到一个和音乐相关的工作，教授钢琴，偶尔参加演奏会的演出。他是一个有才气的作曲家，但是那似乎不能转化为一份能挣钱的工作。没有了战争或是任何战斗的需要，罗斯福家族生意的不景气看似已经给他带来了很大的压力。他们一家四口现在靠南希已经在逐年减少的信托基金生活，那是斯科菲尔德留给她的，现在南希仍然认为他是她的父亲。

南希快要30岁了，在危难和不幸之中，她意识到自己迷恋并爱上了富有魅力的54岁的那个为他画肖像的男人。她终日想着他。他水晶瀑布似的绝妙语言和他亲密的微笑，看上去就好像在说，他们两人在自己单独的一个世界里，他已经在她的脑子和心里住下来。玛丽安总是和他们在一起，但是南希感到自己和卡明斯是如此贴近，并不在意第三个人的存在。她和这个年长男人的关系已经变成她生活中最重要的事情之一。

为什么她的感觉使她心烦意乱？有一百种理由。玛丽安已经对她和卡明斯待在一起的时间表现出嫉妒。最初看上去这是不合理的，但如果她是对的呢？南希爱她的孩子们，相信婚姻。她决定做正确的事，停止访问帕钦普莱斯，她决定做最后一次的探访。这次访问改变了一切——一切巧合到了极点。

在那个下午，那个她决定是最后一次访问的下午，南希像往常一样坐着，让卡明斯给她画肖像。玛丽安在边上徘徊。然后，玛丽安被电话叫开了，或者是因为有人在敲门。只剩下了卡明斯一个人，南希立刻试图抓住这几分钟时间，在玛丽安回来之前；她更加紧迫地询问卡明斯关于斯科菲尔德和过去的事情。玛丽安一到了楼下，卡明斯忽然就健谈起来。事情发生了转移。他谈到她的母亲伊莱恩和她母亲的妹妹阿莱克西斯，他顽皮地透露阿莱克西斯可能已经爱上了他。笑声充满了工作室。再一次地，南希问到泰勒，她提到他的时候把他作为自己的父亲，卡明斯奇怪地看着她。一阵短暂的沉默之后，南希忽然脱口说出她的担心，她爱上了他[①]。

忽然，这第三层的房间静得就像一座教堂。鸽子咕咕叫，远处的交通在隆隆作响，下午西边的光亮已经褪色，房间里满是木材和颜料的味道。卡明斯的工作需要绝对的安静。现在这安静看起来需要一次真相的揭露。对于他们4年来的非正式的友谊，卡明斯知道关于南希的一切，而她却一直被蒙在鼓里。为什么他不告诉她，在这个可怕的时刻之前？现在，他问南希："难道从来没有人告诉你，我是你的父亲吗？"

被一个迷人的、聪明的、有才华的，她认为自己已经爱上的男

①这个故事是南希告诉她的亲密朋友罗伯特·卡伯特（Robert Cabot）的——卡伯特在2011年把这个故事告诉了我。南希先前把这个故事告诉过理查德·肯尼迪，他写在了卡明斯的传记里，但是省去了她爱的告白部分。

人告知，他实际上是她的父亲，这冲击一定不亚于一次地震。“我希望永远不忘记这拒绝的力量，（在发现的那一刻）有太多梦想变成现实——因此这力量是梦想的测量。”[①]她后来写信给卡明斯。当玛丽安回到房间里的时候，卡明斯告诉她：“我们现在知道彼此是谁了。”

南希感觉到她和卡明斯之间深深的联系根本不是爱，或者至少不是她想象的那种爱。南希的心破碎了。首先，她不相信，但是一旦一切公开，所有的事情看上去变得合情合理。她甚至看上去长得很像卡明斯，滑雪道式的鼻子，瘦长的身材，长长的窄脸型。两人要开始一种父女关系，这对于南希来说是困难的，但这是事实——不像以前她母亲所说的那样。南希和她的父亲已经分开20年了。在卡明斯去世前的14年间，他们有着困难的、忠诚的和愤怒的友谊。“恰好是在25年前，让我交出我心里的东西，在今天将我击倒。”卡明斯写到。

对于卡明斯而言，南希是让他迷惑的，但是对于玛丽安来说，她是一个竞争对手。“对我而言，她是真实的，我在这里（和玛丽安一起的生活）却不真实。”[②]卡明斯在一次南希访问乔伊农场之后写到，那次访问尴尬地结束了。卡明斯给了南希一堆来自泰勒、多斯·帕索斯和伊莱恩的信件。南希看着他，他拿着一张来自泰勒所写的，她出生之后的卡片，“如数收讫”。“我所有的致敬，来自彻科鲁瓦山、鸟儿们的崇拜、花儿的芳香、雀鸟杯里的馅儿等等？”卡明斯写到，听起来有对自己的爱，“他们非常遗憾要代替人类通常的交往，特别是对于我所爱着的一个孩子或者是孩子母亲精神的给予

① 索伊-洛桑：《E. E. 卡明斯》，第498页。
② 同上，第474页。

与获得”。

在南希的父亲和玛丽安的爱人之间左右为难——卡明斯显然没有时间和精力兼顾——他必须选择玛丽安，她已经照顾了她那么多年。他爱自己的女儿，但是他需要玛丽安。在身体上，没有人能做得到像她那样照顾他。他老了，不能一个人生活。这是一个痛苦的情况，但是南希·泰勒当然是无辜的——整个一生她都在被欺骗，随她的秘密沉浮着；现在，她又被事实绊倒，而接受这事实的过程看似比接受谎言更加艰难。卡明斯在过去和现在之间左右为难。“当我的一部分是她悲剧和直接的父亲。”他在日记中写道，“同时我又是完全的和永久的另外一个人。”[①]

玛丽安远没有这样的矛盾。1951年夏天，南希再一次去了乔伊农场，没有带她的家人，她晚上睡在她父亲的工作室，那里也是客房。有一天，她对他散落的留在桌子上的一首诗进行了评论。卡明斯是多刺的；没有人对他未完成的作品进行过评论！第二天，玛丽安要求南希离开。“你知道，在你父亲工作的时候，如果身边有人，那对他是多么的困难。”玛丽安命令道，“是你该离开的时候了。”[②]

南希，总是选择原谅，总是试图使他们之间活跃起来，后来，在夏天将近结束的时候，她和卡明斯的关系恢复了持续的联系。当她有精力的时候送他一个红色的木质独轮车——就像他最喜欢的威廉·卡洛斯·威廉姆斯的诗当中的那个——作为一个提前的生日礼物送到乔伊农场，他实际上是快乐地欢呼起来：“感谢你一百万一百万次，为这惊人的礼物！”[③]后来，当南希的第一本诗集

①索伊–洛桑：《E. E. 卡明斯》，第474页。
②肯尼迪：《镜中的梦幻》，第429页。
③卡明斯：《书信选集》，第214页。

南希在乔伊农场。1950年。

卡明斯自画像。1947年。

出版，却得到很少的关注时，作为父亲，卡明斯给她写了一封信，批评了公众的愚蠢。他欢呼她的书是一个奇迹，他写道：“无论如何：从我的立场看来，唯一的问题是——如果你是某种类型的艺术家——比起你本来应该成为的那个人，你的路走得有点艰难。”[①]

对于父母亲的罪恶，上天真的会迁怒于他们的孩子吗？南希和她的父亲——迷人的卡明斯之间的关系，并没有像她所畏惧的那样，以某种方式打破她的婚姻，当她感觉到自己爱上他之后。然而，南希本身的婚姻已经是不稳固的，特别是当她得知卡明斯是她的生父的事实，这对她的感情是致命的打击，在第十大街帕钦普莱斯的那个小而杂乱的工作室里。南希被困惑所驱动，她的理智变成了狂怒，猛冲向她的丈夫，最后造成了灾难性的后果。“她是一个爱挑剔的人。”罗伯特·卡伯特回忆道，“她不给任何人任何余地。你可以从她的长相上看出这一点，她有一张紧闭的嘴巴。在她那里有很多的争辩和对粗心草率思想的抵抗”。

南希是她父亲的女儿——他也是一个爱挑剔的人，有辩论的嗜好。当他变老的时候，他爱挑剔的大脑看似发展了，同时他爱和宽容的能力在减退。正如他在晚年、收信姓名和地址注明是给南希的诗里写到的：

晚年 竖
起 **让**
开
标志）&

①卡明斯：《书信选集》，第263页。

青年美国人
沿着（晚
年
哭喊 不要

特雷斯）和（帕斯）
年轻人笑着
（歌唱
晚年

斥责 阻碍
和停止
不
必 不要

&）青年们 行走
在
变
老的路上

当南希和卡明斯都住在纽约的时候，他们彼此通信，即使是在卡明斯揭示了事实真相之后，他们见面的次数仍然很少。现在，南希要抚养她的两个孩子，而她能从威拉德那里得到的帮助越来越少，当他们的婚姻开始瓦解的时候。她再一次地感到受伤，因为卡明斯不能给她那种作为父亲的关爱，一个长期丢失的孩子，梦想从父亲那里获取的失而复得和加倍的爱。后来，在纽约的一个晚上，南希去了她丈夫的朋友的鸡尾酒会。那次，威拉德在家和孩子在一起。那晚，她穿了一条白色的裙子。

凯文·安德鲁斯（Kevin Andrews），享有最高荣誉的哈佛古典学者，1947年的哈佛班级成员之一，退学去参加了第二次世界大战，在意大利的前线，战争结束之后回到学校。他英俊、劲头十足，还有几分疯狂；当他赢得了研究员的职位，得以在大学毕业后去希腊研究古文明，他的生活就已经改变。“事实上……他去了希腊，再也没有回来。”罗伯特·卡伯特回忆道，他是他的同学和朋友。安德鲁斯在自己做研究员期间写了一本关于希腊的书《摩里亚城堡》（*The Castles of the Morea*）。希腊在第二次世界大战之后是穷困的，在交战状态中，马歇尔计划、美国的援助，对于欧洲的其他国家都很有力，但是在希腊却非常糟糕，安德鲁斯确信他应该去华盛顿，把真实的情况告诉人们。

到了华盛顿，他和卡伯特待在一起找工作。他假装癫痫发作，去政府机构传播他的希腊灾难故事，结果没有人听，实际上这种病他一直都有，在大学毕业之后变得更糟，华盛顿没有工作可以提供给他。他去了纽约北部，搬到他母亲那里住，继续试图找到一份工作，或者至少找到一只同情的耳朵。

然后，在1953年，一个夜晚的鸡尾酒会上，他穿过房间，看到一个苗条的女人穿着白裙子。她美丽，长长的黑色头发，看一眼，就能把她和整个宴会分开，她是那么超然。她就是南希·泰勒·卡明斯·罗斯福，他穿过房间，在她身旁坐下，感到自己是被一种神秘的力量吸引到她身旁。他是对的。从来没有人听他说话，但是她听了。

“穿过那空虚的房间，尽管有酒和菜流动的托盘，我瞥见了一个年轻的女人。孤独地坐在窗边，明显地无聊，或者是对现场感到不舒服。”[1]艾丹（Aidan）想，这是在罗伯特·卡伯特关于他朋友的小说《阿格拉岛》中，一个以凯文·安德鲁斯为原型的角色。“她是不同的，明显的不同。一个诗人，看上去她在寻求逃避，而我，无论是怎样地谦逊有礼，最终还是坐到了她旁边，预示着她和我不久将会成为妻子和丈夫。”

安德鲁斯不停地说着希腊，那个国家，似乎是他全部身份的象征。他对那个地方有太多的爱，极度地想和南希一起分享。在他写作《摩里亚城堡》的时候，他已经深深地渗入进希腊村民的生活，他渴望重新返回到那里。

“我能够终日躺在床上，从村子里传出的各种声音来了解它。”安德鲁斯的传记作者罗杰·詹金森（Roger Jinkinson）写到。

> 早晨有公鸡的叫声，晚上是山羊和绵羊的声音，整天都是狗吠声和孩子们玩耍叫喊的声音。然后是女人们的声音，她们低低地私语，伴随着咯咯的笑声，还有她们烤面包时围绕灶台大声地笑，当她们和一个朋友、姐妹，或孩子说话的时候，声音是嘹亮的。观光船有的时候过来，留下一些丢弃的废物垃圾，那是欧洲的旅游业；丹麦语、荷兰语、德语、意大利语，乱七八糟的未开化者的声音和歇斯底里的笑声混杂在一起。有时候，当渡轮到达的时候，链条被扔到海里，锚会寻找起重装

①罗伯特·卡伯特：《阿格拉岛》（*The Isle of Kheria*），金斯敦，纽约：麦克弗森公司，第196页。

置来面对这里的劲风。我也能听到风。它们和我的百叶窗玩耍；屈拉蒙塔那风、西洛可风、美尔丹风、马埃斯特罗斯风。这些名字都是古老的和威尼斯的；他们提醒我们，在某种意义上告诉我们，我们自己是什么。然后是大海，它从来不是沉默的，从来不是安静的，海浪在夏天里有节奏地冲洗着石头或者是在冬天来临的时候撞击着岩石。

南希和凯文·安德鲁斯恋情的开始是她和威拉德·罗斯福婚姻的结束，但是这却开始增进了和她新找到的父亲之间脆弱的友谊。等到卡明斯和南希彼此重新发现的时候，他已经是一个老人，要依靠他严厉而警觉性十足的伴侣来保护他，生活在这个他所鄙视的世界上。卡明斯和南希都想方设法、努力尝试。在一封给南希的信中，卡明斯回忆起当她从他身边被带走的时候，他的心碎。"或许将来有一天，你会记得这个日子（在巴黎），我被允许和你在一起待一个小时，带你去一些小集市——在那里，我们骑了各种巨大的动物，包括木马。"[①]他写给她。他的心碎了；他将"永远不会忘记我忠诚的朋友（到现在仍然是）西布利·沃森，安慰我们不快乐的非英雄，温和地提醒他伟大的（对我而言）智者弗洛伊德说，一个小孩本质上……已经完成他自己，无论你是什么年龄，当我们彼此失去的时候"。

1953年8月，南希和凯文，还有她的两个姓罗斯福的孩子快乐地来到了乔伊农场，在坎布里奇严酷的冬天和诺顿演讲的焦虑之后，卡明斯和放松的玛丽安住在那里。《摩里亚城堡》已经在美国出版，

① 卡明斯：《书信选集》，第269页。

安德鲁斯是约翰·芬利（John Finley）的学生，而约翰是卡明斯的朋友之一，在哈佛大学的诺顿学期当中。在卡明斯自己的草地上，玛丽安又和解了，因为有南希的新爱人和她的孩子们在场，这种情形下，卡明斯是一个豪爽、慈爱的父亲和外祖父——一直以来罕见的一种性格表现，在他和南希试图创造父亲和女儿的新关系长达14年的过程中。

尽管南希和凯文·安德鲁斯的感情有利于她和父亲的关系——至少一开始是这样——但是最终对于她和孩子们的关系来说，是可怕的。在她夏天和凯文访问乔伊农场之后，很快，南希和威拉德·罗斯福离婚了。新组建的家庭——凯文、南希、西蒙和伊丽莎白登上了去比雷埃夫斯、雅典的海港和希腊群岛的一艘慢船。旅行是壮丽的——直到这个小家到达偏僻的伊卡里亚岛的小屋。在这里，愚蠢的安德鲁斯想象着南希和她的孩子会学习分享他对希腊的爱。伊卡里亚岛，名字来自神话中的伊卡洛斯（Icarus），他不顾父亲的警告，飞得靠太阳很近，之后猛冲到海中被淹死，它是在爱琴海上的远离土耳其海岸的一座小岛。南希和她的孩子们从未在没有热、没有电，或者是没有自来水的地方生活过，他们不喜欢这里。

和希腊十分相似，伊卡里亚岛在第二次世界大战期间遭受了可怕的灾难，它先是被意大利人占领，然后又被德国人占据，这里的人民经常被饥饿包围。它简直不是在荷马所写的酒-暗海里的希腊小岛之一，甚至也不是安德鲁斯笔下的《摩里亚城堡》中的小岛。“你在严冬把我们带到那里。”科妮莉亚，这个以南希为原型的角色，在卡伯特的小说里回忆道，“我们的家是一个牧羊人的小屋，到达那里，要走35分钟危险的路程，爬过陡峭和多岩石的小道。我们用塑料布糊窗户，屋顶是生锈的马口铁，在一个经常会下沉的横梁上……我们的灯是一个单灯，脏兮兮的，连续不断地产生水汪汪的石蜡”。

到了1955年，在希腊的第二个冬天，南希的孩子们开始反感在多岩石岛屿上的艰苦生活，他们也适应不了本地的学校。在那里，没有人说英语，也没有人愿意帮助美国的小孩子学习希腊语。南希几乎没有选择，她悲伤地把孩子送到纽约去和他们的父亲一起生活。她和安德鲁斯的婚姻开始陷入困境——能怎么办呢？住在希腊对凯文·安德鲁斯来说是不可改变的；不住在那里，对于南希的孩子们来说也是不可改变的。

最后，安德鲁斯同意搬到雅典去住，在那里，破碎的家庭——南希和凯文有了一个女婴约安娜（Ioanna）——住在雅典莉卡贝多山上一个果园的农舍里，可以俯视帕特农神殿和雅典卫城。“它是公园边上的一块宝地。”罗伯特·卡伯特回忆到，“但是他们的关系是恶劣的。他们彼此冲对方大声叫嚷，暴力地向对方扔东西。”卡伯特和安德鲁斯，一起去登山，回来后遭到南希狂怒的嫉妒。“我想，她认为有同性恋的关系，在我和凯文之间——那是存在，但却是单方面的。凯文是一个确凿的异性恋者。”[①]卡伯特回忆到。

理查德·肯迪尼所写的卡明斯传记，曾经读遍南希和她父亲的通信，且以大量对她的访谈作为基础，从中可以看出，试图去恢复他们的父女关系，试着去治愈过去所造成的伤痕，对他们两人来说是多么的艰难，他们之间的感觉令人心碎。他们最后的会面，是那样地不幸，就像南希和安德鲁斯在伊卡利亚岛和她的孩子们在一起的时候一样不幸。1960年夏天，南希在生产她和安德鲁斯的第二个

①作者对罗伯特·卡伯特的采访，2011年11月22日。

女儿——阿莱克西斯（Alexis）的时候得了并发症，最后，她的状况恶化，不得不飞回伦敦，在那里得到了她需要的治疗。这件事情引起了她父亲的关注。

卡明斯试图装置一个越洋电话。作为她的父亲，他应该火速赶到她身边提供帮助。在那些日子里，赶路比起今天是比较慢的，特别是对卡明斯和玛丽安来说，赶去帮助女儿，玛丽安从来没有完全接受。9月末，卡明斯和玛丽安从佛卡尼亚城坐船去了欧洲。他最终到达了她在伦敦的医院。比起过去，他们现在有更多的金钱支付能力，他们去了意大利，但是那趟旅行让他们很沮丧。这个时候，南希已经从英国回到希腊，因此，卡明斯和玛丽安继续向南行进。

最后，他们在雅典见到了南希——这是此次旅行的最初目标，尽管，根据卡明斯的性格特点，他并没有向南希这样阐明——他和玛丽安登记入住了布列塔尼格蓝德酒店。卡明斯立刻就反对酒店新近的装修，在他看来，似乎已经把一个大饭店变成了一个一个的小盒子。对于宾馆奢华的景象无动于衷，或者是对于从它里面可以看到的帕特农神殿的景色也没有感觉，看起来那就像是在窗外的、从古代世界飘浮而来的幻影，卡明斯变成了他最坏的自己——反复无常、快乐不起来、阴沉，对玛丽安的态度惯于顺从。

更糟糕的是，他的后背马上开始了痛苦的痉挛，从纽约带来的电热毯在希腊的电气系统里根本用不了。酒店的员工也帮不上忙。南希和凯文·安德鲁斯没有电话，一点也不知道她的父亲正在几英里之外的地方发火。等到他们收到玛丽安的信的时候，卡明斯对玛丽安的怯懦情绪已经达到了历史最高点——在她的煽风点火之下，他狂怒了。当凯文·安德鲁斯亲自带着希腊的电热毯出现，玛丽安面向他猛地就把房间的门给关上了。她生气地插上了电热毯，没有

南希·泰勒·卡明斯·罗斯福·安德鲁斯。

接受安德鲁斯的指导，结果保险丝给烧断了。这太叫人无法忍受了！在酒店工作人员的帮助下，电热毯最后又开始工作，但是玛丽安的情绪没有肯接受一个新的插头——她已经断了精神的保险丝。最后，南希给父亲写了一封令人心碎的信，交到酒店，她还没有看见父亲或者和他说话。在信里，她称呼父亲的教名，正如他所要求的那样，而不是称他为“父亲”。“正如凯文想说的，我们是随时听候您的差遣，但是，不希望打扰到您，可是我们已经意识到了有太多这样的可能性。因此，看起来最好是以这样的方式对您——即使这看起来有点冒险，埃斯特林，也许我今后将会对您少爱一点，比起我内心里真正所拥有的对您的爱而言；一直以来，似乎是对您的爱越少，可能对我越好，这是个冒险，很可能长期以来我都错了；我只剩下很少的爱去继续了。”[①]

当卡明斯和玛丽安最终出现在安德鲁斯那可爱的农舍，南希有些不安地引导着他们四下里参观，玛丽安“表现得举止傲慢，他们仅是被邀请来和外孙女们进行一个家庭的午餐，但却暗示着卡明斯是多么的重要，被邀请加入孩子们的餐桌”。[②]肯尼迪写到。

有一天，卡明斯、玛丽安、安德鲁斯和不知道那时是几岁的约安娜一起爬伊米托斯山，去探访一个修道院。当玛丽安和南希同在一个房间里的时候，她的不满意足以令这次经历中的每个人都不痛快。过了一些日子，当南希和她的父亲最终得以单独相处时，却是为了告别，这成了他们最后的一次见面，他看起来非常不舒服，南希告诉肯尼迪。他批评了她对孩子们过分的爱，很高兴看到她很好；这是南希第一次知道他来雅典是为了看她。但是这种不舒服并

① 肯尼迪：《镜中的梦幻》，第533页。
② 同上，第474页。

没有消散，直到卡明斯和玛丽安离开。父女间的这种面对面，对于父亲和女儿来讲都是艰难的，而书信却要简单得多。

1961年，也就是卡明斯去世的前一年，他写给在伦敦的南希一封信，在信中他很是健谈，他称赞了她的诗歌，让她如果有时间帮着翻译里尔克的诗《黑豹》（*The Panther*）。他在信中回顾往事，他们父女之间的联系看似一个金色的梦，他回忆了伊莱恩将他们父女俩分开，并抹去南希可能有的关于她亲生父亲的任何记忆，在他们20年的分离之前，在他们不舒服的重聚之前。在他的信中所包含的故事里，有他去见马克德莫特，为了得到一个承诺，能够去看她。在看她期间，他听到了她唱歌。“你的勇气好极了！”[①]他写道，“你讨厌被炫耀，这多么影响你音乐老师的荣誉呀？！你不恨我。很久以前，你的母亲告诉你，说你的父亲死了（或者是某个消息灵通人士？），可你却用最好的状态去唱那首歌，很迷人”。[②]

在另一封信里——他在信中比在见面时有更多的爱表达给女儿，可能是因为玛丽安不能审查他的信的原因——他寄给南希一张自己二十几岁时的旧照片，那是一个富有魅力的男孩，有着浓密的梳理精致的头发和小胡子。“你究竟明白吗？我想知道，你送给我什么？”[③]她在回信里问。这张照片看起来使她很震撼，她写道：“奇怪，我应该早就忘记了。”

卡明斯信任他的精神分析师，弗里茨·维特尔，他遵循了西格蒙德·弗洛伊德的理念。当然，南希·泰勒·卡明斯·罗斯福·安德鲁斯的故事表明，童年已经发生的损害——特别是涉及与人对立

①卡明斯：《书信选集》，第268页。信件注明日期：1961年1月15日。
②同上，第269页。信件注明日期：1961年1月15日。
③肯尼迪：《镜中的梦幻》，第476页。

的性的损害——在她的成年期将再三表现出来。“你不能够让历史的车轮倒转。”卡明斯让索菲亚在《我是》一书中写到。

南希·卡明斯和两个热情聪明的、杰出的、有个性的男人结了婚，两次婚姻却都糟糕地结束了。安德鲁斯，出生在中国，是一个著名的像火一样热烈的人，更像是一个“野人”，有着癫痫，对希腊有强烈的爱好，后来，他在一次海里游泳时，被淹死——或者是意外，或者是自杀。他和南希已经分居。1968年，南希抱怨说，不想在一个腐败的团体所统治的国家里抚养他们的孩子，但真实原因却是她对于和安德鲁斯婚姻的厌倦，她带着孩子们回到英国，度过了余生。“我总是有这种感觉，她在抑郁的边缘。”罗伯特·卡伯特回忆说，“后来我看到她的时候，她一个人住在伦敦的公寓里——一个非常孤独的灵魂，仿佛置身于审判日的宁静。她花大量的时间做瑜伽。”

第十三章
阅读：事业新生涯

南希和卡明斯都试图找到一个途径成为朋友，如果不是作为父亲和女儿的话。在第二次世界大战结束和20世纪60年代的开始，世界上的人们被卷入繁荣而乏味的岁月。如果坎布里奇的女人们是那样心情烦躁地从物质世界之中被割离出来，那么，她们找到了一个时代的回音，被称作最伟大的一代人。卡明斯是先于他的时代、站在时代高处的人，在他1962年去世之后，他的诗歌将会掀起流行的浪潮。作为一个混乱的、爱嬉闹的规则破坏者，他一再地发现自己与他所处的时代不能合拍。在政治上，卡明斯是保守的，甚至是赞成反共产主义的杞人忧天者——他从来没有忘记他在苏联的可怕经历。

然而卡明斯却是难以征服的。尽管他经常陷入财务危机的绝望之中，但从来没有失去他的风度和快乐，那快乐可能来自一只蓝色松鸡的滑稽动作，或者是来自银湖水面上的一束光，抑或是华盛顿广场公园里盛开的樱花。“诗人并没有从仙女的树干上温柔地滑落，他需要旧时美国南部的黑奴制度和法令为他辩护。”[①]他写信给埃兹拉·庞德的女儿，玛丽·得·罗依果（Mary de Rachewiltz），引用了他的英雄亨利·大卫·梭罗《康科德和梅里马克河的一周》（*A*

---

①卡明斯：《书信选集》，第273页。信件注明日期：1962年2月19日。

Week on the Concord and Merrimack Rivers）里的一段文章，那已经成为他自己的信条，“但是大地和天空最坚强的儿子，通过那更强大的力量和忍耐，他晕倒的同伴将会认出上帝在他体内。美丽的崇拜者，他最终做了世界真正的先锋”。

受他的朋友约翰·马尔科姆·布朗宁邀请，在曼哈顿的希伯来青年会进行一系列的诗歌演讲，卡明斯完善了他成熟的演讲风格。本宁顿学院对他的邀请所带来的远远要多于那一个快乐的晚上；那是一个令人满意和有效益的新生涯的开始。很像另一个英雄——拉尔夫·瓦尔多·爱默生。卡明斯发现自己可以变成一个著名的诗人，不是通过写诗，而是通过读诗。爱默生随笔的普及和流行应该归功对那些书的朗诵计划，他以前常常借此来养活自己和家庭，在他生命的最后日子里。

到了1954年12月，当卡明斯在希伯来青年会登台朗诵的时候，他已经创造了一种精致的、良好的方式，为他的听众朗诵诗歌。他从来不站在讲台后面朗诵。在卡明斯朗诵之前，他会给主办单位和会场提供一个非常详细的说明表格。他需要一把直的靠背椅、一张桌子和一个带软管的台灯。他不回答问题、给书签名，拒绝参加那些经常包围着朗诵者的社交活动——包括和语文部门的人一起晚餐或是接受当地记者的采访、当地广播中心的采访。朗诵现场不允许拍照。

举例来说，对于希伯来青年会的朗诵，卡明斯打算将它分成两个部分的节目，开始从8点40分到9点40分，然后，是一个10分钟的中场休息，再从9点20分到9点50分。然而，希伯来青年会的工作人员没有安排得那样精密，他们允许站立的观众在9点的时候挤满了空的位置，完全地扰乱了阅读。卡明斯在给希尔德加德·沃森的信中写道，扩音器“就像一个呆板的骡子”。[1]听众看上去是半死的，卡明斯告诉他的老朋友；无论他做什么，他们都不会注意。“我可能是像一个海贝一样在温柔地咆哮，或者是轻轻地把一个半耳语的声音丢进大厅座位的最后一排。”

卡明斯的阅读总是开始于散文体裁的小短文，然后再发展到诗歌。通常，他会保留一首诗歌，以满足在第一轮的鼓掌平息之后，“再来一个”的要求，“他是一位给人印象非常深刻的、细致的阅读者”。[2]布朗宁告诉理查德·肯尼迪。卡明斯吸引了大量的听众，很多的年轻男人和女人，他们对于诗歌的体验是那样强烈，他们看起来卷入了对卡明斯的狂热崇拜中。“必须承认，我要把身体的疾病原因归属于所谓的神经紧张。”[3]他写到。他向希尔德加德·沃森总结了朗诵诗歌好的方面和坏的方面，“如果有不正当的人故意地侮辱这力量，这力量看起来——代替（来自上流社会）忠实温柔的吹捧——他能盼望什么？这当然不是一些发生在昨天的事情；当一个美丽的女孩递给我一束水仙，她说，‘你不知道我是谁，但我只是想送给你一束鲜花’”。

在希伯来青年会，卡明斯遇到了一位助理导演，贝蒂·克莱（Betty Kray），他们后来成为朋友，她在星期五的时候，顺便到帕钦普莱斯喝茶，然后从卡明斯的观众成长为他的演讲代理人。他的朗诵开始有了一定的声望——在现代艺术博物馆、华盛顿现代艺术协会、哥伦比亚特区。在贝蒂·克莱的激励下，卡明斯开始出去朗诵并获得了更高的收入——1955年，一场卡明斯的演讲要400美元，

① 卡明斯：《书信选集》，第238—239页。信件注明日期：1954年12月8日。
② 肯尼迪：《镜中的梦幻》，第447页。
③ 卡明斯：《书信选集》，第245页。信件注明日期：1955年4月8日。

希尔德加德·沃森和埃斯特林·卡明斯。

步入老年的卡明斯。

很快又涨到600美元，甚至更高。在这个特殊的时期，他到了如下地方去朗诵：芝加哥大学、芝加哥艺术中心、达特茅斯学院、纽约大都会美术馆、北卡罗来纳州的皇后学院、杜克大学和巴纳德学院。

一场卡明斯的朗诵是一场正式的、戏剧性的事件。它更像是一场演出而不是一次阅读。在狄更斯的回忆中，他90分钟的演讲，只用了一本书作为道具，卡明斯带来了令人感到惊奇的戏剧性的技术手法，用于阅读艺术。作家杰拉尔德·福利对诗歌朗诵进行了研究，他把阅读者分成三个类型[①]：表演者、个性阅读者和公众演讲者。卡明斯绝对是表演者。在朦胧的舞台上，曲颈灯发出唯一的灯光。卡明斯静静地上场，然后开始阅读，他模仿不同人物角色的声音，以达到最佳效果。那可能是滑稽可笑的，但在片刻之间又变成悲痛伤感的。

他的声音——是有贵族气的、让人安心的，还充满了儿童时代的非凡——令人感动和振奋。他完美地表达出各种声音，看似成为他笔下的人物形象，仿佛他们都来到了现场。当他陶醉在阅读中的时候——他对作品的享受，观众显而易见。不管是读一些幽默的（“我可以感觉到他说的吗？”）、生气的、深刻的、严肃的，或是悲伤的东西，他的嗓音都能够极好地展现那些内容。卡明斯用他的嗓子就像是使用一个乐器，让它响亮或是轻柔、让它高或是低、用颤音或是假音，根据不同诗歌的需要而转换。

卡明斯阅读的方式就像那没有配乐的吟唱；在一句“我的父亲穿过爱的末日里”，他调节着声音，以一种方式拔长音节，与悲痛及渴望产生共鸣。在念玩笑的诗时，你几乎可以听到他在笑；在读悲伤的

①诺曼：《魔法制造者》，第128页。

诗时，听起来他像是快要落泪，词语也看似在啜泣。他的停顿是带电的，他的元音，连续而悲伤。卡明斯以独一无二的、首创的方式，理解声音的力量和语言的可能性，这使他的朗读获得了成功。

直到他遍及全国的朗诵开始，卡明斯成为受人尊敬和重视的诗人。以前他在小群体里是众所周知的，但那只限于文学、诗歌和艺术的领域，特别是在哈佛大学和格林威治村。但是现在，在一定程度上，因为他完美的朗诵，使他开始成为一位响誉全国的名人。

与此同时，他的疾病也开始纠缠着他，以各种各样戏剧性的方式给他造成严重的损害。他的后背一直很脆弱，他的皮肤上长出各种各样的疮和疹子。旅行总是很困难，有时候是不可能的事——他不得不拒绝1 000美元，因为坐飞机去德克萨斯大学将会需要4个半小时的空中旅程。"'关节炎'——没有，或者是细微的一个'纤维性颤动'——使得社交计划有点像是一个华丽的装饰，请不要认为我在抱怨；不过是因为我的确是这样的。"[①]他写信给阿奇博尔德·麦柯勒斯（Archibald MacLeish）的时候说到。

他得了气喘，这影响了他的声带。他要吃更多的耐波他才能睡觉，吃各种各样的止痛药来克服后背的疼痛，那疼痛持续不断，即使他穿着"铁娘子"的时候。当希尔德加德·沃森建议他做一次旅行——大概是由沃森一家来买单，他们总是准备好借款和礼物，就像丽贝卡·卡明斯所做的一样——卡明斯向她描述了一个可怕的景象。"我总是瞥见一个可怜的、疲惫的我——穿着'铁娘子'，被虐待着——等待，等待，等待着飞机、火车、轮船，或是一个旅馆房

① 卡明斯：《书信选集》，第189页。信件没有注明日期。

间，在梦中不是很具体的形象。”[①]即使是一个老朋友，也会因为他的痛苦，自身潜移默化受到影响。“现在告诉我，希尔德加德。”他结束这封关于抱怨旅行的信，“你怎么想：我正忍受着‘自由主义者’题为‘神经障碍’的痛苦，或者是另外的最美丽的东西，被昆图斯・H（Quintus H）称为‘nec pietas moran’：或者一个可能的事实是，它是无穷尽的羞怯的避难所？”

阅读也需要付出情绪的代价。卡明斯一到台上，那绝对的风度使得他那样引人注目。但他也要为紧张和害怕买单。“在一次阅读之前，我总是要体验，”他写信给他的妹妹伊丽莎白，“包括肚子痛、心脏问题、关节炎、腹泻，还有（临时的）失明，它是一个焦虑的混合物。”[②]他也遭受着可怕的心律不齐、心跳过速所带来的恐惧，他用奎尼丁来控制它。

他作为一个演讲者的声誉在增加，他开始看到自己赚钱的效应，如果能够继续坚持下去。教堂山的北卡罗来纳州大学向他发出了邀请。在密歇根州，当他演讲的时候，学生们在礼堂外面围成一个圈，他们希望能够看一眼著名的诗人。卡明斯的性格中有一个反复无常的特点，如1957年的波士顿艺术节，他作为特定朗诵者受到邀请，他先是同意去，后来又改变了主意。“这次邀请，”查尔斯・诺曼在他的授权传记中写道，“触发了他们之间长期的通信，在此过程中，卡明斯收回了他的同意两次，两次被说服重新考虑，最后这一次，他作为一名朗诵者大概是最为成功的一次出席。”[③]

演讲对于卡明斯一直是一种折磨。这折磨混合着被崇拜的兴奋

---

① 卡明斯：《书信选集》，第212页。信件注明日期1949年。这是一个对贺拉斯（Horace）《颂歌集》（*The Odes*）的参考。

② 索伊-洛桑：《E. E. 卡明斯》，第512页。

③ 诺曼：《魔法制造者》，第359页。

体验，特别是被年轻人和学生们，尤其是被美丽的、记住他作品的年轻女子崇拜，她们试图接触到他或者和他说上话，总之，她们对他所做的每一件事都很崇拜。长久以来，他一直代表着年轻人讲话，现在，他们终于得以听到了他的声音。

对于金钱和名望，他依然是保持典型的、勇敢的、幽默的卡明斯式的态度。他写信给庞德说："即使是我得到了那荣誉，它也不过是以自我为中心的，根本代表不了我们所真正应该得到的。"[①]讨论中的荣誉是一个事件，别人可能已经把它解释成使人沮丧的失败：他被波林根基金会和古根海姆基金会同时拒绝授予奖项。

庞德被监禁在圣伊丽莎白医院之后，他和卡明斯几乎每周都通信。他们的信是第二次世界大战之后这个国家文学生活的记录，它们也是庞德慢慢从疯狂中恢复过来的记录。这些信件满是关于从机制中寻找赞誉的困难——令人鄙视的评论机构——关于新的天才和智慧的人们，那些他们彼此介绍认识和试图去帮助的人们。有时候这两位伟大的诗人也写一些很普通的事物，比如冠蓝鸦。卡明斯喜欢冠蓝鸦，健美而顽皮，事实上，这导致了他们之间很少有的争论，那始于卡明斯的一首诗（出版在《诗歌95首》里）：

疯狂的冠蓝鸦）
恶魔的笑和尖叫
冲着我
你轻易地嘲笑

① 《庞德/卡明斯》，第273页。信件注明日期：1950年4月22日。

胆小地怨恨
阴暗地憎恶 对（所有
正规的 正义的
舒心的）非尘世的

小偷 骗子 玩世不恭者
（漂浮流动着
天堂的碎片）
玩弄诡计的恶棍

喧嚣的劣种
生动的伏尔泰
你这美丽的无政府主义者
（我向你致敬

庞德不同意卡明斯对冠蓝鸦批评的态度。他是冠蓝鸦的热爱者。“你怎么会对冠蓝鸦有这样的想法？”[①]他在一封信里，用典型的庞德式措辞问他。卡明斯可能知道大量关于俄国的事情，但是庞德不认为他知道太多关于鸟的事情。“我是说，关于俄国，我接受你作为权威；但是你对于鸟的分析，我有疑问。”他写到。

卡明斯从关于鸟的书里找到三篇文章来为自己辩护，那是T.吉尔伯特·皮尔森（T. Gilbert Pearson）的《美国的鸟类》（*Birds of America*），他称冠蓝鸦为“一个有趣的捣蛋鬼”：“冠蓝鸦是小

① 《庞德/卡明斯》，第283—284页。

丑和鸟乐园的嘲弄者。”卡明斯复述皮尔森的话，他也称那鸟儿为“自相残杀的”。“此外，它是美国鸟类中最好看的种类之一；它也是最邪恶的品种之一”。F·斯凯勒·马修斯（F. Schuyler Mathews）在《野生鸟类野外记录》（*Field Book of Wild Birds*）里写道：“鸦在春天里，是毫无疑问的一个恶棍”；切斯特·A.里德（Chester A. Reed）的《鸟类指南》（*Bird Guide*）中也说：“它们有着非常臭的名声。”

庞德仍然在许多方面都是卡明斯的良师益友，他训斥卡明斯在他写到鸟时用第二手的资料。庞德写到，卡明斯关于鸟的意见是错误的，更坏的是，他引用一个马虎的作家吉尔伯特·皮尔森的话，他用那个词，“自相残杀”，来形容一只鸟，而它根本不是一个食同类肉的动物。庞德注明，这是“非常可怜的用语”。此外，他问卡明斯为什么不读路易斯·阿加西斯（Louis Agassiz）的作品，他是19世纪哈佛大学的教授和鸟类学专家，他将永远不会犯吉尔伯特那样的错误。依然作为老师，庞德把他对卡明斯教诲的忠告写成一首短小的、有特色的诗：

为什么即使是那样迷人的蓝色鸟儿 会
和你对抗
我还是不理解
那低声吟唱的
鸟儿
不能感动卡明斯先生
但是
另外一些男人的言辞

呃——

你却听得进去

但是卡明斯关于冠蓝鸦的感觉没有改变。“我发现很有趣——那庞大的——美丽的鸟儿，我静静地—听—它的裙衫；轻轻地—看—它的歌唱。”他写给庞德。

他们实验性的语法，对词语和标点在纸上的运用，对纸上的单词形式的注意，使他们陷入了自己的语言运用，特别是古希腊语，他们在打字机上疯狂地运用任何象征形式，庞德的《返回》和卡明斯的《野牛比尔》经常醉心于观看或感觉词语，他们有时甚至让对方感到迷惑。“好吧，你在说什么？”庞德写信给卡明斯，在一封特别厚的信里，集合了亚里士多德写海豚和鲸鱼的文章——公平地说，庞德已经首先挑明了主题——提及了博学的阿奎那（Aquinas）和《哈姆雷特》（*Hamlet*）。

但是卡明斯和庞德之间真挚而热烈的友谊也有着不愉快的小瑕疵，这一点后来一直缠绕着卡明斯，直到现在还诋毁着他的名声。像庞德一样，卡明斯成长的年代是反犹太主义被接受甚至是被推崇的年代。玛丽安也是随大溜地在社交生活中反犹太。一度，由于卡明斯在好莱坞找不到工作，他开始趋向谴责犹太人。在第二次世界大战和可怕的犹太人大屠杀发生之前，很多美国人都是反犹太主义者。

接着，在1950年3月，由牛津大学出版社出版的卡明斯的诗集《风暴》里，卡明斯做了一件他从前一贯做的事——做法比之前的程度更加极端，加速导致了一个灾难性的结果。这个集子里有一首诗，这首诗实际上创作和发表在战争之前，对犹太人有太多的攻击，导致了有些人的愤怒。

一个犹太人
是至今发明的
最危险的 机器
即使是经过美国人
的心灵手巧（一个犹太人的那些个
死钱和一些扭曲的法则）
来自刺痛和性交

诗歌最初的编辑希欧多尔·韦斯，不支持最后一句，随后卡明斯将其在书中改为“它来自自负和伪善。”卡明斯的朋友艾伦·泰特也反对这首诗。卡明斯试着向泰特解释，这首诗是被误解的。卡明斯指出“kike”这个词由少数犹太新教徒创造。泰特没有被说服。

卡明斯其他的朋友，比如保罗·罗森菲尔德，试图向卡明斯解释为什么他应该删除这首诗。即使是希尔德加德·沃森，这本书是卡明斯献给她的，她也让他重新考虑这本书的内容。克里斯多夫·索伊-洛桑在他的传记里指出，关于这首诗的愤怒“大暴发”[1]并没有真正着火，直到1950年冬天，卡明斯被美国诗歌学院选中，去领取他5 000美元的奖金。《风暴》并且赢得了哈丽雅特·梦露奖。

一个公开的争论接着发生了。《国会周刊》（*Congress Weekly*）用很大的篇幅刊登了卡明斯被一批犹太评论家攻击和通过威廉·卡洛斯·威廉姆斯为其辩护的讨论会。他看似有几分无厘头，就像他在第二次世界大战之前的那些年里陷入困境一样。“卡明斯，暴政的

---

①索伊-洛桑：《E. E. 卡明斯》，第482页。

敌人和下层人民的防卫者，不适合作为一个‘反犹太主义者’的定义。”[1]理查德·肯尼迪写道，“但是，就他那首会引起反对的讽刺短诗而论，他显示了莫名其妙的糊涂”。

另外有些人的态度则更加明确。“他不是别的，就是一个反犹太主义者。”哈维·夏皮罗说道，在我对他2010年的一次采访中，他不是唯一一个回忆卡明斯的反犹太主义是他主要特征的人。

试图再创造另一个时间和地点是困难的；尝试不让我们用现在所拥有的知识和理解渗入过去的描述当中，几乎是不可能的。一方面，一个传记作者的职责是把过去的生活详细地带到纸上——包括相关的资料和公众的无知描述；另一方面，传记作者在书写的时候不应该给读者和他所知道的每件事情一个有益的主题吗？诗歌和书籍需要在真空中被理解吗——在历史的沉默中，一个作家将发自内心地和精神上同读者连接吗？或者，他们需要被理解是为他们自己的那个时代和我们的时代网络中的碎片？当卡明斯写诗歌的时候，I. A.理查德(I. A. Richards)正在英国的剑桥大学和前人争吵，为他著名的新批评主义。“作品需要坚持它自己”，1929年，理查德在他的书《现实批判》（*Practical Criticism*）中写到。如果一个读者对作者或者是作品一无所知——没有任何的传记材料或者是文本说明，那会发生什么？

自从理查德写了这本书之后，他的观点被个人的崇拜所压倒；在今天的世界里，我们读一首诗，但不知道作者是谁，他的意图是什么，那首诗是关于什么，则是不可想象的。传记引发了那些作为“文学医生”的男人和女人们开始制造写作随笔的家庭手工业，在

① 肯尼迪：《镜中的梦幻》，第434页。

其中，他们诊断了如下的疾病：柯勒律治（海洛因成瘾）、路易莎·梅·阿尔科特（躁郁症）、海明威（临床忧郁症和酗酒）。在我们试图去了解过去的时候，最重要的是衡量环境，那时的人们是否和我们现在所拥有的知识理念相违背。

卡明斯成长在一个自由的种族主义者的团体中——临时的，直到犹太学生开始去哈佛大学念书，在A.劳伦斯·洛厄尔校长的领导之下，变成了有组织的反犹太主义。作为代表的最理想人物，卡明斯健壮、阳刚的父亲是不能容忍和经常提心吊胆的。那时，也没有同性恋存在，鸡奸是违法的，从文化上来讲，人们也是不能接受的。那些发现自身对同性有着吸引力的男人和女人们，会小心地躲进秘密和恐惧之中。女人们泡茶；男人们做判断。坎布里奇本身是一个自负和傲慢的同类知识分子的小宇宙。值得注意的是，卡明斯恨这些东西。他没有、他不能、他将来也不会符合他童年成长的地方流行的那种狂暴男性理念，他离开了坎布里奇，当他一旦找到一个更加宽容的、更少反犹太主义和种族主义的自由环境——格林威治村时候。

同时，卡明斯让自己献身于质问任何的规则中，他自己的方式——语法的规则、婚姻的规则、哈佛大学监察员的制度——到了20世纪50年代，人们不再接受反犹太主义的言论。这种不能接受就像一面红色的旗帜一样具有刺激性，对于一位像卡明斯这样的诗人，说他是反犹太主义是站不住脚的。拿他和那些真正的反犹太主义的公众人物相比较，没有一点意义。语言是很强大的，既然大家都认为，卡明斯对于语言比任何人都懂得更多，而这个时候，当他所使用的语言在他们看来不够美好，它们就变成了罪恶的和令人厌恶的。

或许卡明斯的诗歌最明显的防卫来自美国的批评家莱斯利·菲德勒（Leslie Fiedler），他写道："特别之处在于，不是卡明斯可能是一个反犹太主义者（他和数不清的傻瓜分享这个），而是他能够创造出有秩序的、美丽的事物，从他那无秩序的、有缺点的内心……当然，对卡明斯的攻击者（无论是爱略特、埃兹拉·庞德，还是席琳）都表示，作为激发人的积极性而言，通过对艺术的恨，比通过对犹太人的爱显然要多，我知道，那就是我的立场。"①

两个约请确立了卡明斯作为受大众欢迎的、有较高收入的朗读者新生涯，他现在是这样一位朗读者：拥有很多场付费的出场邀请，多到他无法去满足那些邀请的程度。那两个约请分别是：1952年，在哈佛大学享有盛名的诺顿演讲和1957年在波士顿艺术节上的演讲。

在最终接受波士顿艺术节委员会的邀请之后，由大卫·麦克德带领，包括阿奇博尔德·麦柯勒斯和保罗·布鲁克斯，卡明斯做了一个卡明斯式的演讲。代替一首适合那个夏天晚上的庆祝诗歌，卡明斯写了一首尖锐的讽刺诗，总的来说是攻击美国，特别是对于这个国家未能干预1956年的匈牙利革命。他深深地被匈牙利人拒绝屈服苏联所感动，卡明斯因为亲身的经历，明白住在苏联是怎样的。当苏联的部队开进布达佩斯，接管革命、关押领导人、主张它的力量时，这使得卡明斯在夜晚通宵不眠。他被一个生动的想象和一个分裂的身体所诅咒，他感到那是个人的，也是政治的痛苦。他也被匈牙利人的反抗勇气所感动，这个老的反叛者写下了一首庆祝和哀伤的诗歌。当联合国拒绝干预这件事情，他开始做唯一一件他知道

① 肯尼迪：《镜中的梦幻》，第434页。

怎么去做的事情——写诗。遗憾的是，他写的这首诗，题目为《感恩节1956》，是特别为了这个节日，与波士顿节日的气氛相一致。大家以为，那会是一首优美的田园诗，由一个波士顿公民而写。然而他们最后得到的，是这样一首狂怒的作品：

一个怪物恐怖地吞下
这个非尘世的在你附近的我
当我们父亲们的父亲们的神向着
一个走起路来像怪物的东西鞠躬

但是这个民主主义的微笑的声音
宣布 黑夜和白天
“所有贫穷的小人物要想获得自由
就必须相信 美 国”

忽然 匈牙利出现了
她发出可怕的哭喊
“没有奴役的非人生将会谋杀我
因为我将会自由地死去”

她哭的声音那么大
连塞莫皮莱[1]都听到了
马拉松

①塞莫皮莱：希腊东部一多岩石平原。此处意即，很遥远的地方。——译者注

和所有人类以前的历史
最后 包括联合国
都听见了她

“保持安静 小匈牙利
照着吩咐你的去做
一种好的结果是非常征用权
我们为交换条件而担心”

山姆大叔耸耸他漂亮的
粉红色肩膀 你知道怎样
他急拉过一只自由主义的乳房
口齿不清地说“我现在很忙”

因此 万岁-万岁-万岁 民主主义
让我们都来感谢地狱
和埋藏自由女神像
（因为它已经开始发出臭味）

卡明斯，尽管是专业地献身于对政府的质问，但是却经常是它表面上的情人。有时候他有点奇怪，但是当要求讲道理的时候，他是一个非常有理解力的和宽宏大量的人。他在同一时间充满了愤怒和快乐两种情绪。美国的政治让他生了病,但是他的注意力被转移了，似乎就在一瞬间，在春天里一只蜂鸟从紫丁香的灌木丛里吸吮花粉的过程中。他知道他是一个过分讲究的老男人，在他心情好的时候，他会取笑自己的怪癖。

这对于波士顿艺术节的组织者们来说是幸运的。当他们向他解释说那首诗不适合6月23日的那个田园诗式的场合，不能把它作为节日的诗歌发表在《新闻报刊》上，于是卡明斯写了另外一首诗，另一首典型的、卡明斯式的诗歌、一首美丽感人的诗歌，用一座小教堂的声音诉说着，沉浸在上帝的荣光之中。

我是一座小教堂（远没有高耸的大教堂）
壮丽
也不像忙碌的城市 肮脏
——我不担心是否较简单的日子会变得最简单
我不会感到遗憾
当太阳和雨创造了四月的天

这首诗，用传统抑扬格五步格诗的五节诗形式，以祝福作为结束。

……我举起我小小的尖顶 向着
他
只有他现在的仁慈是永恒：
我笔直地站立在他存在的不灭事实中
（谦逊地朝向他的光和他傲慢的黑暗）

然而，在节日那天，在有7 000多人拥挤的波士顿公园，卡明斯读了准备的所有诗歌。他使这个场合变成了盛装的表演。当他刚读到第一行《感恩节1956》的时候，观众看似吓了一跳，但是等到这首诗结束的时候，他们大叫着认可。像往常一样，卡明斯已经找到了一条道路，在诗歌里说出每个人正感觉到的：美国在冷战中的挫折和艾森豪威尔政府的温和。“他已经深深地触摸到他们的感觉里需要表达的东西。”肯尼迪写道，“他正再度觉醒的无能为力和挫折感突然袭击了美国的公众”。[①]

离开坎布里奇去格林威治村的好处之一，是卡明斯在达到作为一个诗人的年龄的时候，被他那个年代最有意思和最富有天才的作家们围绕。哈特·克莱恩、威廉·卡洛斯·威廉姆斯、玛丽安·穆尔，都是他的朋友和邻居。朱娜·巴恩斯住在帕钦普莱斯公寓的对面，事实上，当她曾经有一次不小心把自已锁在里面时，是卡明斯爬进她的窗户里去救了她。格林威治村也是一个众多不住在那里的诗人的落脚点——卡明斯的老朋友艾伦·泰特曾经带着他的老对手T. S.爱略特到帕钦普莱斯去喝茶。

①肯尼迪：《镜中的梦幻》，第458页。

第十四章
胜利和失败

1961年冬天，卡明斯居住的熟悉的世界受到了威胁，当休·基纳（Hugh Keenan），帕钦普莱斯的主人，厌烦了向许多位租户收取微薄的租金，他决定对那古老的马厩住房、那狭窄的马路、那苍翠繁茂的臭椿树和出租的可控公寓来一次彻底的整修。感谢慷慨大方的朋友们和卡明斯强烈的对于声音和气味的敏感——他拒绝让玛丽安用漂白剂来做清洁——卡明斯拥有着帕钦普莱斯4号的所有房间，除了前面的第二层。

这不是对这小小马厩房的第一次攻击，但它已经成为卡明斯从那污秽、嘈杂的城市逃离的避难所。罗伯特·摩西已经指定帕钦普莱斯拆除后将建成像杰弗逊·马尔凯特（Jefferson Market）那样的尖顶样式，但是那公告已被推翻。现在，玛丽安起诉了，要和休·基纳作斗争。最后，显然有人警告罗伯特·瓦格纳市长，这种拆除无疑是对著名的诗人E. E.卡明斯的驱逐。最后，基纳的许可证被取消了。“对于一个人来说，没有东西比隐私更重要——因为如果没有隐私，个性将不能存在：唯有个性，才是人类。”卡明斯感激地在1962年3月给市长写信，“我无法形容我的感激之情帕钦普莱斯4号的隐私将得到尊重；我将尽我的全力，以对得起这恩惠。”[①]

正如他对瓦格纳所表现出的亲切一样，卡明斯仍然是强烈地反对政府。5月，当总统和肯尼迪夫人邀请卡明斯参加一次在白宫戴黑领结的晚宴时，卡明斯生气地拒绝了，并在给一位年轻学者的信中，取笑肯尼迪夫人的邀请函（“不可转让!!!”）。

卡明斯睡得很晚，他的一天是这样度过的，早晨起得很晚，然后到楼下吃早餐。因为他脆弱的肠道，他要吃达那托药片以助消化；早餐过后，就像闹钟发条一样，他戴上一顶旧帽子，沿第十大街漫步到华盛顿广场公园，在那里，他坐在一条长凳上，在笔记本上画一些素描，然后散步回到帕钦普莱斯。之后，他回到三楼的工作室，一天的大部分时间都在那里工作。

在下午茶时间里，卡明斯会下楼来喝一杯正山小种茶，可能会加入标准的白兰地酒。“玛丽安将会在小小的、没有窗帘的厨房里进进出出，忙着做茶点。”理查德·肯尼迪在纽约用一种抒情诗式的语调来描述卡明斯的生活，“埃斯特林或许会用法国的习惯吃上一个梨——用一把叉子刺着它的顶端，然后从边上开始入手把它切成块。或者，他可能坐在直背触底椅子上来回摇动，抱怨最高法院最新的一个决定或者他最近记下的一个权威形象……如果天气不错的话，或许会有一次晚上的散步”。[②]卡明斯整天喝酒和抽烟，如果他背疼，有时候要服一粒止痛药。晚上，他吃一颗耐波他睡觉。

在乔伊农场的生活也有了改进，或者至少是更加的舒适。他演讲和朗诵的收入，加上更多的一些津贴和奖金，钱已经不是问题了，比起它过去的生活中因缺钱而造成的麻烦。卡明斯总是能够重

① 卡明斯：《书信选集》，第274页。
② 肯尼迪：《镜中的梦幻》，第478页。

新回到更好的自我当中去，当他在去往乔伊农场泥泞道路上的汽车里摇摆的时候。现在，他已经在乔伊农场安装了电线，因此，玛丽安可以打印照片和拥有一个冰箱。林肯·柯尔斯坦的姐姐迈纳还安排安装了一个供热系统。卡明斯的妹妹伊丽莎白和她的丈夫卡尔顿·哥利以及孩子们在每年的夏季都会回到农场，因此它始终保持着一个家的样子。

1962年夏天，玛丽安和卡明斯刚完成了一部书的合作，书中包含50幅她的照片，配有卡明斯精辟的插图说明，书名为《有价值的冒险》（*Adventures in Value*）。卡明斯为这本书而兴奋，他也仍然坚持写诗，完成了一本包含95首诗的诗集，它于1958年出版，赢得了久负盛名的波林根奖（Bollingen Prize）。

他那一年写的许多诗歌都是关于他两个癖好的：老化和自然的世界。即使是帕钦普莱斯的生物——老鼠、松鼠和鸽子——在他变老的时候，它们似乎都离卡明斯的意识更近。使他不朽的，他最后的诗歌之一，是一个将死的生物用一种方式吟唱了卡明斯自己作为一个将死生物的意识。

我站在门外

静静
瞅着

一只中毒的老鼠

它还活着

帕钦普莱斯。

正在问　是什么
我已经做了的

而你将无法做到

在新罕布什尔，卡明斯似乎是田地里丰富的生物和空中歌唱的鸟儿那热情的结合体。67岁的卡明斯对他自己的同类物种——人类，已经越来越失去兴趣，而陶醉于新罕布什尔的植物和动物。大胆的浣熊和豪猪的母亲看上去正在教它们的孩子吃苹果，一只红狐在湖泊的岸边，土拨鼠，还有背上有条纹的淘气金花鼠，都以一种新的、生动的方式赢得了他的注意。卡明斯仍然拥有那把西布利·沃森给他的雷明顿38式手枪，那时，他因为对弗兰克·马克德莫特的仇恨而预备上演一场谋杀，并且在绝望之中的疯狂使得他想杀了他自己。一旦他进入半疯狂的状态，一个凶猛的男人无处可逃。现在，彻底被驯服的卡明斯用那支曾经使他心神不宁的手枪去保护农场的金花鼠，让它免于被邻居的猫伤害。

新罕布什尔夏天的鸟儿成为他的自豪和欢乐。他也是一个歌者；他被给予一个季节，去传播他旋律优美的歌声。

上帝 但他们是少数

所有（超越赢
或者输）真正好的
美丽事物

上帝 他怎样歌唱

知更鸟（他
将会沉默 在
一个月亮
或两个之中）

卡明斯熟读他关于鸟类的书籍，研习了鸟类歌声的“唱片”，帮助他确定：画眉的声音是“突威-突威（TO-WIT-TO-WEE）”，五子雀的高低音，黄鹂复杂的和声，淘气的冠蓝鸦轻蔑的嘎吱嘎吱声，偶尔会有唐纳雀高高的尖叫声，紫雀沉着的颤音，还有蜂鸟低低的嗡嗡声，他们早晨如约来到门廊，喝着卡明斯为其准备的、置于小管子里的糖水。有时候，这些鸟儿像是在对他歌唱：

“噢 紫色的雀儿
　　　　　　　请告诉我为什么
这个夏日世界（如此热爱生活的
你和我）
　　　　一定会死”

“如果我
　　　　能告诉你些什么”
（那热切而甜蜜的欢唱
本身在回答我说）

乔伊农场，修建它的运动——建造、砍木头、清扫灌木丛——在那里，卡明斯总是能感觉到最好的自己。

到了9月，新罕布什尔的早晨是清冷的，但是在白天，温暖的太阳仍旧会普照着绿色的草地。当夏天结束的时候，有一种落日的回光——很多事物在它们彻底消失之前会更加绚烂，就像落日。生长季节是如此短暂，即将到来的冬天会很漫长。现在是为冬天准备的时候了，收获最后的马铃薯和劈开木柴。

9月2日的早晨，卡明斯喂完了蜂鸟，为了另外的一个意外而欢欣，那是较晚绽放的、玛丽安种的花圃里明艳的蓝色飞燕草。下午，他像很多新罕布什尔的男人们在那个季节里所做的一样，去了谷仓，把一些木头劈开，为冬天做准备。那天很热，充满了新割下的干草和冷黑的谷仓气味。劈开木头的运动——楔子、斧头，向下的冲力——是另一种节奏，在有霉味的木头和谷仓的干草间。等他干完了一天的活儿，玛丽安在褪色的光线中走进厨房，大声说着是吃晚饭的时间了。

他告诉她，他就来，等他磨完了斧头。他堆放好他劈开的木头，在磨刀石上磨了斧头的刀片，使它变得锋利，然后把它靠墙放着，正如他小时候父亲教他的那样。他进了房子，到楼上去洗手准备吃晚饭。玛丽安听到他在走廊里撞到门上的声音。他失去了知觉，被脑溢血击倒。玛丽安叫了一辆救护车，但是他再也没有恢复意识，第二天早晨死在医院里。

3天之后，卡明斯被埋葬在波士顿福雷·希尔斯公墓的家族墓地里。尽管他是有名望的，但那只是一个小小的、私人的葬礼。南希

卡明斯在乔伊农场的门廊里工作。

在欧洲，只能让她的两个已是青年的孩子西蒙和伊丽莎白过来。玛丽安被摧毁了，以至于没有想到让更多人知道这件事。他的墓碑是一块新罕布什尔的花岗岩平板，上面刻着他的名字和生卒日期。

玛丽安在卡明斯死后只活了不到7年，她在1969年死于喉癌，年仅63岁。在她活着的那些年里，她仍然拍摄照片，但是她真正的职业是处理卡明斯的遗产。她监管着他最后的出版物、他死后出版的书《诗歌73首》（*73 Poems*），卖了他上百箱的文件和草稿，以及在哈佛给霍顿图书馆的信件。他的画作辗转到了有南希的孩子们参加的在美国罗德岛的一个夏令营。

尾 声

卡明斯在21世纪的声望

卡明斯一生之中声望的盛衰，从他作为一个哈佛大学的奇才，到没有他母亲的借款而不能出版诗歌。在他去世后不久，从19世纪60年代到19世纪70年代，他作为一个诗人的自由重新得到拥戴，就像他在1930年受到的拥戴一样。他是一位像亨利·大卫·梭罗那样的诗人，在1960年被重新发现，学生们崇敬他的个人的特征，崇拜他自由的理念。

然而，在过去的20年间，卡明斯的声望已经衰落。“他在19世纪60年代很酷，当你们还小的时候。”诗人大卫·丹尼尔说，呼应了哈维·夏皮罗有关卡明斯的评价，“不知为何，他有一种作为儿童诗人的感觉，因此我们从来没有说必须想到他”。当然，卡明斯因为他所有年轻、有活力的嬉闹，使其成为一个达到极致完美的成人，就诗歌而论。他在诗歌形式上的狂欢作乐建立在以下这些形式方面的知识——英语、拉丁语和希腊语上。卡明斯在哈佛大学的诗歌和语言方面的背景是那样的广阔和综合，类似对他那样的诗歌能力的培养很少在现在的学校看到了。他对诗歌历史的理解、韵律的分析、衡量、格律、形式的了悟，如内在跨行的技巧，一个句子中间的单词与下一行结尾单词的押韵，允许他进行各式各样的实验，它们有时候看上去是那样的自然和年轻。实际上，他的诗歌写作方式被后来者学习、运用和改进，都是建立在诗歌本身已走在时代前沿的基础上。

卡明斯作品的销售情况是这个国家状态的晴雨表。在人们拥有自信的时期，他的诗是人们所挚爱的，它们的询问、它们的幽默、它们破坏规则的形式主义，似乎是在嘲笑民主主义所发出的艰难询问和对自我的嘲讽；而在人们情绪不稳定的时候，读者看似想要一个更年长的、更加自信的诗人，富有权威地说话而不是嘲弄。

今天，对于学院来说，卡明斯的诗太流行了，通常因为太活泼而不能在高校被教授。许多人记得他，是因为他对小写字母的运用，但是很少有人理解这低调的外壳是进行形式和语法实验的一小部分，那是卡明斯现代主义的心脏。关于诗学和各种不同形式的语言教育，他选择扭曲形式，他完全掌握怎样让步于更强大的诗歌。因此，他是最伟大和最重要的美国诗人之一。

此外，尽管现代主义过时了，我们生活在这样一个时代，它的授权——使它是新的，正如庞德所说的，去注意世界——比以前更加重要。卡明斯和他的同人感到他们被未加工的信息所淹没。他们希望，他们的诗歌将能够使人们理解这个世界。

编后记

帕钦普莱斯

当我进入帕钦普莱斯的这些日子，像是时光在倒流，卡明斯还活得好好的。狭窄的人行道在小巷的两旁，树荫覆盖的房子有着白色的门楣，铁的窗饰飘逸地悬挂在整洁的锻铁栅栏和门上。卡明斯曾经居住的房子已经被开发成一个大的、明亮的客厅和厨房，有着硬木地板和白色的沙发。狄兰·托马斯和卡明斯一起坐着，用廉价的玻璃杯喝着杜松子酒，在一团冒着烟的火炉前谈论语言的地方，现在是一个拥有两个孩子和一条达克斯猎狗的家庭的起居室，但是这房屋的感觉仍然存在，它弯曲的旧木质楼梯和很多的小房间，使这所房屋依然保有过去的感觉。

当你沿着弯曲的楼梯走上卡明斯的旧工作室，它现在已经成为一个足球的神殿，那里如今是一个男孩的卧室，男孩正在做他的家庭作业。在那里，卡明斯曾经踱着步子，苦闷于如何成为一个最大极限、随意的形式主义者；在那里，他遗失多年的女儿告诉他，她爱上了他。鸽子咕咕叫着。门开了又关，当病人来隔壁的精神病医生这里造访。下午晚些时候，光线仍然从西边的天空穿过旧的窗格玻璃流淌着。透过窗户，仍旧是卡明斯曾经的视野——更加陈旧的建筑物的背面、敞开的花园里四处是石板、村庄的低屋顶，从那里看去，仿佛意大利人的家庭，仍然在用橡木桶做酒。更远的西方，面向哈得孙河，太阳开始落下。

鸣 谢

传记是同过去的时光，和传主以及他以前的已经消失历史的合作，这本书也不例外。埃斯特林的第一位传记作者，霍华德·诺曼，在20世纪50年代后期写出了《魔法制造者》，他的主题调皮地栖息在他的肩膀上，做了一个可爱的工作。我得到了他的恩惠，关于他大量对卡明斯作品的分析——由卡明斯指导——对于编辑卡明斯自己的故事有启迪作用。卡明斯的下一位传记作者，里查德·肯尼迪，在20世纪70年代对每一个人进行了广泛的采访，他每一次都能发现，在卡明斯故事里的很多角色仍然活着。他是一个娴熟的档案保管人、研究员和会谈者，他的书《镜中的梦幻》将会成为后来所有卡明斯传记的基准线——当然也是我自己所写的这本卡明斯传记的基础。卡明斯最近的传记，《E. E. 卡明斯的传记》，是由克里斯多夫·索伊-洛桑写的一本雄辩和周密的书，出版于2004年，它基于卡明斯在哈佛大学霍顿图书馆的文件，以及卡明斯死后，玛丽安·莫尔豪斯卖给霍顿图书馆的他的文件和信件。索伊-洛桑，自己本身就是一位诗人，他把卡明斯的人生故事和他作品的故事做了一个漂亮的整合。索伊-洛桑同时给予我私人的帮助，分享研究和洞悉卡明斯人生的经验。在讲述卡明斯的故事时，我都站在他们的肩膀上。我从他们的研究和调查、从他们的描写和对故事的陈述中得到启发。

私人方面，我首先要感谢我的父亲，是他先介绍给我他的朋友埃斯特林·卡明斯的故事，然后才是他真正的生活。对我而言非常幸运的，我的儿子沃伦，在上大学和研究生院期间，给予我不可估量的帮助。他反复阅读了卡明斯的手稿和诗歌，编辑、再编辑，直到它们准确为止。英格丽·斯特纳也熟练地做了编辑和信息核查工作。凯文·伯克和帕特里克·狄龙在万神殿做了惊人的工作，超越了正常的使命召唤。鲍勃·莫里斯和伊拉·西尔弗伯格以某种方式提出一个想法，关于我应该怎样来写卡明斯，我非凡的、可敬的、亲爱的代理人盖尔·哈克曼支持了这个想法。

我同时要感谢哈佛大学霍顿图书馆，还有许多别的已经辉煌地写过卡明斯的人：他们是里查德·科斯特拉尼茨、希尔德加德·沃森、凯瑟琳·里夫、怀亚特·梅森。艾琳·古拉尔，她和她可爱的家人生活在格林威治村的卡明斯以前生活过的房子里，她令人惊讶地慷慨打开她家的大门，找到那些仍然记着他的人。

我的朋友们、我精神的理事会，以及我的家人使我的写作成为可能。我所生活的世界——21世纪的纽约——对于作家而言是一个富裕和令人兴奋的地方。我可爱的编辑维多利亚·威尔逊是本书强大的支撑力，使它得以焕发出这样的光彩。感谢你们所有人！

附 录

插图注解（按书中先后顺序）

卡明斯与他自己的绘画作品——彻科鲁瓦山。1950年（© 哈佛大学霍顿图书馆）。

丽贝卡·卡明斯。1892年。作者，查尔斯·悉尼·霍普金森（马萨诸塞州历史协会提供）。

坎布里奇欧文大街104号，卡明斯的房子〔哈佛大学霍顿图书馆提供，bMS Am 1892:11（92）〕。

卡明斯8岁时的肖像。1902年。作者，查尔斯·悉尼·霍普金森〔哈佛大学霍顿图书馆提供，bMS Am 1892:10（21）〕。

一家人在乔伊农场，从右至左，分别是：女仆牵着狗雷克斯，伊丽莎白骑在驴上，埃斯特林骑在马背上，丽贝卡穿着白色裙装，杂务工桑迪·哈代牵着牛。1904年〔哈佛大学霍顿图书馆提供，bMS Am 1823.8（46）〕。

埃斯特林和他心爱的狗雷克斯，还有伊丽莎白，在吊床上〔霍顿图书馆MS Am 1823.8（46）〕。

10岁的卡明斯和他的父亲爱德华及妹妹伊丽莎白。1904年（哈佛大学霍顿图书馆提供，bMS Am 1892.10）。

爱德华和丽贝卡·卡明斯在20世纪20年代中叶。爱德华死于1926年〔哈佛大学霍顿图书馆提供，bMS Am 1823（642）〕。

哈佛大学教授迪安·勒巴伦·布里格斯，他教授卡明斯诗歌的形式〔©哈佛大学档案馆，Call#HUP布里格斯，L.R.（12）〕。

詹姆斯·西布利·沃森，卡明斯最亲密的朋友和赞助人（©希尔德加德·拉塞尔·沃森所有物）。

1916年，滑稽戏剧院的年轻女子（美国国会图书馆提供，LC-USZ62-113672）。

斯科菲尔德·泰勒，卡明斯的朋友和赞助人，伊莱恩的第一任丈夫（©希尔德加德·拉塞尔·沃森所有物）。

哈佛大学的纪念堂和桑德斯剧院。

伊丽莎白·卡明斯，埃斯特林的妹妹在青少年时期。1917年〔哈佛大学霍顿图书馆提供，bMS Am 1892.11（92）〕。

卡明斯的哈佛毕业照。1915年〔霍顿图书馆MS Am 1892.11（92）〕。

卡明斯的自画像，绘于20世纪20年代（©哈佛大学霍顿图书馆）。

卡明斯在高力&索恩公司信纸上所做的笔记，他在那上面创作了《野牛比尔》〔霍顿图书馆MS Am 1823.7（21）〕。

威廉·斯莱特·布朗。1917年（斯莱特·布朗提供）。

卡明斯所绘玛丽·路易丝·拉曼的素描，她是他巴黎的朋友。1917年〔哈佛大学霍顿图书馆提供，bMS Am 1823.7（16）〕。

20世纪20年代巴黎的艺术家们。埃兹拉·庞德站在中间一排的最右边（美国国会图书馆提供，LC-USZ62-113902）。

卡明斯的素描，所绘是他在巴黎住所窗外风景。20世纪20年代（©哈佛大学霍顿图书馆）。

卡明斯从法国回来之后，在马萨诸塞州的帝文斯堡。1918年〔霍顿图书馆MS Am 1892.11（92）〕。

在法国靠近西线的美国救护车司机。1927年（©美国红十字会）。

马塞堡的分流仓库，卡明斯和布朗曾被监禁在这里（斯莱特·布朗提供）。

斯科菲尔德和伊莱恩·泰勒。1916年〔哈佛大学霍顿图书馆提供，bMS Am 1892（681）〕。

南希刚刚出生不久，伊莱恩在华盛顿广场公寓附近。1920年（南希·T. 安德鲁斯提供）。

卡明斯在巴黎，27岁。20世纪20年代早期（南希·T. 安德鲁斯提供）。

南希·泰勒·卡明斯，5岁时的照片。1925年（南希·T. 安德鲁斯提供）。

莫里·沃纳（© 哈佛大学霍顿图书馆）。

安妮·巴顿，以上两幅肖像由卡明斯所绘〔哈佛大学霍顿图书馆提供，bMS Am 1892.9（1）〕。

玛丽安·莫尔豪斯。20世纪30年代早期（哈佛大学霍顿图书馆提供，bMS Am 1892.11）。

卡明斯，摄于他帕钦普莱斯的工作室。摄影师，詹姆斯·西布利·沃森〔哈佛大学霍顿图书馆提供，bMS Am 1892.11（92）〕。

镜头下迷人的玛丽安·莫尔豪斯。摄影师，乔治·霍伊宁根-许纳。1933年（霍伊宁根-许纳作品集）。

卡明斯所绘玛丽安·莫尔豪斯的素描（哈佛大学霍顿图书馆提供，bMS Am 1892.1）。

20世纪30年代的玛丽安·莫尔豪斯〔哈佛大学霍顿图书馆提供，

bMS Am 1892.11（92）〕。

第二次世界大战之前的E.E.卡明斯（©曼纽尔·科姆罗夫文件，珍稀文本，手稿协会）。

埃兹拉·庞德，在圣·伊丽莎白医院住院后。1957年〔哈佛大学霍顿图书馆提供，bMS Am 1892.11（92）〕。

玛丽安·莫尔豪斯。希尔德加德·沃森所绘〔霍顿图书馆MS Am 1892.11（92）〕。

老年的丽贝卡·卡明斯，在乔伊农场〔哈佛大学霍顿图书馆提供，bMS Am 1892.11（92）〕。

南希在乔伊农场。1950年（南希·T. 安德鲁斯提供）。

卡明斯自画像。1947年〔霍顿图书馆MS Am 1892.17（107）〕。

南希·泰勒·卡明斯·罗斯福·安德鲁斯（南希·T. 安德鲁斯提供。阿莱克西斯·奥尔摄影）。

希尔德加德·沃森和埃斯特林·卡明斯〔卡明斯的信件，霍顿图书馆提供，MS Am 1892.14（4）〕。

步入老年的卡明斯〔哈佛大学霍顿图书馆提供，bMS Am 1892.11（92）〕。

帕钦普莱斯。

卡明斯在乔伊农场的门廊里工作（© 哈佛大学霍顿图书馆）。

参考文献

Andrews, Kevin. Castles of the Morea. Boston: Houghton Miffl in, 1953.

—— *The Flight of Ikaros: Travels in Greece During the Civil War*. Boston: Houghton Miffl in, 1959.

Bethell, John T. *Harvard Observed: An Illustrated History of the University in the TwentiethCentury*. Cambridge, MA: Harvard University Press, 1998.

Brockway, Thomas P. *Bennington College: In The Beginning*. Woodstock, VT: Countryman Press, 1981.

Broyard, Anatole. *Kafka Was the Rage: A Greenwich Village Memoir*. New York: Crown,1996.

Cummings, E. E. *Eight Harvard Poets*. 1917; repr. Binghamton, NY: Vail-Ballou,

—— *The Enormous Room*. New York: Modern Library, 1998.

—— *Eimi: A Journey Through Soviet Russia*. New York: Liveright, 2007.

—— *Selected Letters of E. E. Cummings*. F. W. Dupee and George Stade, eds. New York: Harcourt, Brace and World, 1969.

—— *Complete Poems,* 1913–1922. New York: Harcourt, Brace, Jovanovich, 1923.

—— *Fairy Tales*. Illustrated by Meilo So. New York: Liveright, 1950.

—— *Little Tree*. Illustrated by Deborah Kogan Ray. New York: Dragonfl y Books, 1923.

—— *Collected Poems,* 1922–1938. New York: Liveright, 1963.

—— *i: six nonlectures: the Charles Eliot Norton Lectures, 1952–1953*. Cambridge, MA: Harvard University Press, 1953.

—— *Complete Poems,* 1904–1962. George James Firmage, ed. New York: Liveright, 1991.

Cummings de Forêt, Nancy. *Charon's Daughter*. New York: Liveright, 1977.

Cummings number. Wake 5 （Spring 1946）.

Dyer, Geoff. *The Missing of the Somme*. New York: Vintage Books, 1994.

Firmage, George *E.E. Cummings: A Bibliography*. Middletown, CT: Wesleyan University,1960.

Jinkinson, Roger. *American Ikaros: The Search for Kevin Andrews*. London: Racing House Press, 2010.

Kayton, Bruce. *Radical Walking Tours of New York City*. New York: Seven Stories Press,1999.

Kennedy, Richard S. *Dreams in the Mirror: A Biography of E. E. Cummings*. New York: Liveright/W. W. Norton, 1980.

Kostelanetz, Richard, ed. *Another E. E. Cummings: A Mind-bending Selection of the Avant-Garde Cummings Poetry and Prose*. New York: Liveright, 1998.

Mason, Wyatt. "Make It Newish: E. E. Cummings, Plagiarism, and the Perils of Originality." *Harper' s Magazine,* May 2005.

Milford, Nancy. *Savage Beauty: A Life of Edna St. Vincent Millay*. New York: Random House, 2002.

Millard, Candice. *The River of Doubt: Theodore Roosevelt's Darkest Journey*. New York: Anchor Books, 2005.

Mitchell, Joseph. *Up in the Old Hotel*. New York: Vintage Books, 2008.

Norman, Charles. *The Magic-Maker: E. E. Cummings*. New York: Macmillan, 1958.

Pound, Ezra, and E. E. Cummings. *Pound/Cummings: The Correspondence of Ezra Pound and E. E. Cummings*. Edited by Barry Ahearn. Ann Arbor, MI: University of Michigan Press, 1996.

Qualey, Elizabeth Cummings. *When I Was A Little Girl*. Privately printed by Carlton Qualey, 1981.

Reef, Catherine. *E. E. Cummings A Poet's Life*. New York: Clarion Books, 2006.

Remarque, Erich Maria. *All Quiet on the Western Front*. t/c.

Sawyer-Lauçanno, Christopher. *E. E. Cummings: A Biography*. Naperville, IL: Sourcebooks, 2004.

Schulman, Robert. *Romany Marie: The Queen of Greenwich Village*. Louisville, KY: Butler Books, 2006.

Watson, Hildegarde Lasell. *The Edge of the Woods: A Memoir*. Privately printed by James S. Watson, 1979.

Wetzsteon, Ross. *Republic of Dreams: Greenwich Village—The American Bohemia,* 1910–1960. New York: Simon & Schuster, 2002.

Wittels, Fritz. *Freud and the Child Woman: The Memoirs of Fritz Wittels*. Edward Timms, ed. New Haven, CT: Yale University Press, 1995.